세계 종교의 교육적 독해

세계 종교의 교육적 독해

신창호 지음

공동연구: 강민아, 강영순, 권선향, 나상원, 변민재, 손동인,
우버들, 임용덕, 위민성, 정순희, 진상훈, 한지윤

우물이 있는 집

머리말

일반인들에게 '종교(宗敎)'에 대해 물으면 다양한 반응을 보인다. 어떤 사람은 '종교란 마음이 약한 사람들이 믿으면서 삶에 위안을 얻는 것'이라 하고, 또 어떤 사람은 '마음을 닦고 정신을 수양하는 것'이라고도 한다. 또한 조금이나마 지적 수준을 가미하여 말할 때는 '현세에서 위로와 격려를 받고 내세에 평화를 구축하는 일', '불합리하거나 불안정한 사회 현실을 바로 잡으려는 이상', 나아가 '지상 낙원(樂園)이나 지상 천국(天國)을 건설하려는 의도'로 이해하기도 한다. 어쨌건 종교는 참으로 정의하기 곤란한, 난제(難題) 가운데 하나이다.

우리가 종교라고 명명할 때, 분명한 사실은, 그 종교를 창시한 '교주(教主)'가 있고, 그 종교의 기본 경전을 통해 형성된 '교리(敎理)'가 있으며, 그 종교를 신봉하는 '신도(信徒)'가 존재한다는 점이다. 그러기에 대부분의 종교는 우주를 창조한 신을 공경하고 그가 지시하는 법도와 계명을 지키며 영원한 행복을 추구할 내세가 있다. 이런 종교적 삶의 과정에 '교육(敎育)'은 필수 요소로 개입한다. 어떤 종교가 그 종교 속에 '교육'이라는 개념을 함축하고 있건 없건 관계없이, 그 종교는 나름대로 지향하는 삶을 형성해야 하므로 종교는 '교육'이라는 실천 행위에서 자유로울 수 없다. 이런 점에서 '종교'와 '교육'은 최소한 유사하거나 동일한 양상을 띤다. 물론 근대 학교교육의 차원으로 교육을 이해한다면, 종교와 교육은 엄연히 다르다.

이 책은 세계의 주요 종교인, 유교·불교·힌두교·유대교·기독교·이슬람교 등 전체 6개 종교에 대해, 각각의 종교가 지닌 특성과 그에 근거한 교육을 개략적으로 고찰한 것이다. 2018년 2학기 고려대학교 대학원의 〈종교교육철학〉 강좌에서 논의한 내용을 정돈하였다. 이 가운데 불교·힌두교·유대교는 학술지에 발표한 후 그 내용을 수정 보완하였고, 유교·기독교·이슬람교는 여러 자료를 참고하여 교육적 의의가 있는 부분을 정리하여 실었다.

관련 자료를 조사하고 탐구하는 과정에서 확인한 결과, 유교·불교·기독교는 교육적으로 연구한 성과가 많이 있었으나, 힌두교·유대교·이슬람교의 경우에는 연구 성과가 아주 미미하였다. 기껏해야 한두 편, 또는 몇 편의 연구논문이 있었으나 교육과 직접적으로 연관한 연구 자료가 매우 드물었다. 실제로는 거의 연구가 진척되지 않았다고 보는 것이 옳을 수도 있겠다.

정돈의 과정은 기본적으로 교수자와 대학원생 모두가 참여하는 형식을 취하였다. 각 종교별 초고 정리는 두세 사람씩 짝을 지어 역할을 분담하였고, 전체적으로 수합한 자료는 함께 윤독하고 토론하며 재 정돈하였다. 초고 정리에 애쓴 필자와 학술지에 발표한 후 보완하여 여기에 실은 논문은 다음과 같다.

* 초고정리: 유교(신창호·한지윤) 불교(권선향·나상원·한지윤) 힌두교(강민아·우버들·손동인) 유대교(강영순·위민성·진상훈) 기독교(신창호·임용덕) 이슬람교(변민재·정순희)

* 발표논문: ① 힌두교: 우버들·강민아·손동인·신창호. 「힌두교의 아슈라마(ashrama)에 관한 교육적 고찰: 교육이념·목적·목표와 내용 및 방법을 중심으로」 안암교육학회. 『한국교육학연구』 24-4(2018).

② 불교: 한지윤·권선향·나상원·신창호. 「소승불교와 대승불교의 수행 양식에서 찾아본 교육적 특징: 『아함경』과 『신화엄경론』을 중심으로」. 고려대학교 교육문제연구소. 『교육문제연구』 32-1(2019)

③ 유대교: 강영순·위민성·진상훈·신창호. 「종교이념을 통해 본 유대교의 교육문화 고찰」. 한국교육사상연구회. 『교육사상연구』 33-1(2019),

탐구의 과정에서 종교와 교육에 관한 여러 사안을 많이 느끼고 또 배웠다. 그 배움의 원천은 〈참고문헌〉에 인용한 자료에서 밝혀놓았듯이 선학들의 연구에 힘입은 바 크다. 근거 자료에 대해서는 최대한 출처를 명기했으나 본의 아니게 빠트린 부분이 있을 수도 있다. 그것은 모두 저자들의 책임이다. 내용상 오류가 있다면 애정어린 질정을 부탁한다.

세계의 종교 가운데 '도교(道敎)'를 비롯하여 의미 있는 종교들이 많이 있지만, 여러 가지 제약 상 여기에서 다루지 못한 것이 아쉬움으로 남는다. 여유가 되면 다음 기회에 보완하려고 한다. 어쨌건 현재 한국의 종교계나 교육계에서 한 두 종교를 제외하고는 세계의 주요 종교를 교육적으로 독해한 연구 자료가 많지 않다. 이런 시점에서, 부족한 부분이 많지만, 이 책을 통해 세계의 여러 종교를 교육적으로, 또는 교육학의 영역에서 조명할 수 있는 기회가 되기를 소망한다.

2019. 7. 소서(小暑) 절에

신창호 씀

공동연구: 강민아, 강영순, 권선향, 나상원, 변민재, 손동인, 우버들, 임용덕, 위민성, 정순희, 진상훈, 한지윤

차례

세계 종교의 교육적 독해

제1장

유교: 학습(學習)의 일상화

I. 서언

    유교(儒敎)는 오랜 세월 동안 한국인의 정신적 뿌리로 자리하고 있는 정서(情緒) 가운데 하나이다. 조선 시대 500여 년의 지배적 이념 체계였고, 현재까지도 한국인을 비롯한 중국, 일본, 베트남 등 동아시아인에게 큰 영향을 미치고 있는 전통적 생활양식이다. 일반적으로 유교는 '권위주의적 사고'라거나 '가부장제', '지배 계층 중심의 정치 이데올로기' 등 부정적으로 인식되어 온 측면이 있다. 그러나 그런 현상적 표출의 바탕에는 보다 심층적인 철학적 사유가 잠재한다. 특히 '마음[心]'으로 지칭되는 내면(內面)의 재능을 이끌어내려는 교육적 욕구가 본질적으로 숨어 있는 것이다.

    전통적으로 유교는 동아시아인들의 생활에 깊숙이 배어 삶의 지침 역할을 해왔다. 자연[天]의 질서 체계를 인간 삶의 원리로 끌어들여 도덕 윤리의 덕목으로 삼았고, 일상생활의 건전함과 합리성을 끊임없이 도모하였다. 동아시아인들이 누려왔던 또 다른 사상인 도교(道敎)나 불교(佛敎)에 비해, 보통 사람들이 살아가는 사회의 현실적 운용과 조절에 초점을 맞추고, 그 이론과 실천을 고민한 실제적 학문이었다. 그만큼 유교를 인간 삶의 중심으로 연구했던 유학자들은 노장(老莊) 사상이 중심이 된 도교나 부처의 깨달음을 주축으로 하는 불교를 허학(虛學)으로 비판하였다. 유교

의 학문 체계를 진실성과 현실성이 담긴 실학(實學)으로 자칭하였다.[1]

실학으로서 유교는 '정교(政教)'를 통해 인간의 문제를 해결하려는 노력에서 잘 드러난다. 정교는 현대적 의미로 재해석하면 '정치(政治)'와 '교화(敎化)'이다. 동일한 의미는 아닐지라도, 교화는 교육으로 이해할 수 있다. 동서양을 막론하고 제정일치(祭政一致)를 지향했던 고대 사회에서 '정교'는 그 사회의 지배자가 담당하였다. 지배자는 정치와 교육을 통해 공동체와 그 구성원의 안녕과 질서 유지를 위한 이념적 본질을 구현해야만 하였다. 유교의 경우, 백성을 교화하고, 자연과 인간에 대한 제사(祭祀) 의식을 비롯하여 다양한 정치 행위를 통해 그 사회의 지속과 발전을 꾀하였다.

이러한 유교는 그 집대성과 체계화를 기준으로 볼 때, 크게 두 부분으로 이해할 수 있다. 공자(孔子, 기원전 551~기원전 479)와 맹자(孟子, 기원전 371~기원전 289), 그리고 순자(荀子, 기원전 300~기원전 230)를 주축으로 하는 원시유교(原始儒教, Confucianism)와 주자(朱子, 1130~1200)가 집대성한 성리학(性理學, Neo-Confucianism)이 그것이다.[2] '원

---

1 『中庸章句』에서는 "始言一理, 中散爲萬事, 末復合爲一理, 放之則彌六合, 卷之則退藏於密, 其味無窮, 皆實學"이라 하여, 유교가 '실학(實學)'임을 천명하고 있다. 그러나 중국을 비롯하여 한국, 일본 등 동아시아사상사에서 실학은 시대와 상황에 따라 다양한 의미를 지닌다. 그것은 특정한 학문 대상을 한정하여 지칭하기보다는 어떤 학문의 허위성(虛僞性)이나 공허(空虛)함을 비판한다. 우리가 일반적으로 '실학(實學)'이라고 거론하는 조선 후기의 학문 경향도 마찬가지이다. 이때 실학은 조선 유교의 주류인 성리학(性理學)을 비판하면서 등장한 만큼, 성리학에 대한 연속성과 혁신성의 양 측면을 지니고 있다.

2 원시유교는 본원유학(本源儒學), 공맹학(孔孟學), 수사학(洙泗學) 등 공자와 맹자의 일생과 사상을 중심으로 그 특성을 부여하기에 따라 다양하게 불리는데, 여기서는 '원시유교(原始儒教)'라는 용어를 쓰기로 한다. 순자의 경우, 공자와 맹자의 사상을 뒤이어 원시유교를 종합한 학자로 볼 수 있는데, 주자학(朱子學; 性理學)의 영향을 받은 조선의 유교 전통에서는 배제되어 온 측면이 있다. 하지만, 초기 유교의 성립과 발달 과정에서 주요한 측면을 지닌다. 어떤 부분에서는 공자나 맹자보다도 학문 내용이 구체적이고 현실 감각이 뛰어나며 체계적이다. 성리학(性理學)은 '성명의리지학(性命義理之學)'을 줄여서 부르는 명칭으로 '송학(宋學), 명학(明學), 정주학(程朱學), 송명리학(宋明理學), 육왕학(陸王學), 리학(理學), 도학(道學), 심학(心學), 신유학(新儒學, Neo-Confucianism) 등 다양한 명칭으로 불린다. 이는 강조하는 사유의 성격에 따라 약간의 차이가 있는데, 심성(心性)의 수양을 철저히 하면서, 규범 법칙 및 자연 법칙으로서의 이치[理]나 본성[性]을 깊이 연구하여, 그 의리를 완전하게 실현하려는 유교이다. 한 마디로 말하면, 존심양성(存心養性)과 궁리(窮理)를 지극히 중요시함으로써 종래의 유교를 형이상학적으로 재구성하여 발전시킨 사상이다.

시유교'와 '성리학(朱子學; 新儒敎)', 이 두 사유를 공통적으로 관통하고 있는 이론과 실천의 양식이 바로 '정교(正敎)'이다. 이런 차원에서 유교는 정치와 교육을 시행하기 위한 이론인 동시에 그것의 실천 지침이다. 이때 정치와 교육을 담당하는 주체가 이른 바 '성인(聖人)'이고 '군자(君子)'이며 '대인(大人)'이다. 이들은 지도자로서의 덕망을 갖춘 인간이다. 유교의 교육도 당연히 이러한 인간 형성을 소망한다.

유교에서 정치와 교육은 분리된 양식이 아니라 통일된 유기체로 드러난다. 그 핵심 사상은 '수기치인(修己治人)'의 과정을 통해 '내성외왕(內聖外王)'·'성기성물(成己成物)'을 달성하려는 목적을 지닌다. '수기치인'은 문자 그대로 번역하면, '자신을 갈고 닦아 다른 사람을 다스리다'는 뜻이고, '내성외왕'은 '안으로는 성스러우면서도 밖으로는 왕이 되다'라는 의미이며, '성기성물'은 '자신을 완성하면서 다른 사람도 완성하다'라는 말이다. 이 가운데 수기(修己)·내성(內聖)·성기(成己)는 개인의 인격적 완성이라는 교육의 측면에서 이해할 수 있고, 치인(治人)·외왕(外王)·성물(成物)은 타인과의 관계망을 통해 건전한 사회를 모색하는 정치의 측면으로 독해할 수 있다. 그러나 본질적으로 유교에서 정치와 교육은 분리하여 구조화할 수 없다. 왜냐하면 유교는 어떤 상황이건 정치와 교육의 표리일체(表裏一體)를 지향하며 사회를 조절해 나가는 학문(學問)의 과정이기 때문이다. 내성(內聖)=성기(成己)=수기(修己)=교육(敎育)으로 인식하고, 외왕(外王)=성물(成物)=치인(治人)=정치(政治)로 구분하여 이해할 수는 있으나, 이는 연속되는 표현이지 별도로 분리되는 양식은 아니다.

여기에서 중요한 개념이 '학문(學問)'이다. 학문은 '배우고 묻다'라는 의미에서 보듯이 '글을 배우다'라는 뜻인 '학문(學文)'과는 다르게 이해해야 한다. 학문(學問)은 그 자체가 이념이자 본질이며, 과정이자 목적이다. 하지만 학문(學文)은 글이나 문화(文化), 또는 문명(文明) 등 지식 자체가 배움의 대상이고 목표이다. 이는 문(文)의 습득과 이해라는 구체적인 학습 목표를 가진다. 문제는 유교의 지향이다. 유교는 학문(學文)이라는 좁은 의미를 넘어, 인생 전체를 관통하는 끊임없는 물음과 배움의 과정인 학문(學問)으로 나아갔다. 학문을 인생의 과정 자체인 평생교육(平生教育)의 차원에서 이해한다. 때문에 학문(學問) 체계가 바로 유교의 교육이 된다. 여기에서는 이러한 유교가 지닌 교육적 특질을 그 목적과 내용, 방법의 차원에서 거시적으로 구명해 본다.

Ⅱ. 교육의 본질

1. 교육의 문자적 의미

유교에서는 '교육(敎育)'이라는 말보다 '교(敎)', '학(學)', '회(誨)', '훈
(訓)', '예(禮)', '교학(敎學)', '교화(敎化)', '학문(學問)', '강습(講習)', '학습
(學習)', '수신(修身)', '수양(修養)', '양육(養育)', '격몽(擊蒙)' '동몽(童蒙)'
등의 용어를 많이 쓴다. 이런 용어의 개념들은 교육과 동일한 말은 아니
지만, 실제로는 교육과 동일한 표현이다. 유교에서 '교육(敎育)'이라는 말
이 문헌에 구체적으로 드러나는 것은 『맹자(孟子)』에서이다.

군자에게 세 가지 즐거움이 있는데, 세상에서 왕 노릇하는 일은 여기에 들어 있지
않다. 부모가 모두 살아 계시고 형제가 특별한 사고 없이 지내는 일이 첫 번째 즐거움
이다. 위로는 하늘에 부끄럽지 않고 아래로는 세상 사람에게 부끄럽지 않게 사는 일이
두 번째 즐거움이다. 세상의 영재를 얻어 교육하는 일이 세 번째 즐거움이다(『孟子』
「盡心」上).[3]

---

3 『孟子』「盡心」上：君子有三樂而王天下不與存焉. 父母具存, 兄弟無故, 一樂也. 仰不愧於天, 俯不怍於人, 二樂也. 得天
下英才而敎育之, 三樂也.

세계 종교의 교육적 독해

맹자는 인생의 즐거움을 논의하면서 그 마지막 단계에서 '교육' 문제를 언급하였다. 이때 교육이 무슨 내용을 담고 있는지 어떤 의미인지 명확하지 않다. 전체 맥락으로 볼 때 짐작은 가능하다. 첫 번째 즐거움인 부모형제에 관한 일은 나의 의지와 무관한 숙명적 상황이다. 두 번째 즐거움인 부끄럽지 않게 사는 일은 자신의 수양과 노력에 관한 사안이며, 세 번째 즐거움인 세상의 영재를 얻어 교육하는 일은 인재양성을 통해 사람에게 베푸는 작업이다(『孟子或問』).[4] 이런 측면에서 『맹자』에 드러난 교육은 '자기 수양'으로 터득한 삶의 길을 사회로 환원하여 베푸는 행위를 의미한다. 일종의 시혜 행위이자 사회에 기여하는 봉사 활동이다. 나중에 논의하겠지만, 그 내용의 핵심은 '도덕적 자각'을 일깨워 주는 도(道)의 전수로, 도덕적으로 자각하지 못한 사람을 계몽하는 측면이 강하였다. 다시 말해, 삶의 즐거움이 무엇인지, 어떻게 살아야 하는지에 대해 가르치고 기르는 '교양(教養)'을 의미하였다(『孟子集註』「盡心」上).[5]

그렇다면 문자적으로 볼 때, '교육(教育)'의 원형적 이미지는 어떠했을까?[6] "'교(教)'는 위에서 베푸는 일인 동시에 아래에서 본받는 작업이고, '육(育)'은 어린 아이를 길러 착하게 만드는 일이다."(『說文解字』)[7] 그러기에 교육은 베푸는 사람과 받는 사람 사이에 이루어지는 어떤 행위이다. 즉 '스승-제자', '교사-학생'의 사이 세계에 발생하는 다차원적 삶의 문제를 다룬다.

---

4 『孟子或問』: 尹氏曰, 父母具存, 兄弟無故, 樂得於天也. 仰不愧, 俯不作, 樂得於己也. 得天下英才而教育之, 樂施於人也.
5 『孟子集註』「盡心」上: 盡得一世明睿之才, 而以所樂乎己者, 教而養之.
6 참고로 서구 교육학에서 '교육'을 지칭하는 어원은 다양하게 정돈할 수 있겠지만, 크게 '에듀케이션(education)'과 '페다고지(pedagogy)', '앤드라고지(andragogy)' 등으로 설명할 수 있다. 에듀케이션(education)은 '인간의 잠재능력을 끄집어내 주는 계발'의 의미를 담고 있으면서 일반적인 교육의 의미로 널리 쓰이고, 페다고지(pedagogy)는 '아동을 주요 대상으로 하는 학교교육(schooling)에서 교사의 시혜 행위가 주종을 이룬다. 앤드라고지(andragogy)는 20세기 후반에 부각한 개념으로 성인 학습자의 자기 주도적 행위가 강조된다.
7 『說文解字』: 教, 上所施, 下所效也; 育, 養子使作善也.

유교에서 교사가 '베푼다'는 의미는 다의적(多義的)이다. 한유(韓愈, 768~824)에 의하면, 스승이 스승일 수 있는 근거는 "일상의 바람직한 도리를 전하며, 인간 삶의 업무를 깨우쳐 주며, 의혹을 풀어주는 일"때문이다(『師說』).[8] 학생은 다름 아닌 이를 받아들인다. 그것을 간략하게 말하면, '전도(傳道)'와 '수업(授業)', 그리고 해혹(解惑)이다. 학생은 법을 본받고, 모방하며, 학습해 나간다. 이런 점에서 교(教)는 베푼 사람인 시교자(施教者)와 받는 사람인 수교자(受教者) 사이의 상호 작용 과정이다. 먼저 깨달은 사람이 나중에 깨달을 사람을 깨우치는 일이며, 올바른 길을 권장하고 그 길을 인식하지 못한 존재를 올바르게 이끌 수 있도록 도모하는 작업이다. 어린 아이를 길러 착하게 만드는 일인 육(育)도 복합적 의미를 지닌다. 육의 대상인 '어린 아이'는 '자식'이나 '아동', 또는 '학생'을 의미한다. '기른다'는 말은 배양(培養), 수양(修養), 도야((陶冶)의 개념을 포괄한다. 또한 '착하게 만드는 일'은 착하지 않은 기질을 착하게 변화시키고 아름다운 인간으로 나아가도록 유도하는 작업이다. 이렇게 볼 때, 교육은 정신적 감화 작용으로 볼 수도 있고, 착하지 않은 인간성의 교정이나 건전한 인격의 배양으로 이해할 수도 있다.

2. 원시유교 1: 공자의 교화(教化)와 교학상장(教學相長)

유교를 처음으로 집대성한 공자는 교육 자체에 대해 구체적으로 언급하지는 않았다. 그러나 그의 핵심 사상이 담긴 『논어(論語)』의 첫 머리가

---

8 『師說』: 師者, 所以傳道授業解惑也.

'학이시습(學而時習)'이라는 말로 시작하는 것으로 보아, 유교는 '학습(學習)'을 중심으로 하는 학문임에 분명하다(『論語』「學而」).[9] 그것은 유교가 학습을 중시하는 교육의 체계라는 말이기도 하다. 공자의 사상을 이은 맹자는 학문을 "일상생활에서 해이해진 마음을 바로잡는 일일뿐"이라고 했고(『孟子』「告子」上),[10] 조선시대의 이이(李珥, 1536~1584)도 학문은 "일상생활에서의 쓰임에 있다"고 강조하였다(『擊蒙要訣』「序」).[11] 이는 존 듀이(Jhon Dewey, 1859~1952)가 "교육은 생활 그 자체(Education is life itself)"라는 말과 유사하게 들린다. 유교에서 교육이 일상생활과 밀접한 연관 체계를 이루고 있는 것은 어떤 의미일까?

유교 교육의 초기 모습을 담고 있는 『서경(書經)』의 기록은 그 필요성과 가치를 다음과 같이 전한다.

> 설(契)이여! 백성들은 서로 친하게 지내지 않으며, 오륜(五倫)을 따르지 않고 있다. 그대에게 내 사도(司徒)의 직책을 맡기니, 오륜을 제대로 교육하여 백성들이 너그러이 되도록 하라(『書經』「舜典」).[12]

요·순이 다스리던 시대에 교육은 가족을 비롯하여 백성들 사이의 관계 질서가 미비한 데서 요구되었다. 그 질서의 내용이 이른바 오교(五敎; 五倫)이라는 기본 덕목이다. 그것은 사도(司徒)라는 교육 담당관에 의해 백

---

9 『論語』「學而」: 學而時習之, 不亦說乎. 有朋自遠方來, 不亦樂乎., 人不知而不慍, 不亦君子乎.
10 『孟子』「告子」上 : 學問之道, 無他, 求其放心而已矣.
11 『擊蒙要訣』「序」: 學問在於日用.
12 『書經』「舜典」: 帝曰, 契, 百姓不親, 五品不遜, 汝作司徒, 敬敷五敎, 在寬.; 엄밀하면 말하면, 『서경』에서 언급한 오교(五敎)와 유교에서 일반적으로 언급하는 『맹자(孟子)』의 오륜(五倫)은 약간 다르다. 『춘추좌전(春秋左傳)』<文公 18年> 기사에 보면, 오교(五敎)는 "父義, 母慈, 兄友, 弟恭, 子孝"이고, 주지하다시피 오륜(五倫)은 "父子有親, 君臣有義, 夫婦有別, 長幼有序, 朋友有信"이다. 오교는 부모형제 사이의 가족 내 윤리 질서를 규정하는 성격이 강하고, 오륜은 가족을 비롯하여 사회 윤리 질서를 규정하는 내용으로 확장된 차원으로 보인다.

성들에게 전파되어야 하였다. 이때 사도는 교화를 담당한 스승이자 교사의 역할을 하게 마련이고, 그런 사도를 통해 백성들은 일상의 삶과 공동체의 질서를 순조롭게 조절해 나가기 위한 질서 체계를 받아들여야 하였다. 이것이 유교에서 초기 교육의 모습을 보여주는 대목이다.

보다 체계적인 교육은 '사람의 가르치고 배우는 도리'를 기록한 『예기(禮記)』「학기(學記)」의 첫 머리에서 발견할 수 있다.

> 좋은 생각을 내서 법도에 맞게 하고 착한 일을 추구하면, 조그마한 영예를 얻을 수는 있으나 많은 사람에게 감동을 주기에는 부족하다. 자기 몸을 낮추어 어진 사람에게 나아가고 처지를 바꾸어 멀리 있는 아래 사람의 마음을 헤아린다면, 많은 사람에게 감동을 줄 수는 있으나 백성을 감화시키기에는 부족하다. 군자가 백성을 감화시켜서 아름다운 풍속을 이루려 한다면, 반드시 배움으로 말미암아야 할 것이리라. 옥은 다듬지 않으면 그릇으로 만들 수 없고, 사람은 배우지 않으면 길을 알지 못한다. 때문에 옛날 임금이 나라를 세우고 군주 노릇할 때 가르치고 배우는 일을 먼저 하였다. …… 좋은 안주가 있다하더라도 먹어보지 않으면 그 맛을 알지 못한다. 훌륭한 도가 있다하더라도 배우지 않으면 그 좋은 점을 알지 못한다. 때문에 배운 다음에야 부족함을 알고, 가르친 다음에야 학문의 어려움을 안다. 부족함을 안 다음에야 스스로 반성하게 되고, 어려움을 안 다음에야 스스로 공부에 힘쓰게 된다. 그러므로 '가르치고 배우는 일이 서로 북돋아준다[教學相長]'라고 하는 것이다(『禮記』「學記」).[13]

군주제(君主制) 사회에서 '교육' 행위는 군주[왕]와 백성 사이에 이루어

---

13 『禮記』「學記」: 發慮憲, 求善良, 足以謏聞, 不足以動衆. 就賢體遠, 足以動衆, 未足以化民. 君子如欲化民成俗, 其必由學乎. 玉不琢, 不成器, 人不學, 不知道. 是故古之王者, 建國君民, 教學爲先 …… 雖有佳肴, 弗食不知其旨也. 雖有至道, 弗學不知其善也. 是故學然後, 知不足, 教然後知困, 知不足然後, 能自反也, 知困然後, 能自强也. 故曰教學相長也.

세계 종교의 교육적 독해

진다. 여기에서 왕은 백성을 교화하는 교육자인 동시에 자신을 더욱 성숙하게 만들어가는 일종의 '자기 주도적 학습(Self Directed Learning)'을 이행하는 학습자이다. 백성은 철저히 피교육자로서 타자[군주]에 의한 학습자이다. 이는 유교가 군주인 치자(治者)와 백성인 피치자(被治者)를 철저히 나누어 보기 때문에 나타나는 현상이다. 이런 모습은 고대 교육에서 흔히 보인다. 즉 통치자인 '지자(知者)'가 피통치자인 무지자(無知者)'에게 일방적으로 깨우쳐 주는 행위로 그려지는 것이다.

먼저, 지자(知者)인 왕은 무지자인 백성을 교화할 만한 덕을 우선적으로 갖추어야 하였다. 그것은 의무인 동시에 도리였다. 왕은 개인적으로 완성된 인간이라는 인격 도야의 과정을 거쳐야만 한다. 동시에 이를 기반으로 백성을 교화해야 할 임무를 안고 있다. 국가라는 사회 공동체를 지속하기 위해, 교육방침을 세우고 학교를 세우는 등 교육의 장려를 통해 백성들이 윤리 의식을 갖추도록 교도해야만 한다. 이것이 '학습자'인 동시에 '교육자'로서 왕이 지닌 역할이었다.

두 번째, 백성은 부족하고 미숙하며 어리석은 존재, 이른 바 '무지자(無知者)'이다. 그러기에 덕망을 높인 왕으로부터 세상을 살아가는 올바른 길이 어떤 것인지 배우고 깨우쳐야 한다. 다시 말해, 바람직하다고 여겨지는 정신문화나 체제 유지를 위한 윤리 도덕적 규범들을 인지하여 체득해야 하였다. 그들은 철저하게 교화의 대상이었다. 이것이 유교에서 초기 교육의 구체적 모습이다. 왕은 스스로 배워서 가르치는 사람이다. 백성은 무지하므로 단지 배우는 자일뿐이다. 이 교육행위 가운데 학습자인 동시에 교육자로서 왕에게 일어나는 교육적 깨달음, 그 각성의 계기가 바로 '교학상장(敎學相長)'이다. 가르치는 자로서의 왕과 배우는 자로서의 백성은 동등한 교육주체가 아니다. 왕은 가르치는 자의 주체적 의식과 권리, 의무를 동시에 지니고 있었지만, 백성은 교화의 대상, 배우는 자로서의 의무만이 있을 뿐이었다. 이 교화의 준비 과정에서 왕은 배움이 끝이 없음을 느껴 늘 부족함을 인식하고, 백성을 교화하면서 스스로 학문이 얼마나 어려운지 터득하게 된다. 그리하여 자기 성찰(省察)과 역행(力行)을 지속적으로 진행해 나간다.

이처럼 유교의 초기 교육은 교화라는 형태로 시행되었다. 왕 자신으로서는 왕 노릇 하는 자세의 확립인 수기(修己)와 백성을 교화하는 일인 치인(治人)이었다. 백성에게서는 인간의 기본 도리인 오륜(五倫)이라는 관계 질서를 알아야 하는 인간 조성의 작용이었다. 하지만 왕과 백성이라는 당사자의 관계에서 볼 때, 교육은 자발적 자기 각성에 의한 것이라기보다 타인에 의한 교화, 즉 피터스(Richard Stanley Peters, 1919~2011)의 표현에 따르면, 교도(矯導)에 의한 가치 지향성을 보인다. 그 가치는 백성 개인의 인간됨이나 인격의 추구가 아니라, 국가 사회라는 공동체의 유지를 위해 백성들이 계몽되어야 한다는 의미이다. 다른 말로 표현하면, 사회 체제의 유지, 또는 정신문화의 전달 차원에서 볼 수 있다.

유교의 집대성자인 공자는 이런 사고를 적극적으로 이어받았다. 그리고 교육의 조건과 작용의 본질적 문제를 언급하였다.

공자가 위나라에 갈 때, 염유가 수레를 몰았다. 공자가 말하였다. "백성들이 참 많기도 하구나!" 염유가 물었다. "이미 백성들이 많으면 또 무엇을 더해야 합니까?" 공자가 대답하였다. "부유하게 해 주어야 한다." 염유가 물었다. "이미 부유해지면 또 무엇

을 더해야 합니까?" 이에 공자가 말하였다. "가르쳐야 한다."(『論語』「子路」).[14]

공자와 염유가 나눈 대화의 핵심은 나라의 다스림, 즉 사회 운용에 대한 기준의 설정이다. 나라가 세워졌을 때, 무엇이 일차적인가? 나라는 일종의 거대한 공동체이다. 그러므로 표면적으로 개인교육에 대한 언급은 숨겨져 있다. 선차적인 문제는 교육이 사회 구성원으로서의 개인인 백성을 대상으로 한다는 점이다. 공동체[국가]를 구성하는 상황 논리에서 보면, 교육은 개인의 자기완성을 위한 행위는 아니다.[15]

국가를 구성하는 요건은 어찌 보면 간단하다. 첫째는 인구 증가이고 둘째는 경제적 부의 창출이며 셋째는 교육이다. 이 가운데 첫째와 둘째는 나라가 구성되고 지속되기 위한 물질적 바탕이다. 인구 증가로 인한 '노동력'이 확보되어야 농사를 짓고 군대를 만들어 외부의 침입으로부터 보호받을 수 있다. 그 다음으로는 '부의 산출'을 통한 생활의 안정이다. 이 두 가지 물질적 요건은 어느 사회에서나 인간의 삶을 정초하기 위한 기초 조건이다. 그 바탕 위에 세 번째 요건인 정신적 기초를 적극적으로 마련해야 한다. 즉 백성들에게 정치/윤리 교육을 시행하여 인간관계의 질서를 넓혀 가야 하는 것이다. 그런데 왜 교육이 필수 요건인가? 인간은 생산물이 풍부하여 배불리 먹을 수 있게 되었을 때, 신중해야 한다. 먹는 문제 자체로만 삶을 영위한다면, 그런 생활은 짐승과 다름없는 수준으로 전락하기 쉽다. 물질적 향락에 빠져 인간 자신의 존재 의의를 상실한다. 그러므로 인간 가치에 대한 교육을 통해 인간을 의식화해야 한다(『論語集註』

---

14 『論語』「子路」: 子適衛, 冉有僕, 子曰, 庶矣哉. 冉有曰, 既庶矣, 又何加焉. 曰富之. 曰既富矣, 又何加焉. 曰敎之.
15 물론 공자에서 개인의 인격 완성을 위한 다양한 내용과 방법이 「논어」 곳곳에 보이지만, 이는 공자가 사학(私學) 차원에서 실시한 교육이다.

「子路」).[16] 인간의 가치 가운데 동물과 가장 차이나는 영역이, 인간이 스스로 설정한 '예의'가 있다는 점이다. 그러기에 인간은 사회를 구성하고 예의라는 도덕 질서로 사회를 지속시켜 간다. 사회를 지속하는 생명력이 바로 인간의 도덕적 질서이다. 교육만이 이를 담보할 수 있다!

이 도덕/윤리 질서의 핵심이 공자에게서는 '인(仁)'이라는 관계망의 덕목으로 제시되었다. 인을 이해하는 가장 흔한 언표는 공자가 말한 그대로 '사람을 사랑하는 일'인 '애인(愛人)'의 정신이다. 사람에 대한 사랑은 사람에 대한 '관심'과 '이해'에서 시작한다. 사람에 대한 이해는 사람 사이의 관계를 맺는 출발점이다. 그것은 인(仁)의 글자 형태에서도 그대로 드러난다. 인은 사람 사이에 '친하다'는 뜻으로 인(人)자와 이(二)자가 합쳐 이루어진 것이다. 사람이 둘 이상 모여서 친하게 지낼 수 있는 상황이나 현실의 삶을 의미한다. 이는 인간의 만남을 전제로 한다. 인간의 만남에서 이루어지는 사랑은 외부로부터 오는 것이 아니라 인간의 선천적 본성의 표현이며, 조건과 목적이 없는 자연적 노정이다. 그런 점에서 공자의 교육은 인(仁)을 이해하고 실천하는 사랑의 교육이다.

3. 원시유교 2: 맹자의 도덕적 자각(自覺)과 삶의 예방

맹자는 우리에게 '성선설(性善說)'을 주장한 것으로 잘 알려져 있다. 그러나 성선설은 엄밀하게 구명하면, 선단론(善端論)이다. 선단론은 '인간의 본성이 선하다'라기보다 '선할 가능성인 단서를 지니고 있다'는 의미

---

16 『論語集註』「子路」: 富而不教, 則近於禽獸. 故必立學校, 明禮義以敎之.

에 가깝다. 그것은 본성을 더욱 아름답게 가꿀 수 있는 가능성, 이른바 교육적 가소성(可塑性)의 세계를 열러준다. 때문에 맹자에게서 교육은 '선단(善端)을 확충해 가는 과정'으로 인식된다. 즉 모든 인간에게 단서로 자리하고 있는 '인·의·예·지(仁·義·禮·智)'라는 네 가지 단서[四端]의 펼침이 교육이다. 맹자는 이를 인륜(人倫)을 밝히는 작업으로 명시하였다.

> 상(庠)·서(序)·학(學)·교(校)를 설치하여 백성들을 가르쳤으니, 상(庠)은 봉양한다는 뜻이고, 교(校)는 가르친다는 뜻이며, 서(序)는 활쏘기를 익힌다는 뜻이다. 하나라에서는 교(校)라 하였고, 은나라에서는 서(序)라 하였고, 주나라에서는 상(庠)이라 하였으며, 학(學)은 하·은·주 세 나라가 공통적으로 쓴 명칭으로, 모두 인륜을 밝히는 일이었다. 인륜이 위에서 밝으면 백성들이 아래에서 친해질 것이다(『孟子』「滕文公」上).[17]

상(庠)·서(序)·학(學)·교(校)는 중국 삼대 때의 교육기관이었다. 중국 고대의 교육에서 학교를 설치한 건학 이념, 교육의 본질은 공통적으로 '인륜을 밝히는 일'이었다. 인륜은 인간이 지속적으로 삶을 추동해 나가기 위해 지켜야 하는 질서 체계를 말하는데, 그것을 오륜(五倫)이라고 하였다(『孟子』「滕文公」上).[18] 이는 나중에 인·의·예·지·신(仁·義·禮·智·信)의 오상(五常)으로 발전한다.

오륜 가운데 부자유친(父子有親)과 군신유의(君臣有義), 장유유서(長

---

17 『孟子』「滕文公」上 : 設爲庠序學校, 以敎之, 庠者, 養也, 校者, 敎也, 序者, 射也. 夏曰校, 殷曰序, 周曰庠, 學則三代共之, 皆所以明人倫也. 人倫, 明於上, 小民, 親於下.

18 『孟子』「滕文公」上 : 敎以人倫, 父子有親, 君臣有義, 夫婦有別, 長幼有序, 朋友有信. ; 이런 오륜의 초기 형태는 세상의 보편적 윤리 질서 체계로『中庸』에 드러나 있다.『中庸』第20章: 君臣也, 父子也, 夫婦也, 昆弟也, 朋友之交也, 五者, 天下之達道也.

幼有序)는 상하 수직 질서를 상징적으로 보여주고, 부부유별(夫婦有別)과 붕우유신(朋友有信)은 전후좌우의 수평 질서를 보여준다. 상하 수직 질서 가운데서도 가정에서 혈육 간의 관계가 부자유친이고, 사회 조직에서의 약속 관계가 군신유의이다. 또 사회조직 전체의 일반적인 인간관계가 장유유서이다. 이 관계 질서는 나이, 학문, 관직, 지위, 직업 등 다양한 기준이 있다. 그리고 때에 따라 다르게 적용될 수 있었다. 전후좌우의 수평 질서 가운데서 붕우유신은 사회적 관계이고 부부유별은 가문 내의 윤리였다. 이 중에서도 부부유별은 인륜의 시작이다(『中庸』第12章).[19] 왜냐하면 모든 인간의 탄생은 부부에서 비롯되기 때문이다.

이런 차원에서 오륜은 인간 사회의 질서 전반을 함축하고 있다. 특히 공동체 내에서 구성원 상호간의 화합과 인륜의 확립, 그리고 구성원들의 인격 완성에 그 초점이 있다(이승환, 1998: 142~147).[20] 때문에 오륜은 인간이 가야할 마땅한 길이다. 그만큼 인류의 본질이자 인간 생활의 특징이 함축되어 있음을 표현한다(孫培靑, 2000: 71). 이 오륜을 구체적으로 밝혀 이해하고 실천하는 작업이 교육의 핵심이었다. 이런 점에서 볼 때, 교육은 인간의 본질인 선(善)과 그를 바탕으로 덕목화한 오륜을 구체적으로 체득하여 인간 생활에 적용하고 개인과 사회를 지속할 수 있도록 기여하는 데 의미가 있었다. 즉 도덕적 인간으로서 개인의 완성은 물론, 사회의 윤리 질서까지도 보장하려고 했던 것이다. 이런 의미에서 유교의 교육은 일종의 윤리학이자 도덕론이다.[21]

---

19 『中庸』第12章 : 君子之道, 造端乎夫婦, 及其至也, 察乎天地.
20 유교의 덕목들은 사실, 관계 중심적(relation~oriented)이고 역할 중심적(role~oriented)인 사회적 역할 관계 내에서 각 개인이 맡은 역할의 원활한 수행과 이를 통한 공동선의 실현을 목표로 삼는다. 이런 역할론은 오륜을 비롯하여 공자의 정명론(正名論), 맹자의 노력자/노심자(勞力者/勞心者), 순자의 분(分)에서도 잘 드러난다.
21 '倫理學(ethic, Ethik)' 또는 '道德(morals)'은 아리스토텔레스의 철학 용어인 '에토스(ethos)'와 '모레스(mores)'에

세계 종교의 교육적 독해

그런데 교육은 예방과 치료[22]라는 두 차원에서 진행된다. 예방은 사전에 미리 대처하는 방식이고, 치료는 사후에 대처하는 방식이다. 맹자는 바로 인간 본성을 선단(善端)으로 파악하면서 예방적 차원에서 도덕적 자각을 거론한 듯하다. 마음의 다스림이라는 성찰(省察)이 예방의 전형이다. 이는 선단의 보존과 확충 행위로 나타난다. 이른 바 지언(知言)과 호연지기(浩然之氣)를 기르는 데서 예방적 교육행위의 극치가 보인다.

공손추가 물었다. "선생님은 남들과 달리 어디에 장점이 있습니까?" 맹자가 말하였다. "나는 말을 알며, 나의 호연지기(浩然之氣)를 잘 기른다고 느끼고 있다." 공손추가 물었다. "무엇을 호연지기라고 합니까?" 맹자가 말하였다. "말로 설명하기 어렵다. 그 기(氣) 됨이 지극히 크고, 지극히 굳세다. 정직함으로써 잘 기르고 해침이 없으면, 호연지기가 천지 사이에 꽉 차게 된다. 그 기 됨이 의(義)와 도(道)가 짝하니 이것이 없으면 사람은 굶주려 기가 충만하지 못하게 된다. 호연지기는 의리가 축적되어 생겨나

서 유래한 개념이다. 이는 본래 사회의 풍속·습관 등을 의미했으나 윤리학(ethics)과 도덕(morals)으로 번역되면서 '그 사회 안에서 반드시 실천해야할 인간의 행위'로 바뀌었다. 즉 실제로 있는 도덕적 규범을 설명하는 일이 아니고, 도덕적 규범과 신념에 대한 지위 문제와 그것과 연결된 규범적 훈련으로서 인간 행위에 관한 규범의 학이다(김태길, 1984)

22 예방(豫防)'과 '치료(治療)'는 의학 개념을 빌려 쓴 교육학 용어이다. 교육과 의학은 매우 유사한 측면을 지니고 있다. 특히 인간을 진단하면서 진행되는 예방과 치료 행위는 교육이나 의료에서 동일한 방식으로 적용될 수 있다. 예방과 치료는 일차적으로 신체의 건강과 질병 문제에 대한 인식을 토대로 인간이 대처하는 방식이다. 건강은 존재가 아니라 존재의 양태이다. 그런데 존재 일반으로 말할 수 있는 양태가 아니고 그저 생명의 존재 양식이다. 무생물에는 건강이 없다. 건강은 생명의 존재 양식이다. 생명력이 충실하고 그 기능을 십분 발휘하고 있는 상태이다. 그러므로 한 인간이 건강하기 위해서는 섭생을 해야 하고, 타인을 위하여 비위생적인 행위를 삼가며 배려해야 한다. 이는 위생 사상의 보급과 공중 도덕심을 높이는 것으로 예방의 차원에서 이해할 수 있다. 반면, 질병은 생명 현상이 장해 받은 상태이다. 이는 너무나 다종다양하다. 생명의 단계에 따라 이해가 달라진다. 이러한 질병을 논하려면 신체적·정신적·사회적 견지의 인식이 필요하다. 이런 의미에서 질병은 정신적·육체적으로 통상의 사회적 활동에 지장이 있는 상태로 정의할 수 있다. 질병은 치료와 치유를 요한다. 치료는 병변을 제거하거나 돌보아 줌으로써 환자를 건강체로 되돌리는 작업이다. 어떤 구체적인 질병에 대한 내과적·외과적 처치를 하는 행위이다. 치유는 병이 다스려져 나았다는 의미가 강하다. 건강과 질병에 대해 우리는 진찰과 진단이라는 치료 행위를 감행한다. 진단은 치료할 질병의 결정이며, 진찰은 그 진단을 도출하기 위한 준비 단계이다. 교육은 개인과 공동체[사회]의 성숙과 지속, 유지 발전을 위해 행해지는 매우 복잡하게 얽혀 있는 인간의 제도적 장치이다. 이는 인간 전 영역의 건강과 질병과 관계한다. 개인이나 사회, 인간이 관계하는 모든 집단은 건강과 질병의 사이에 가로 놓여 있다. 여기에서 건강과 질병에 대한 예방과 치료적 차원은 교육학의 본질적인 측면으로 등장한다. 즉 건강한 개인과 사회로 회복하려는 노력이 바로 교육 행위이다. 여기에서 논의하는 맹자와 순자의 인간성에 대한 선악의 인식, 즉 시대 속에서의 인간에 대한 진찰과 진단은 교육에서 예방과 치료적 차원으로 이해할 수 있다(澤瀉久敬, 1986).

는 것이다. 그런데 의는 하루아침에 갑자기 엄습하듯 오는 것이 아니다. 행하고서 마

음에 부족하게 여기는 것이 있으면 호연지기가 굶주리게 된다."(『孟子』「公孫丑」上).[23]

맹자는 스스로의 장점을 지언(知言)과 호연지기(浩然之氣)에 두었다.

지언(知言)은 '편파적인 말, 도리에 어긋나는 말, 간사한 말, 기어 들어가

는 말이 무언가에 가리어져 있고, 어딘가에 빠져 있고, 인간을 갈라놓으

려 하고, 말의 논리가 궁색함 있음'을 아는 일이다(『孟子』「公孫丑」上).[24]

즉 언사와 시비, 선악을 판단하고 변별할 수 있는 능력이다(董洪利, 1997:

100~103). 이는 마음에서 생겨난다. 그러므로 맹자는 '마음을 잡으라(求

放心)'는 한 마디로 교육(학문)을 설명하였다. 다시 말하면, 인간의 말과

행위에 대한 판단능력을 함양하는 일은 교육의 예방적 차원이다. 그런 능

력이 길러졌다면, 선단은 선으로 확대된다. 이런 선의 확대 상황이 호연

지기이다.

주자의 표현을 빌리면, '호연지기(浩然之氣)'에서 호연(浩然)은 '매우 무

성하여 흘러 다니며 활동하는 모양'이다(『孟子集註』「公孫丑」上).[25] 기(氣)

는 '몸에 꽉 차 있는 그 무엇'이다. 그렇다면 호연지기는 '매우 무성하고 유

행하는 그 무엇이 몸에 꽉 차 있는 상태'이다. 이를 체득한 인간은 기운차

고 씩씩하며 늠름하고 자신 있는 주체적 모습을 보일 것이다.

호연지기를 구체적으로 표현해주는 언표는 '지극히 크고 지극히 굳셈

[至大至剛]'이라는 氣의 활발한 운동 상황이다. 그것은 정직함을 기르고

---

23 『孟子』「公孫丑」上 : 敢問, 夫子惡乎長. 曰, 我知言, 我善養吾浩然之氣. 敢問, 何謂浩然之氣. 曰, 難言也. 其爲氣也, 至大
    至剛, 以直養而無害. 則塞于天地之間. 其爲氣也, 配義與道, 無是 餒也. 是集義所生者, 非義襲而取之也. 行有不慊於心,
    則餒矣.

24 『孟子』「公孫丑」上 : 詖辭, 知其所蔽, 淫辭, 知其所陷, 邪辭, 知其所離, 遁辭, 知其所窮.

25 『孟子集註』「公孫丑」上 : 浩然, 盛大流行之貌, 氣, 卽所謂體之充者.

[直養], 의를 모으는 일[集義]에서 성취된다. 직(直)과 의(義)는 동일하게 '올바름'으로서 마음을 수양하는 일이다. 직의(直養)을 통해 내면의 도덕적 기운을 기른다면, 집의(集義)는 대상 사물 세계와 만나면서 이루어지는 작업이다(송봉구, 2000: 327). 이 둘은 삶의 기준이자 주체의식의 함양과도 통한다. 올바름을 잘 기르고 그것을 해치지 않음은 묘목의 싹이 자라나는데 비유된다. 인간은 이미 선단(善端)이라는 토양을 비롯하여 기(氣)가 자라날 제반 조건을 두루 갖추고 있다(『孟子』「盡心」上).[26] 그러므로 어떤 일을 하건, 함부로 조장하거나 효과를 미리 기대하지 말고(『孟子』「公孫丑」上),[27] 자연스럽게 마음을 길러 가야 한다. 이것이 일상에서의 기(氣)를 확충하는 일이다. 인간 행위의 예방적 차원은 여기에서 비롯된다.

그리고 일상에서의 의리와 도리를 마음에서 놓치지 않으면, 그것이 차곡차곡 쌓여 호연지기가 꽉 들어차게 된다. 이처럼 인간이 매일 스스로 반성하여 곧으면, 착한 마음을 조절하여 잘 길러 갈 수 있는 의지력(意志力)[28]을 갖출 수 있다. 그리하여 행동이 그 마음을 해치지 않으면 마음은 이지러지지 않고 온 세상에 꽉 퍼질 것이다. 결국 호연지기를 기른다는 말은 '마음 닦는 일'을 직접적으로 지칭한다. 이는 선(善)의 지향과 실천을 통해 이루어진다. 즉 반성적 성찰과 사고[29]에 의해 이루어 질 수 있다. 이처럼 자기반성에 의한 도덕적 자각을 통한 내재적 가치의 확립이 유교

---

26 『孟子』「盡心」上 : 萬物皆備於我矣.
27 『孟子』「公孫丑」上 : 必有事焉而勿正, 心勿忘, 勿助長也.
28 기(氣)를 기르는 양식에는 '지기(志氣)'와 '혈기(血氣)'로 나누어 볼 수 있는데, 호연지기(浩然之氣)는 지기(志氣)를 기르는 작업이 핵심이다. 이는 인간의 의지력을 기르는 교육과 관계된다.
29 '반성적 사고(reflective thinking)'는 존 듀이 교육철학의 핵심적 사유 방법이다. 이는 사고의 기원으로서 의혹(疑惑)과 주저(躊躇)와 심리적 곤란(困難)을 내포하고 있다. 동시에 그러한 의혹을 해명하고 당혹스러운 사태를 진정시켜 처리해 나가기 위해 자료(資料)를 발견(發見)하려는 탐구(探究)와 조사(調査)의 작용도 포함한다. 유교에서는 '나는 하루에 세 가지로 자신을 성찰한다[吾日三省吾身]'(『論語』「學而」)라는 반성과 성찰의 과정을 매우 중시한다. 사상적으로 이질적 측면이 있겠지만, '반성/성찰(反省/省察)'이라는 공통 주제는 닮은 지점이 있다.

교육의 한 축을 이룬다.

이런 맹자의 교육에 대한 사유는 앞에서 언급한 『서경』이나 『예기』, 『논어』에서 보여준 '교화(教化)'의 차원을 넘어서 있다. 자기 각성이라는 개인적 완성을 지향하는 측면이 상당히 보완된 형태로 표출된다. 이는 인간의 본성에 구체적 관심을 가지고 인간의 문제를 고민한 그의 철학과도 연관된다. 이렇게 볼 때, 유교에서 교육의 본질은 맹자에 와서 '인륜을 밝히는 일(明人倫)'로 구체화 하였다. 이는 나중에 주자에 의해 다시 천명된다.

4. 원시유교 3: 순자의 예치(禮治)와 욕망의 치료

본성론의 관점에서, 이른 바 '성악설(性惡說)'을 주장하며 맹자에 반기를 든 순자는 인간이 선천적으로 '도덕적 성향'을 지녔다는 데 상당히 소극적이었다. 왜냐하면 인간은 자연적으로 이기적 욕망을 지니고 있다고 생각했기 때문이다. 이 때 욕망은 인간의 삶을 지속해 나가기 위한 예(禮)를 발생시킨 근원이었다. 순자의 욕망과 예(禮)에 대한 관점은 다음과 같다.

예는 무엇 때문에 생긴 것인가? 사람에게는 태어나면서부터 욕망이 있다. 욕망을 채우지 못하면, 끊임없이 그것을 추구한다. 욕망 추구에는 절제와 한계가 없다. 그러므로 서로 다투지 않을 수 없게 된다. 다투면 사회가 어지러워지고 어지러워지면 궁색해진다. 옛날 왕들은 그 어지러워짐을 싫어하였다. 그러므로 예의를 제정하여 욕망에 일정한 한계를 긋고 사람들의 욕망을 길들였으며, 사람들의 욕구를 충족해 주었다. 욕망이 재물 때문에 파탄되지 않도록 하고, 재물이 욕망 때문에 바닥나지 않게 하여, 이 양자를 서로 조화 있게 균형을 이루도록 하였다. 이것이 예가 생긴 까닭이다(『荀子』「禮論」).³⁰

　욕망은 인간 유기체에 선험적으로 내재된 본질적 요소이다. 라깡(Jacques Marie Émile Lacan, 1901~1981)에 의하면, 욕망은 어떤 만족으로도 제한되지 않는다. 끝없이 영원한 결핍을 내부에 지니고 있다. 인간은 끊임없이 욕망을 추구한다. 그러므로 개체적 욕망의 대결과 갈등은 사회적 혼란을 야기한다. 사회의 안정과 지속을 위해서, 외부에서 욕망에 제재를 가하거나 조절해야 할 필요성이 대두된다(권미숙, 1996: 64). 순자는 '욕망을 잘 길러 결핍을 충족시켜 주는 것'을 예(禮)로 이해하였다(『荀子』「禮論」).³¹ 즉, 욕망의 충족과 조절, 감시를 위한 사회 제도적 장치가 예이다. 이런 예는 그 특성상 교육의 치료적 성격으로 부각된다. 욕망에 대한 예의 치료적 기능은 환자가 병을 지니고 있을 때, 의사가 그것을 다스리고 치료하는 방법과도 같다. 이 예가 바로 교육과 상통한다.

　이는 순자가 인간과 사회를 바라보는 관점에 구체적으로 연결된다. 순자는 인간의 특징을 예의의 제도적 확립과 사회 구성에 있다고 보았다. 그런 만큼 예의의 강조는 교육의 중요성과 제도적 확립, 교육 담당자[스승]의 중요함을 역설하기에 충분하다. 맹자는 인륜(人倫)이라는 인간 사이의 개인적 질서 관계를 선차적으로 논의하지만, 순자는 사회 구성이라

30　『荀子』「禮論」: 禮起於何也. 曰, 人生而有欲. 欲而不得, 則不能無求. 求而無度量分界, 則不能不爭. 爭則亂, 亂則窮. 先王惡其亂也. 故制禮義以分之, 以養人之欲, 給人之求. 使欲必不窮乎物, 物必不屈於欲. 兩者相持而長. 是禮之所起也.
31　『荀子』「禮論」: 禮者, 養也.

는 공동체적 관심을 우선시하며 예의의 확립을 논의한다.

　　물과 불은 기(氣)는 있지만 생명이 없고, 초목은 생명이 있지만 지각이 없으며, 짐
승은 지각은 있지만 예의가 없다. 오직 사람만이 기도 있고 생명도 있으며 지각도 있
고 예의도 있다. 그러므로 세상에서 가장 귀하다. 그러나 힘은 소보다 못하고, 달리기
는 말보다 못한 데, 소와 말을 부리니 어째서인가? 그 이유는 사람은 무리를 지을 수
있으나 소나 말 같은 것은 그렇지 못하기 때문이다. 사람은 어째서 무리를 지을 수 있
는가? 사람마다 직분이 있기 때문이다. 직분은 어떻게 이루어지는가? 예의가 있기 때
문이다. 예의로서 직분을 고루 갖추면 조화가 서고, 조화가 서면 하나로 되며, 하나로
되면 힘이 모아지고, 힘이 모아지면 강해지고, 강해지면 만물을 이긴다., 그래서 집을
지어 편히 살 수 있다(『荀子』「王制」).[32]

　　인간은 다른 동식물에 비해 '예의'라는 것을 지니고 있다. 이 예의를 갖
추어 실천하면 사람이 되지만, 이를 버리면 금수에 불과한 존재가 인간이
다(『荀子』「勸學」).[33] 교육의 본질이 여기에 있다. 이런 가능성 때문에 인간
은 만물의 영장으로서 가장 귀한 존재 가치를 인정받는다. 이 지점에서
우리가 눈여겨보아야 할 것은 인간이 사회[무리: 群]를 구성하여 삶을 영
위한다는 점이다. 무리를 이루기 위한 조건이 직분의 분별[分], 즉 인간의
역할과 기능이다. 순자는 말하였다.

---

32 『荀子』「王制」: 水火有氣而無生, 草木有生而無知, 禽獸有知而無義, 人有氣有生有知, 亦且有義. 故最爲天下貴也. 力不
若牛, 走不若馬, 而牛馬爲用, 何也. 曰人能群, 彼不能群也. 人何以能群, 曰分, 分何以能行, 曰義. 故義以分則和, 和則
一, 一則多力, 多力則彊, 彊則勝物, 故宮室可得而居也.
33 『荀子』「勸學」: ……爲之人也, 舍之禽獸也……

분별이란 어떤 것인가? 귀천(貴賤)에 등급이 있고, 어른과 아이 사이에 분별이 있으며, 빈부(貧富)와 경중(輕重)에 모두 일컫는 것이 있다(『荀子』「禮論」).[34]

한 인간이 전지전능(全知全能)할 수는 없다. 순자의 사회 인식에서 볼 때, 인간은 누구나 공동체 구성원으로서 자기 역할이 있다. 인간은 서로 다른 직업, 지위와 계층의 분별을 통해 사회의 한 축으로 자리한다. 그 직분에 따라 자기 역할에 충실하며 협력함으로서 욕망이라는 본질적 자연성을 극복하며 살아간다. 이때 직분에 따른 예의가 바로 분별의 조건이다.

인간은 어떻게 사회 속에서 자기 역할과 기능을 다할 수 있는가? 순자의 예(禮)는 후천적 학습에 의해 달성될 수 있는 성질을 지녔다. 그런 예의 근본에 세 가지가 있다.

우주자연은 만물이 살아가는 생명력의 근본이다. 선조는 인류를 존재하게 만드는 근본이다. 임금과 스승은 다스림의 근본이다. 우주자연이 없다면 세상 만물이 탄생할 수 있었겠는가? 선조가 없다면 나의 일족이 태어날 수 있었겠는가? 임금과 스승이 없다면 이 세상을 다스릴 수 있었겠는가? 이 세 가지 가운데 하나가 빠져도 사람은 편안하게 삶을 영위할 수 없다. 그러므로 예는 위로 하늘을 섬기고, 아래로는 땅을 섬기며, 선조를 존경하고, 임금과 스승을 존중해야 한다. 이 세 가지가 예의 근본이다(『荀子』「禮論」).[35]

---

34 『荀子』「禮論」: 曷謂別曰, 貴賤有等, 長幼有差, 貧富輕重, 皆有稱者也.
35 『荀子』「禮論」: 天地者, 生之本也. 先祖者, 類之本也. 君師者, 治之本也. 無天地惡生. 無先祖惡出. 無君師惡治. 三者偏亡焉無安人. 故禮上事天, 下事地, 尊先祖而隆君師, 是禮之三本也.

첫째, 우주자연과 선조, 임금과 스승에 대한 인간의 태도는 그것이 예의 근본이라는 인정이다. 우주자연은 만물을 탄생하게 만든 근원이다. 그것에 대한 경외감과 섬김의 태도가 예의 근본 가운데 하나이다. 이는 자연에 대한 인간의 예의이다. 둘째, 조상에 대한 인간의 인식이다. 이는 인간 존재의 근원에 대한 고찰이자 신성함을 확인할 수 있는 대목이다. 인간은 효(孝)라는 예를 통해 시간 생명을 지속한다. 셋째, 임금과 스승에 대한 예이다. 임금은 구체적 정사를 통해, 스승은 교육을 통해 삶의 윤택함을 도모해 준다. 이는 현실적인 인간 삶의 운용 원리로 치료적 행위의 교육과 가장 맞닿아 있다.

우주자연과 선조에 관한 예는 임금과 스승의 역할에 비해 보다 근원적이다. 임금과 스승에 관한 예는 인간의 욕망이 난무하는 현실을 다스리는 방법으로 현실적이고 응용적 측면이 강하다. 그런 사안이 반영되었는지, 순자는 스승의 역할을 매우 중시하였다. 무엇보다도 예를 지도하고 사회생활의 지침을 줄 수 있는 모범이기 때문이었다. 이런 상황을 인식하고, 순자는 다음과 같이 생각하였다.

> 인간은 예(禮)가 없으면 살아갈 수 없다. …… 그러기에 선(善)으로 남보다 앞서서
> 실천하며 나아가 인도하는 일, 이것이 교육이다(『荀子』「勸學」).[36]

순자는 '예치(禮治)'와 교육을 적극적으로 희망하였다. 예치는 결국 선으로의 회귀를 갈망하는 인간의 자기 치료 행위이다. 교육은 욕망으로 점철된 인간의 성품, 그로 인해 드러나는 사회적 병리를 예라는 제도 장치

---

36 『荀子』「勸學」: 人無禮則不生……以善先人者謂之敎.

속에서 조절하는 치료적 행위이다. 동시에 예의 존속을 꾀하는 과정이었다. 이는 예를 적극적으로 제정하여 시행한다는 사회 개혁과 체제 유지라는 교육의 본질과도 연관된다.

5. 신유교: 주자의 개인과 공동체의 조화(調和)

이러한 원시유교의 교육에 대한 의미 규정은 주자가 사서(四書;『大學』『論語』『孟子』『中庸』)를 편집하며, 유교를 집대성하는 과정에서 보다 명확히 드러났다. 즉 『대학』과 『중용』을 통해 교육의 본질과 의미를 분명히 했던 것이다. 『중용』의 첫머리는 유교가 지향하는 교육의 궁극처를 보여준다.

> 하늘이 명한 것을 성(性)이라 하고, 성을 성장시켜 가는 것을 도(道)라 하고, 도를 닦는 것을 교(敎)라고 한다(『中庸』第1章).[37]

이 『중용』의 첫 구절은 유교 사상의 총 강령이다. '하늘이 명한 것을 성'이라 하는 것은 유교의 인본주의의 요체가 되는 진리이고, '성을 성장시켜 가는 것을 도'라 하는 것은 유교가 진덕수업(進德修業)하는 공부의 요체가 되는 근본이며, '도를 닦는 것을 교'라고 하는 것은 교화와 정치를 하는 요체가 되는 방법이다(김충렬, 1990: 191).

'하늘이 명한 것[天命]=성(性)'이라는 인식을 통해 볼 때, 인간은 하늘의

---

37 『中庸』第1章 : 天命之謂性, 率性之謂道, 修道之謂敎

명령에 의해 자기 성품을 부여받았다. 인간의 성품이 하늘의 법칙과 질서를 고스란히 간직하고 있다는 말이다. 이는 맹자가 말하는 '인의예지신(仁義禮智信)'이라는 덕(德)이 나에게 갖추어져 있는 것과 같다. 하늘의 뜻은 '하늘의 도[天道]'이다. '인간의 길[人道]'은 하늘의 도가 품은 본연의 착함[本然之善]을 잘 따라 가는 일이다. 여기에는 다른 이론이 개입할 여지가 거의 없다. 왜냐하면 유교 사상이 지향하는 사상적 천명(闡明)이기 때문이다. 인간은 '착함[善]'으로 규정된 본성을 함부로 외면할 수 없다. 보존과 확장이 그것을 담보하는 생명력이다. 그렇다면 그 길을 어떻게 가야 하는가? 방법은 복잡하면서도 간단하다. 때와 상황에 따라, 나의 능력과 자질에 따라, 절도 있게 하는 양식이 바로 교육이다.

이것이 『중용』에서 일관되게 주장하는 교육의 본질이다. 다시 설명하면, 인간 존재는 이미 하늘의 명령인 천도(天道)를 부여받았다[天命/性]. 그러므로 그 천도를 본받아 나아가라. 그것이 인간의 삶이다[率性/道]. 여기에서 인간은 선천적으로 부여된 천도와 그 천도를 절대적으로 따라야 한다. 이미 인간의 삶은 선택의 여지없이 천도에의 순응을 지향해야 한다. 이것이 유교의 숙명이자 사상적 명령이다. 그러면서 인간은 일상 가운데 적절한 상황에 따라 삶을 대처해야 한다[修道/敎]. 그 방식이 바로 교육이다. 이는 유교의 운명이자 인간의 성숙이다.

이런 교육 상황을 형이하학(形而下學)의 양상으로 구체화한 것이 『대학(大學)』의 교육론이다. 『대학』은 『중용』에서 제시된 형이상학(形而上學)의 실천 방안으로 삼강령(三綱領)을 설정하고 다시 세부적으로 팔조목(八條目)을 제시한다.

교육의 본질은 마음을 밝히는데 있고, 백성을 새롭게 하는데 있으며, 가장 착한 자리에 머무르게 하는데 있다(『大學』『經』1章).[38]

이 세 가지 강령은 교육의 대전제를 본질적으로 언급한 대목이다. 세부적으로는 다음과 같이 논의할 수 있다.

첫 번째 강령인 '명명덕(明明德; 마음을 밝히다)'은 천도(天道)로 이미 부여된 착한 마음을 인간의 힘으로 밝혀 깨닫는 작업이다. "마음은 사람이 하늘에서 얻은 것이다. 텅 비어 있는 것 같지만 신비스런 작용이 있으며 어둡지 않다. 모든 이치를 갖추고 있어서 모든 일에 응할 수 있다(『大學』『經』1章)."[39] 이때 마음은 인간 존재를 상징적으로 형용하는 언표이다. 인간 존재란 세상의 모든 사안을 내면에 잠재하고 언젠가는 구현할 수 있는 일종의 가능태(可能態)이다. 이런 위대한 인간의 본질을 깨닫는 일이야말로 교육의 첫 번째 임무이다. 이는 개인적 작업이다. 자각자증(自覺自證)해야 하는 개인의 자기 존재와 본질을 각성하는 실존적 깨달음이다(김철운, 1998:, 53).

두 번째 강령인 '신민(新民; 백성을 새롭게 하다)'[40]은 나의 존재를 깨달음으로 말미암아, 타인도 깨달을 수 있게 변모시키는 작업이다. 여기에서는 타인에게 다가가 새로운 차원으로 개조하겠다는 의지가 드러난다. 인

---

38 『大學』『經』1章 : 大學之道, 在明明德, 在新民, 在止於至善

39 『大學章句』『經』1章 : 明德者, 人之所得乎天而虛靈不昧, 以具衆理而應萬事者也.; 참고로 주자(朱子)와 양명(陽明)의 분기점은 마음에 대한 태도이다. 주자는 마음을 '具衆理而應萬事'라고 했고, 이에 대해 양명은 '衆具理萬事出'이라는 관점을 취한다. 주자가 말한 '마음이 모든 이치를 갖추고 있어 세상 사물이 여기에 응한다.'라는 관점은 나와 사물과의 관계를 공평하게 객관적으로 본다. 반면에 '모든 사물이 이치를 갖추고 있어 세상 사물이 이로부터 나온다.'는 양명의 인식은 나를 중심으로 주체적으로 고민하기 때문에 사물을 공평하게 보지 못할 가능성이 있다. 지나친 주관주의로 전락할 위험이 있다.

40 『大學』古本에는 '친민(親民)'으로 되어 있으나, 정자(程子)는 '신민(新民)'으로 해석했고, 주자도 이를 받아들였다. 그러나 양명은 고본 그대로 '親民'이 옳다고 주장하였다. 그런데 『대학장구』 뒷부분의 구절들을 보면, '新民'이 설득력이 있다.

간은 대개 사회의 관계 질서 속에서 자기를 구현한다. 오륜(五倫)의 질서 의식이 그것을 잘 보여준다. 왕이 백성을, 부모가 자식을, 남편이 아내를, 어른이 어린이를, 친구가 다른 친구를 새롭게 개조시키거나 또는 반대의 경우에도 인간은 관계 질서의 조화를 꾀한다. 이것은 모두 자기 덕을 밝힘으로서 타인에게 다가가는 일이다. 이때 한 개인에서 타자로 확장되는 사회로의 관심 전이가 이루어진다. 여기에서 타자에 대한 이해와 배려가 동시에 싹튼다. 이것이 두 번째 교육의 본질이다.

세 번째 강령인 지어지선(止於至善; 가장 착한 자리에 머무르다)은 첫 번째와 두 번째 강령인 '명명덕(明明德)'과 '신민(新民)'이라는 최고의 경지를 개인적·사회적으로 지속하는 작업이다. 다시 말하면, 개인에게 부과된 마음, 잠재능력을 가지고 자기 일에 충실하고, 제자리에서 역할과 책임을 다한다. 유교에서는 이보다 선한 것을 요구하지 않는다. 이는 순자가 말하는 직분[分]과 상통한다. 그리고 사회는 그런 개인들의 역할을 적재적소(適材適所)에서 조절한다. 그런 사회적 관계 질서는 다음과 같이 표현된다.

> 임금이 되어서는 어진 정사를 행하는 데 힘을 쏟는다. 신하가 되어서는 공경한 행실로 정사를 보좌하는 데 힘을 다한다. 자식이 되어서는 효도하는 데 성의를 다한다. 부모가 되어서는 자식 사랑에 정성을 쏟는다. 타인과 사귐에는 믿음으로 삶의 관계를 지속한다(『大學』「傳」3章).[41]

다시 말하면, 이 세 번째 강령은 첫 번째 강령[明明德]과 두 번째 강령

---

41 『大學』「傳」3章：爲人君, 止於仁, 爲人臣, 止於敬, 爲人子, 止於孝, 爲人父, 止於慈, 與國人交, 止於信.

세계 종교의 교육적 독해

[新民]의 교육적 본질을 현실에서 구현하며 지속적으로 생명력을 지니도록 일깨우는 작업이다.

이처럼 주자가 재구성해낸 사서(四書) 중심의 교육은 개인의 '본성/마음[性/明德]'의 깨우침과 실현이라는 내면적 가치의 발현인 각성(覺醒)을 중심으로 한다. 동시에 타인에게까지 그것이 펼쳐나가는 사회적·외면적 가치의 실현이라는 본질을 안고 있다. 이는 개인과 사회의 조화를 꾀한다. 개인은 타인을 통해 사회에 대한 책무성을 지니고, 사회는 개인에게 자각의 길을 열어 줌으로써 개인에 대한 책무성을 확보한다.

III. 교육목적

1. 일상(日常)생활의 도리 실천

교육목적은 교육의 도달지점으로서 궁극적으로는 인간이 지닌 삶의 목적과 맞닿아 있다. 이런 교육목적에 접근하기 위해서는 구체적으로 인간이 어떤 고민을 하는지 살펴보는 것이 도리일 듯하다. 먼저 유교의 개창자인 공자가 인간의 발달과 성숙에 따라 고민한 흔적을 보자. 공자는 15세에 인생의 지향을 배움[學]에 두었다. 학은 교육의 핵심 과정이므로, 공자는 교육에 뜻을 두고 삶을 전개하려는 의도를 보였다고 인지할 수 있다. 공자는 말하였다.

나는 열다섯에 학문에 뜻을 두었고, 서른에 자립하였으며, 마흔에 어떤 일에도 미혹되지 않았고, 쉰에 천명을 알았으며, 예순에 귀로 들으면 무슨 말이든 그대로 알아들었고, 일흔에는 마음 내키는 대로 행동해도 법도를 넘지 않았다(『論語』「爲政」).[42]

이런 과정으로 볼 때, 공자는 외면적 공적보다는 내면적 가치를 추구하는 교육적 인생을 살았다. 사회적이거나 직업적인 외재적 가치로서 교

---

42 『論語』「爲政」: 子曰, 吾十有五而志于學, 三十而立, 四十而不惑, 五十而知天命, 六十而耳順, 七十而從心所欲不踰矩.

세계 종교의 교육적 독해

육 목적을 갈망하기보다는 성장 과정에 따라 일관된 인간의 도리를 교육 목적으로 제시하고 있다. 주자의 해석을 빌리면, 옛날에는 15세에 태학에 들어갔는데, 공자도 태학에서 교육하는 양식에 마음이 향했고, 모든 생각을 이에 집중하여 공부하기를 싫어하지 않았다(『論語集註』「爲政」).[43] 이는 배움의 길인 교육을 다른 가치보다 우선순위에 두었다는 말이다. 유교의 보편적 교육목적은 여기에서 기인한다. 유교는 대개 '입지(立志)'를 배움의 첫 단계에 둔다.[44]

그 가치의 핵심은 바로 도리[道]이다. 인간이 도리를 실현하려는 교육목적을 공자는 다음과 같이 표현하였다. "도(道)에 뜻을 두고, 덕(德)을 근거로 하며, 인(仁)에 의지하고, 예(藝)에 노닐어야 한다!(『論語』「述而」)"[45] 공자에게서 교육의 목적은 도에 뜻을 두고 그것을 추구하는 데 있었다. 나아가 그것은 덕을 근거로 인에 의지하여 예에서 유유자적하는 방향성을 지닌다. 이는 우주자연의 진리와 인생의 지혜를 추구하는 의도 가운데 이해된다. 주자는 도(道)-덕(德)-인(仁)-예(藝)에 대해 다음과 같이 정의하였다.

도(道)는 사람이 날마다 실천해야 할 당연한 길이다. …… 덕(德)은 도를 행하여 마

---

43 『論語集註』「爲政」: 古者, 十五而入大學. 心之所之, 謂之志, 此所謂學, 卽大學之道也, 志乎此則念念在此, 而爲之不厭矣. ; 주자는 또 "굶주리고 목마른 사람에게 음식은 그야말로 걱정거리이지만, 그것으로 인해 뜻(삶의 목적)이 서는 것은 아니라"고 덧붙이고 있다. 이로 볼 때, 배움의 문제, 즉 교육은 인간 삶의 가장 궁극적인 관심사로 인식된다.

44 조선 시대 율곡 이이의 경우, 그의 주저인 『擊蒙要訣』에서 「立志」章을 맨 앞에 두었고 『聖學輯要』에서도 「修己」의 첫 번째 과정에 '立志'를 두었다. 이 때 배움[學]은 부모는 자식을 사랑하고, 자식은 부모에게 효도하고, 신하는 임금에게 충성하고, 부부간에는 분별이 있어 자기 역할을 다하고, 형제간에는 우애가 있어야 하고, 젊은 사람은 어른에게 공손히 하고, 친구 사이에는 믿음이 있어야 하는 것이다. 이런 일들을 일상생활에서 예의에 맞게 실천하는 일일뿐, 쓸데없이 이 마음을 허무맹랑한 곳에 두어 특별한 효과를 기대하지 않아야 하는 것이다. 즉 일상 상식의 세계에서 사물을 도모하는 일일뿐이다.(『擊蒙要訣』「序」: 所謂學問者, 亦非異常別件物事也. 只是爲父, 當慈, 爲子, 當孝, 爲臣, 當忠, 爲夫婦, 當別, 爲兄弟, 當友爲少者, 當敬長, 爲朋友, 當有信, 皆於日用動靜之間, 隨事各得其當而已, 非馳心玄妙, 希覬奇效者也.).

45 『論語』「述而」: 子曰, 志於道, 據於德, 依於仁, 遊於藝.

음에 체득함이 있는 상태이다. …… 인(仁)은 사사로운 욕심이 모두 없어져 마음의 덕

이 온전하게 된 상황이다. …… 예(藝)는 예악과 활쏘기·말타기·글읽기·셈하기의 법

이다. 이 모두는 지극한 이치가 있어 일상에서 날마다 빼놓을 수 없다(『論語集註』「爲

政」).[46]

사람이 일상생활에서 실천해야 할 당연한 도는 어떤 것일까? 예컨대,
부모에게는 효(孝), 형제간에는 제(悌), 임금에게는 충(忠), 친구 사이에
는 신(信)을 반드시 살펴야 한다(『論語集註』「述而」).[47] 효와 충은 상하 수
직 질서를 제와 신은 전후좌우의 수평 질서를 보여 준다. 이런 인간관계
와 삶의 도덕적 도모가 모두 도리[道]이다. 도리의 핵심인 효제충신(孝悌
忠信)은 하늘이 인간에게 부여해준 질서 체계이다. 인간이 마음대로 수
정할 수 없는 불변의 상도(常道)[48]이다. 그러므로 도리는 우주적 진실인
동시에 인생의 원리이다.

둘째, 덕(德)은 도(道)의 실천을 통해 마음[몸]에 밴 것이다. 때문에 일
상생활에서 개별적 언행으로 표출된다. 우주와 인생의 원리 원칙이 실제
생활에서 응용되어 구체적 언사와 행동으로 표출되고 도리에 합치되는
것이다. 예컨대, 부모를 섬길 때는 반드시 효도하여 불효에 이르지 않아
야 한다. 만약 오늘은 효도하고 내일은 효도하지 않는다면, 이는 몸에 체
득된 것이 아니다. 따라서 덕이라 할 수 없다(『論語集註』「述而」).[49] 이처럼

---

46 『論語集註』「爲政」：道則人倫日用之間, 所當行者, 是也. …… 德則行道, 而有得於心者也. …… 仁則私欲盡去, 而心德之
全也. …… 藝則禮樂之文, 射御書數之法, 皆至理所寓, 而日用之不可闕者也.

47 『論語集註』「述而」：道者, 只是日用當然之理. 事親必要孝, 事君必要忠, 以至事兄而弟, 與朋友交而信, 皆是道也.

48 유교의 도(道)는 상도(常道: 經道)와 권도(權道)로 설명할 수 있는데, 상도(常道)는 늘 변하지 않는 보편적이고 일반
적인 이법(理法)의 체계이고, 권도(權道)는 저울질하듯 상황과 조건에 따라 실천하는 도리이다. 상황 논리에 가장 적
절할 때 권도(權道)는 상도(常道)로 환원될 수 있으나, 상도를 적용할 수 있음에도 불구하고, 편의에 따라 권도를 함
부로 써서는 안 된다. 그럴 경우, 원칙이나 기준 없는 임기응변이나 기회주의로 전락할 수 있다.

49 『論語集註』「述而」：德是得這物事於我, 故事親必孝, 必不至於不孝, …… 若今日孝, 明日又不孝, …… 是未有德於我,

---

세계 종교의 교육적 독해

덕은 우주와 인생의 질서를 일상에서 실천하는 일이다. 그것은 달리 말하면 선(善)의 표출이고 건전한 사회의 바탕이다.

셋째, 인(仁)은 개인적 욕망을 제거하는 데서 시작하여 일상행위를 온전하게 하는 일이다. 공부가 이 정도에 이르면 밥 먹는 사이일지라도 마음을 보존하고 성품을 기르는 수양이 원숙해져 어떤 상황에서도 천리(天理)를 어기는 일이 없게 된다(『論語集註』「述而」).[50] 그런데 『논어』에서 인(仁)은 너무나 다양하게 표현된다.[51] 그 가운데 대표적 표현이 '사람을 사랑하는 일(『論語』「顏淵」),[52] '자신에게 진실하며 그 마음을 미루어서 타인을 헤아리는 일(『論語』「里仁」),'[53] '나를 이기고 예로 돌아가는 일(『論語』「顏淵」),'[54] 등이다. 이를 일상생활에서 확인하면, 거처할 때 얼굴 모습을 공손히 하고, 일을 맡아 할 때 정성껏 하며, 남과 더불어 있을 때 충실하게 하는 일(『論語』「子路」)[55] 등으로 볼 수 있다. 또 어진 사람은 어려운 일을 먼저 하고 이익을 나중에 취한다(『論語』「雍也」).[56] 뿐만 아니라, 자기가 서려고 하는 곳에 남을 세워주며 자기가 통달하려고 하는 곳에 남을 통달하게 한다(『論語』「雍也」).[57] 이러한 사유는 일상에서 공손함, 너그러움, 믿음, 민첩함, 은혜(『論語』「陽貨」)[58] 등 다섯 가지 조목으로 표출된다. 인

不可謂之德.
50　『論語集註』「述而」: 工夫至此, 而無終食之違, 則存養之熟, 無適而非天理之流行矣.
51　『論』500여장 가운데 인(仁)을 논의한 곳이 58장이나 된다. 이 때문에 공자의 학을 '인학(仁學)'이라고도 한다. 그러나 『논어』에서는 동일한 의미로 일관되게 인(仁)의 개념을 정의하지는 않았다. 왜냐하면 공자는 제자들이 묻는 상황이나 수준에 따라 대답을 달리 했기 때문이다. 그러므로 공자의 인(仁)사상을 파악하기 위해서는 일관되게 흐르는 맥락을 추적해야 한다.
52　『論語』「顏淵」: 愛人.
53　『論語』「里仁」: 忠恕.
54　『論語』「顏淵」: 克己復禮.
55　『論語』「子路」: 居處恭, 執事敬, 與人忠.
56　『論語』「雍也」: 仁者, 先難而後獲, 可謂仁矣.
57　『論語』「雍也」: 己欲立而立人, 己欲達而達人.
58　『論語』「陽貨」: 恭寬信敏惠.

에 대한 의미는 개인적 욕망의 조절, 자기 수양을 통한 사랑과 이해, 타자에 대한 배려[59]의 정신으로 연결된다. 이는 "내재화를 거친 천성(天性)으로서 인간이 인간답게 존재할 수 있는 근거이면서, 여러 덕을 종합적으로 일컫는 명칭으로 인격의 지극한 성취 상태를 가리킨다(李明基, 1987: 38)." 이러한 인에 의지한다는 말은 교육의 방향과 이상을 정립하는 일이다. 공자에게서 배움의 존재 이유, 교육의 목적을 담보하는 것이다. 이를 완전하게 구현한 인간형이 성인(聖人)이며, 노력을 통하여 추구하는 인물이 군자(君子)이다.

마지막으로 예(藝)는 예악사어서수(禮樂射御書數)의 여섯 가지의 교육 양식인 육예(六藝; 六經)로 대변된다.[60] 이는 인간에게서 전반적인 배움의 방식과 이치를 말한다. 이른바 교육적 예술이다. '예(藝)에서 노닐다'는 말은 육예를 사물에 따라 실정에 알맞게 실천하는 일이다(『論語集註』「述而」).[61] 일상에서 수시로 발생하는 사건에 대해 인간이 그에 알맞은 방법으로 대응하는 상황을 말한다. 이는 도(道)와 덕(德)과 인(仁)을 마음으로 얻은 생활 자체를 즐기는 일이다(『論語集註』「述而」).[62] 때문에 공자는 일상의 합리적 운용, 또는 삶의 건실함 자체를 교육의 궁극적 지향으로 삼았다. 그러기에 주자는 이 '도(道)-덕(德)-인(仁)-예(藝)'의 과정을 학문[교육]의 목적으로 설명하였다.

교육[학문]은 입지(立志)보다 앞서는 것이 없다. 도(道)에 뜻을 두면, 마음이 올바

59　미국의 교육철학자인 나딩스(N. Noddings, 1995)의 경우, 존 듀이의 사고에 영향을 받아, 배려(보살핌, caring)의 교육철학을 주창하고 있는데, '베풀 수 있는 활동에의 참여', '협동학습', '대화' 등을 통해 배려 정신의 함양을 역설한다.
60　六藝[六經]에 대해서는 아래에서 구체적으로 설명한다.
61　『論語集註』「述而」: 遊者, 玩物適情之謂.
62　『論語集註』「述而」: 胡氏曰: 道德仁所當先, 藝可以少後.

르게 보존되어 나쁜 곳으로 흘러가지 않는다. 덕(德)에 의거하면 도가 마음에 체득되어서 실수가 없다. 인(仁)에 의지하면 덕성이 항상 사용되어 물욕이 생기지 않는다. 예(藝)에 노닐면 조그마한 일도 버리지 않아 움직이거나 쉬는 사이에 마음이 수양된다. 그러므로 교육[학문]하는 사람이 여기에서 선후(先後)와 경중(輕重)의 차례를 잃지 않으면, 처음과 끝이 모두 알맞고 안과 밖이 모두 똑같이 되어, 날마다 생활하는 사이에 조금이라도 틈이 생기지 아니한다. 또한 여기에 흠씬 젖게 되어 성인의 경지에 저절로 들어가게 될 것이다(『論語集註』「述而」).[63]

공자에게서 인간의 길을 전해들은 제자들도 늘 "학문으로 도(道)를 지극히 한다!(『論語』「子張」)"[64]라고 하며, 교육의 중요성을 강조하였다. 이처럼 '도-덕-인-예'의 교육과정에서, 공자는 "자기 수양을 통해 백성을 편안하게 한다(『論語』「憲問」)."[65]라고 하며, 현인(賢人)과 군자(君子)를 희망하였다.

2. 인륜(人倫)의 자각과 예의 실현

공자의 사유를 이어 받은 맹자는 인간 삶의 세 가지 즐거움 가운데 하나로 표현할 정도로 교육에 중요성을 부과하였다. 특히 자신의 인생 즐거

---

63 『論語集註』「述而」: 皆學莫先於立志, 志道則心存於正而不他, 據德則道得於心而不失, 依仁則德性常用, 而物欲不行, 遊藝則小物不遺, 而動息有養, 學者於此, 有以不失其先後之序, 輕重之倫焉則本末兼該, 內外交養, 日用之間, 無少間隙 而涵泳從容, 忽不自知其入於聖賢之域矣.
64 『論語』「子張」: 子夏曰, 百工居肆以成其事, 君子學以致其道.
65 『論語』「憲問」: 修己而安百姓.

움을 영재(英才)[66]를 통해 실현하려고 하였다. 이는 타인과의 관계 맺기를 통해 자아를 실현하는 일이다. 타인과의 관계는 다름 아닌 인륜(人倫)으로 표출된다. 그것은 인륜을 중심으로 교육의 장(場, field)을 구축하였다는 의미이다.

맹자는 '인륜을 밝히는 일'을 교육 자체로 보았다. 그의 교육목적도 이를 따른다. 인륜의 근거는 선의 단서[善端]로서 이미 마음에 갖추어져 있었다. 선단으로서 인의예지(仁義禮智)는 인간관계와 사회생활의 준칙을 표현하는 관념이다. 교육은 이를 오륜이라는 윤리적 덕목으로 구체화하여 인간이 명확히 깨닫게 하는 일이었다. 사람들은 배우지 않고도 잘 할 수 있고 생각하지 않아도 알 수 있는 양지양능(良知良能)을 갖추고 있기 때문에 이런 깨달음이 가능하다(『孟子』「盡心」上).[67] 맹자는 인간의 자각 정신을 절대적으로 믿었다. 그러기에 교육의 일차적 목적은 선을 선천적으로 구유한 마음을 바로 잡는 일이고, 자각 정신을 일깨우는 작업에 다름 아니다. 그러므로 맹자는 '학문의 길은 다른 것이 아니다. 단지 풀어 헤쳐진 마음을 잡는 일일뿐'이라고 하였다.

다시 강조하면, 맹자에게서 교육의 목적은 '선한 마음을 바로 잡는 일'에 있었다. 학문의 길은 다양하다. 그러나 그 목적은 오직 하나이다. 혼란스럽게 된 마음을 정돈하는 일이었다. 그것이 이른바 부동심(不動心)이다. 부동심은 선단으로부터 벗어난 마음의 표출을 막는 동시에 선단의

---

66 '영재(英才)'에 대해서는 여러 가지 설명이 있는데, 일반적으로 '영재'는 '탁월한 지적 능력이나 특정 영역(예컨대, 과학, 운동, 예능 등)에서 비범한 재능을 지닌 사람을 지칭한다. 그러나 맹자가 '군자삼락(君子三樂)'에서 언급한 영재 (英才)는 현재 사용하는 일반적인 의미와는 다르게 이해할 필요가 있다. 즉 현대적인 의미의 영재 개념이라기보다 보통 인간으로서 기본과 근본을 체득할 가능성을 지닌 상식적 사람으로 보아야 한다. 그래야 맹자 사상의 핵심인 선단 (善端)의 확충(擴充) 논리에 부합한다.

67 『孟子』「盡心」上 : 人之所不學而能者, 其良能也. 所不慮而知者, 其良知也.

보호행위이다. 인의예지의 선단을 잡아 오륜을 명확히 파악하는 일이다. 이것이 『대학』에서는 명명덕(明明德; 착한 마음을 밝히다)으로 드러나고 『중용』에서는 성지(誠之; 진실하려고 노력하다)로 강조되었다. 마음을 보존하고 바로 잡는 행위는 인간을 높은 차원으로 성숙시킨다. 그것을 맹자는 다음과 같이 단계별로 나누어 설명하였다.

선(善)을 욕구하는 사람을 선인(善人)이라 한다. 선을 깨달은 사람을 신인(信人)이라 한다. 선에 힘써서 알맹이가 꽉 찬 사람을 미인(美人)이라 한다. 그리고 개인적 충실을 넘어 사회적으로도 빛나는 사람을 대인(大人)이라 한다. 대인이면서 모든 행위에서 저절로 척척 맞는 사람을 성인(聖人)이라 한다. 성인이면서 헤아릴 수 없는 사람을 신인(神人)이라 한다(『孟子』「盡心」下).[68]

'선(善)-신(信)-미(美)-대(大)-성(聖)-신(神)'으로 이어지는 존심(存心)의 위계 단계는 교육에 의해 발달·성장한 인간의 모습이다. 이는 일종의 인격 성숙 지도이다. 앞에서 살펴본 공자의 인생추구와도 유사하다. 선(善)의 욕구는 공자가 도(道)에 근거하여 학문에 뜻을 둔 것과 동일한 유형이다. 선은 일상의 마땅한 인간 행위의 조건이자 근거이다. 이를 지속적으로 확장하여 실천으로 나아가는 것이 배움의 길이다. 다시 말해, 교육의 목적은 인간의 상황과 조건에 따라 '선-신-미-대-성-신'을 추구하는 것이다. 이는 마음을 바로 잡은 이후, 교육목적의 점층적 달성으로 볼 수도 있다. 맹자는 이런 과정을 통해, 실제로 대인(大人) 정도에 해당하는 대장부(大丈夫)라는 현실적이고 구체적인 인간 유형을 모색하였다(『孟

---

68 『孟子』「盡心」下 : 可欲之謂善, 有諸己之謂信, 充實之謂美, 充實而有光輝之謂大, 大而化之之謂聖, 聖而不可之之謂神.

子』「滕文公」下).[69]

한편, 순자는 인간의 개조를 선언하였다. '인간의 본성은 악하다'라는 성악(性惡)의 관념을 통해, 욕망의 교정에 기초한 그의 교육목적은 인간의 악을 선으로 돌려놓으려고 고심하였다. 순자는 세상 만물의 존재 완성에 빗대어 교육의 필요성과 목적을 정확하게 비추고 있다.

교육[학문]은 중지하지 못한다. 남빛은 쪽 풀에서 짜냈지만 쪽보다 더 푸르고, 얼음은 물이 얼어서 되었지만 물보다 차다. …… 인간도 널리 배우고 날마다 세 번씩 자기 몸을 살펴 나아가면, 슬기는 밝아지고 행실에는 허물이 없을 것이다 .…… 태어날 때는 모두 같은 소리를 내지만, 생활 풍속이 달라지는 것은 교육의 힘 때문이다(『荀子』「勸學」).[70]

인간의 욕망과 성악의 견해에 비추어 볼 때, 인간의 교육적 요구는 명백하다. 인간은 누구나 보다 나은 존재로 나아가고 싶어 한다. 감각적 욕망에만 치우친 악(惡)의 존재는 금수에 해당한다. 그러므로 인간은 인간답게 되려는 의지를 스스로 부여하고 악을 제거하며 선한 습성을 지니려는 교육을 할 수 밖에 없다. 날마다 배워 허물이 없도록 노력해야 한다. 교육은 인간됨을 위한 당연한 요청이다. 때문에 교육목적 또한 인간됨을 위한 예의의 부여에 있다. 예는 순자가 가장 중시한 인간 제도였다. 왜냐하면 예는 인간 욕망을 조절하고 제거하는 규준이기 때문이다.

---

69 『孟子』「滕文公」下 : 居天下之廣居, 立天下之正位, 行天下之大道, 得志, 與民由之, 不得志, 獨行其道, 富貴不能淫, 貧賤不能移, 威武不能屈, 此之謂大丈夫.
70 『荀子』「勸學」: 學不可以已. 靑取之於藍, 而靑於藍. 氷水爲之, 而寒於水.……君子, 博學而日參省乎己, 則智明而行無過矣.…… 生而同聲, 長而異俗, 敎使之然也.

세계 종교의 교육적 독해

예는 인도의 극치이다. 그래서 예를 법으로 삼지 아니하고, 예를 충분히 익히지 않으면 무모한 백성이라 한다. 또 예를 법으로 삼고 예를 충분히 익혔다면, 도가 있는 선비라 하는 것이다. 예 가운데서 사색하면, 사려 깊다 말한다. 예 가운데서 변모하지 않는다면, 견고하다 할 만하다. 사려 깊고 견고하면서도 또한 예를 좋아한다면, 이것이 성인이다. 그러므로 하늘은 높은 것의 극치이고, 땅은 낮은 것의 극치이며, 무궁은 넓은 것의 극치이고, 성인은 도의 극치이다. 따라서 학문하는 사람이 배움에 견고하면 성인이 되지만, 그렇지 못한 자는 무모한 백성이 되고 만다(『荀子』「禮論」).[71]

예는 인간을 기르는 기본적인 제도 장치이다. 인간은 이런 예를 삶의 기준으로 삼고, 사색의 깊이를 더하며 생을 지속해 가야 한다. 이는 바로 인간을 '양성(養成)'한다는 교육과 동일한 말이다. 특히 욕망의 존재인 인간은 예로서 욕망을 조절하여 건전한 인간을 희구해야 한다. 예를 적극적으로 인간에게 가르쳐야 하는 것이다. 그러기에 순자는 스승의 역할을 매우 중요시한다. 인간은 위대한 스승의 지도 아래, 예라는 틀[모범]에 맞추어져야 하는 것이다. 순자의 교육목적은 이를 최고의 가치로 설정한다. "예란 몸을 바르게 해주는 장치이다. 스승이란 예를 바르게 해 주는 사람이다. …… 교육은 바로 예법을 배우는 일이다(『荀子』「修身」)."[72] 예는 사회적 법규이기에 인간의 몸을 바르게 해주는 기준이다. 그 기준은 스승에 의해 전수된다. 교육은 바로 이 예를 실제적으로 배우는 일이다. 이처럼 예를 배워 실현하는 작업이 순자가 지향했던 교육의 궁극 목적이다.

---

71 『荀子』「禮論」: 禮者, 人道之極也. 然而不法禮不足禮, 謂之無方之民. 法禮足禮, 謂之有方之士. 禮之中焉能思索, 謂之能慮. 禮之中焉能勿易, 謂之能固. 能慮能固, 加好者焉, 斯聖人矣. 故天者, 高之極也. 地者, 下之極也. 無窮者, 廣之極也. 聖人者, 道之極也. 故學者, 固學爲聖人也, 非特學爲無方之民也.
72 『荀子』「修身」: 禮者, 所以正身也. 師者, 所以正禮也. …… 故學也者, 禮法也.

그런데 주자가 집대성한 신유교는 맹자의 명인륜(明人倫)을 전통으로 삼고 그것에 초점을 맞추었다. 유교 교육을 체계화한『대학』에서는 교육의 일차적 목적으로 명명덕(明明德)을 제시하였다. 그것은 인간이 본래 타고난 선한 마음을 밝히는 일이었다. 이는 팔조목 가운데 격물(格物)·치지(致知)·성의(誠意)·정심(正心)·수신(修身)에 속하며, 교육의 본질적 목적에 해당한다. 격물(格物)과 치지(致知)는 어디에 지극한 선(善)이 존재하느냐를 탐구하는 앎[知]의 교육이며, 성의(誠意)·정심(正心)·수신(修身)은 선한 일을 지속적으로 행하기를 추구하는 실천[行]의 교육이다. 이는 교육의 일차적 목적을 수신에 이르는 과정에서 말한 것이다. 이후에는 이를 바탕으로 신민(新民; 親民)이라는 제가(齊家)·치국(治國)·평천하(平天下)의 목적을 추구한다. 이것이 이른바 '수기치인(修己治人)'이라는 유교의 기본 교육목적이 되었다.

이런 교육목적의 근원에 성(誠)이 자리한다.『중용』의 머리 장에서 살펴본 것처럼, '일상생활에서 당연히 행해야 할 도를 닦는 일'이 교육이었다(『中庸』第1章).[73] 문제는 일상적 도의 근원을 어디에 두고 있느냐이다. 그것은 천도와 인도의 관계에서 구명된다. 천도(天道)는 성(誠; 진실 자체)이고 인도(人道)는 성지(誠之; 진실하려고 노력하다)이다. 하늘이 부여한 질서는 진실하다. 거짓이 없다. 이를 맹자는 선성(善性)으로 보았다. 교육은 철저하게 인간의 일이다. 때문에 진실함을 깨닫고 실천하는 문제의 인간이 노력하는 행위 가운데 드러나고 실현되기 마련이다. 그것이 성지(誠之)이다. 다시 말하면, 유교에서 교육은 진실하고 성실한 천도(天道), 그 자연의 이법을 인간의 세계에 구현하는 일이 목적이다. 천도의

---

73 『中庸』第1章 : 道也者, 不可須臾離也, 可離, 非道也.

　세계 종교의 교육적 독해

현실적 실현인 인도(人道)의 완성, 즉 개인의 자각과 사회적 질서의 정립을 일상에서 지속시켜 가는 일을 교육목적으로 설정했던 것이다.

IV. 교육의 내용과 방법

1. 육경(六經)

유교에서 교육[학문]은 늘 일상이라는 생활 세계, 그 시공간을 벗어나지 않는다. 그렇다면 유교는 누구를 대상으로 어떤 내용과 방법을 가지고 교육에 임했을까?

유교는 우주론과 인간론의 관계에서 볼 때, 천인합일(天人合一)의 질서로 인간을 규정하려고 하였다. 천(天)은 진실 그 자체이다. 그러므로 인간은 늘 천(天)의 질서를 따라야 한다. 이것은 교육에서도 그대로 적용되었다. 예컨대, 왕은 천(天)에 해당하고, 백성은 인(人)에 해당한다. 그러므로 하늘의 질서 체계를 수양을 통해 갖춘 제왕은 그것을 인간에게 널리 베풀어야 할 의무와 책임을 안고 있었다. 이는 교화라는 형태로 드러나면서, 교육자와 학습자가 엄밀히 구분되는 교육 양식을 보여주었다.

제왕인 성인/군자(聖人/君子)는 이미 덕을 갖춘, 하늘의 질서를 체득한 인간이다. 그러므로 그들에게는 교육할 수 있는 권한이 부여된다. 그때 교화의 방법은 다양하다. 그러나 늘 교화 이전에 일차적인 것은 제왕의 자기 수양이다. 군주로서 덕(德)의 확보가 관건이다. 공자도 "덕이 닦아지지 못함(『論語』「述而」)"[74]을 자기의 제일 근심으로 삼았다. 교육과 정의를 행하는 일은 그 다음 문제였다. 결국, 유교의 교육에서 근본은 덕의 함양에 있었다.

그 교육과정의 기초는 육경(六經)의 저술로부터 시작된다. 이는 공자가 그토록 그리워했던 주나라의 교육 전통을 정리한 것이었다. 육경은 시(詩)·서(書)·예(禮)·악(樂)·역(易)·춘추(春秋)인데, 인간이 사고하고 행위할 수 있는 대부분의 경험을 담은 생활의 결정판이다.

첫째, 시(詩)는『시경(詩經)』으로 엮어지는 데, 인품 수양과 인간과 자연 사이의 교제 방법을 일러준다(『論語』「陽貨」).[75] 그리하여 인간의 '지·정·의(知·情·意)' 세 측면을 아울러 촉진·발달시켜 전인(全人)으로 나아갈 수 있게 해 준다(康曉城, 1988: 290).

둘째, 서(書)는『서경(書經)』으로 간추려지는데, 역사적 교훈, 특히 선왕들의 치적과 바른 정사를 통해 올바른 인간의 도를 일깨워 준다. 즉 교화의 방법과 다스림의 도리를 일깨워주는 사안을 담았다.

셋째, 예(禮)는『예기(禮記)』『주례(周禮)』『의례(儀禮)』등으로 편집되는데, 하늘의 법칙이자 이것이 땅에 마땅히 이루어져 인간이 행해야 할 일이었다(『春秋左傳』昭公25年).[76] 그러므로 국가와 사회생활의 유지에 중대한 작용을 하는 내용으로 인식되었다(陳飛龍, 1982).

넷째, 악(樂)은 단순한 음악을 넘어 시(詩)·가(歌)·무(舞)·곡(曲)이 종합적으로 내포된 종합예술의 성격을 띤다. 이는 인간 정감(情感)의 조화(調和)와 중도(中道)를 통해 숭고한 인격을 이루게 하고, 건강한 사회의 바탕

---

74 『論語』「述而」: 德之不修, 學之不講, 聞義不能徙, 不善不能改, 是吾憂也.
75 『論語』「陽貨」: 詩, 可以興, 可以觀, 可以群, 可以怨, 邇之事父, 遠之事君, 多識於鳥獸草木之名.
76 『春秋左傳』昭公25年: 夫禮, 天之經也, 地之義也, 民之行也.

이 되는 교육이었다(張蕙慧, 1985). 중국 고대에서는 배움을 완성시켜 주는 교육을 악(樂)으로 보아 매우 중시하였다(『禮記』「樂記」).[77]

다섯째, 역(易)은 『주역(周易)』으로 인간사의 길흉정사(吉凶正邪)와 사물 이치의 정미함을 이해하여 인간이 해로움에 떨어지지 않게 하는 방법을 일깨워 준다.

여섯째, 춘추(春秋)는 『좌전(左傳)』·『곡량전(穀梁傳)』·『공양전(公洋傳)』으로 대별되는데, 인간관계의 질서와 포폄(褒貶)하는 일의 원칙을 보여주어 세상을 어지럽히지 않는 법을 일러주는 것이었다. 이에 대해 장자(莊子)는 "시(詩)는 사람의 마음을 나타낸 것이고, 서(書)는 세상의 일을 말한 것이며, 예(禮)는 사람의 행실을 말한 것이고, 악(樂)은 사람의 화합을 말한 것이며, 역(易)은 음양을 말한 것이고, 춘추(春秋)는 군신의 명분을 말한 것이다."라고 하였다(『莊子』「天下」).[78] 다시 말하면, 시는 인간의 사상과 감정, 서는 역사적 기록을, 예는 일상의 예의 법도를, 악은 화해를, 역은 우주의 동력을, 춘추는 인간 상하의 질서를 표현하고 있다. 이처럼 육경은 일상을 합리적으로 도모하는 가장 적절한 내용, 즉 수기치인의 전반적 내용과 방법을 담고 있다. 요컨대 전인으로 성장하는데 기여할 수 있는 교육내용을 포괄하고 있었던 것이다.

이러한 육경은 육예(六藝)라고도 한다. 일반적으로 육예는 '예(禮: 예법)·악(樂: 음악)·사(射: 활쏘기)·어(御: 말 몰기)·서(書: 글쓰기)·수(數: 셈하기)'를 말하는 데, 이는 육경에 기초한 구체적 교육내용과 방법론이다. 유교에서 교육의 내용은 주자가 『대학』과 『중용』을 구성하기 전까지는 이

---

77 『禮記』「樂記」: 廣樂以成其教也. 『論語』泰伯 : 興於詩, 立於禮, 成於樂.
78 『莊子』「天下」: 詩以道志. 書以道事. 禮以道行. 樂以道和. 易以道陰陽. 春秋以道名分.

세계 종교의 교육적 독해

육예(六藝)를 중심으로 하였다. 『논어』의 첫 구절인 "학이시습(學而時習)"에서 '학(學)'의 내용도 다름 아닌 육예이다.[79] 또한 맹자의 인의예지(仁義禮智)의 '명인륜(明人倫)'도 육예의 구체적인 내용을 펼치는 일이었고, 순자도 '예(禮)'로서 가지런히 하는 사안을 교육의 주요 내용으로 삼았다. 이런 육예는 소학(小學)의 기본 학문인 동시에 대학(大學)의 기초가 되는 교육내용이었다.

2. '소학(小學)-대학(大學)'의 연속성

그러나 주자는 육예를 어린이[어리석은 사람] 교육인 소학(小學)에 귀속시키고, 어른[지혜로운 사람]의 교육으로서 대학(大學)이라는 영역을 확장하였다. 『대학장구(大學章句)』「서(序)」에서는 유교의 교육 내용을 다음과 같이 구분하였다.

사람이 여덟 살이 되면 ……모두가 소학(小學)에 들어가 물 뿌리고, 쓸며, 응대하고, 대답하며, 나아가고, 물러가는 절차와 예법·음악·활쏘기·말 몰기·글쓰기·셈하기의 글을 가르쳤다. 열다섯 살에 이르면 ……대학(大學)에 들어가 이치를 궁구하고, 마음을 바르게 하며, 몸을 닦고, 사람을 다스리는 방법을 가르쳤다(『大學章句』「序」).[80]

---

79 육예(六藝)는 주나라 때 행해진 일종의 '문화교육(文化教育)'으로 볼 수 있다. 엄격히 말하면, 공자가 『논어』에서 말하는 육예는 육경(六經) 교육을 의미한다.
80 『大學章句』「序」: 人生八世 …… 皆入小學, 而教之以灑掃應對進退之節, 禮樂射御書數之文. 及其十有五年 …… 皆入大學, 而教之以窮理正心修己治人之道.

소학(小學)은 일상생활의 실천적·형이하학적 도리이다. 그 속에는 기본예절을 중심으로 하는 육예가 핵심적 교육내용으로 자리한다. 그 구체적 내용은 '쇄소응대진퇴(灑掃應對進退)'와 '예악사어서수(禮樂射御書數)'로 드러난다(『大學章句』「序」).[81]

이 가운데 일상의 기초적 도리이자 생활양식은 '쇄소응대진퇴(灑掃應對進退)'이다. '쇄소(灑掃)'는 새벽에 일어나서 방과 마루를 쓸고 닦으며 뜰에 물을 뿌리고 쓰는 등, 현대적 의미로 보면 청소하는 행위이다. 다음으로 '응대(應對)'는 부모형제 또는 주변의 다른 사람이 부르거나 어떤 일을 시키면 공손하게 대응하고 사안에 따라 대답하는 행위이다. 마지막으로 '진퇴(進退)'는 어른이 계신 곳에 나아가고 물러남, 그리고 돌아다님에 신중하고 경건하게 대처하는 일을 말한다. 이는 인간이 태어나서 가장 기본적으로 행해야 할 도덕의 기준이자 윤리적 규범에 해당한다. 그러므로 유교에서는 가장 중요한 기초 교육의 내용이다.

다음으로 '예악사어서수(禮樂射御書數)'인 육예이다. 육예 가운데 '예(禮: 예법)'은 법도를 익혀 예의범절에 맞게끔 가르치는 일이고, '악(樂: 음악)'은 소리의 높고 낮음을 잘 이해하여 조화의 의미를 깨닫도록 가르치는 작업이다. 또 '사(射: 활쏘기)'는 하나의 활에 네 개의 화살을 끼워 그것을 맞히고 맞히지 못하는 상황을 통해 마음을 바로 잡고 있느냐의 여부로 덕행을 살펴보는 일이고, '어(御: 말 몰기)'는 한 수레에 네 마리의 말을 끌게 하고 말 모는 사람이 고삐를 잡고 수레 위에 서서 제대로 몰아서 바른 길을 잃지 않도록 연습시키는 작업이다. 그리고 '서(書: 글쓰기)'는 글을 쓰는 서체를 통하여 사람 마음의 바르고 비뚤어진 정도, 즉 마음의 획

---

81 『大學章句』「序」, 番易齊氏 註釋 참고.

을 볼 수 있고, '수(數: 셈하기)'는 수를 계산하여 물건의 변화를 알 수 있게 함으로써 인간의 생활을 조절할 수 있는 일이다. 이는 '쇄소응대진퇴(灑掃應對進退)'에 비해 약간 발전된, 이차적인 내용의 지적 교육이다.[82]

소학에서는 일의 순서와 생활 실천의 측면에서, 쇄소응대진퇴(灑掃應對進退)가 먼저이고, 예악사어서수(禮樂射御書數)가 나중이다. 또한 이 둘은 삶의 기초인 도덕 실천과 그 응용인 지식교육으로 대별해 볼 수 있다. 삶의 기초인 도덕 실천은 사회적 생명력과 관련되며, 그 응용인 지식교육은 사회적 생명력의 확장과 연관된다. 현실 운용의 과정에서는 실천적 측면과 이론적 측면으로 구분해 볼 수도 있다. 그러나 이 둘은 늘 생활속에서 상호 성찰되는 동시 구조를 안고 있다. 그것은 수기(修己)의 조건이자 자기 수양의 범주 내에서이다.

그런데 소학을 바탕으로 하는 대학은 일용 생활의 형이상학적 도리로, 일상의 도덕 실천이나 지식교육의 너머에 있다. 그 내용은 궁리(窮理; 이치를 연구하다), 정심(正心; 마음을 바루다), 수기(修己; 몸을 닦다), 치인(治人; 사람을 다스리다) 등이 핵심으로 떠오른다. 그 내용의 중심이 앞에서 지적했던 삼강령인 명명덕(明明德), 신민(新民), 지어지선(止於至善)이고, 실천적 핵심이 팔조목인 격물(格物), 치지(致知), 성의(誠意), 정심(正心), 수신(修身), 제가(齊家), 치국(治國), 평천하(平天下)이다. 이 이론의 절차 가운데 이미 소학에서 이룩한 실천적 요소가 그대로 배어 있다. 다시 말하면 '쇄소응대진퇴(灑掃應對進退)'와 '예악사어서수(禮樂射

---

82 서양교육사에서는 일반적으로 '읽고, 쓰고, 셈하기[3R's: reading, writing, arithmetic]'를 기초교육이라고 하는데, 유교는 그보다 훨씬 넓은 의미의 기초교육을 제시한 것으로 보인다. 정확하게 일치하지는 않지만, 간략하게 비교하면, 3R's은 예악사어서수(禮樂射御書數)의 '서수(書數)' 정도에 해당한다. 이런 측면에서 유교 교육은 본질적으로 삶의 전체성에 기초하고 있다.

御書數)'의 기준과 법도, 지성의 체득이 담보되어 있는 상황에서 이치의 궁구이다. 이를 간략히 대응시켜보면 다음과 같다.

[그림1-1] '소학-대학' 교육의 구조

다시 말하면, 소학과 대학은 어린이와 어른이라는, 상황과 때에 따른 교육의 내용이지만,[83] 사실은 일상의 운용 원칙이라는 면에서는 동일한 구조이다. 그러기에 주자는 그 구분을 다음과 같이 설명하였다.

옛날 소학을 마치면 자기 몸에 성현의 자질은 갖추게 된다. 그러나 성현들처럼 많은 지식과 견해를 터득하지는 못한다. 그러므로 대학에 들어가 사물의 이치를 궁구하고 앎을 지극하게 이루도록 해서 많은 지식과 견해를 기르게 하는 것이다(『大學章句』「序」).[84]

---

83 교육을 대상별로 구분할 때, 아동교육은 페다고지(pedagogy), 성인교육은 앤드라고지(andragogy)라고 한다. 단순하게 소학(小學)을 아동교육인 페다고지, 대학(大學)을 성인교육인 앤드라고지로 대체하여 이해할 수도 있겠지만, 유교 교육에서는 아동/성인이라는 교육의 대상적 구별보다 어리석음/지혜로움(愚/賢)의 교육 내용에 의한 구별이 타당하다. 예컨대 어른의 경우도 지혜롭지 못하고 어리석은 사람은 일상생활을 합리적으로 할 수 있는 기본 요건인 소학을 배우도록 하는 것이 정당하기 때문이다. 이런 점에서 아동 교재로서『소학(小學)』도 나이 어린 아동이 사용하는 것으로만 국한해서는 안 된다.

84 『大學章句』「序」: 古者小學, 已自是聖賢坯樸了. 且未有聖賢許多知見, 及其長也, 令入大學, 使之格物致知, 長許多知見.

사실, 소학에서의 배움은 성현의 자질, 이른바 맹자가 말한 성선(性善)의 가능성을 깨닫는 과정이다. 그리고 그것을 구체적으로 응용하기 위한 세계관의 형성은 대학의 교육과정에서 터득할 수 있다. 주자는 이의 구체적 교육내용으로서 대학 팔조목의 과정을 제시하였다. 이런 교육을 통해 일상 운용의 원리와 법칙을 이론화 할 수 있다. 이는 유교의 교육적 체계화를 의미한다. 주자는 사서(四書)를 완성함으로서 유교 교육의 새 지평을 열었다. 즉『대학』을 통해 유교의 교육을 기획했고,『논어』와『맹자』를 통해 구체적 교육의 사례들을 확인했으며,『중용』을 통해 교육의 형이상학적 완성을 꾀했던 것이다.

3. 교육의 체계화(體系化)

유교 교육은 교육의 성숙 단계인『대학』에서 교육의 과정과 내용을 체계적으로 정돈한다.

> 밝고 선한 마음[明德]을 세상에 밝히고자 하는 사람은, 그에 앞서 자기 나라를 제대로 다스려야 한다. 나라를 다스리고자 하는 사람은 그에 앞서 자기 집안을 가지런히 해야 한다. 집안을 가지런히 하고자 하는 사람은 그에 앞서 자기 몸을 올바르게 닦아야 한다. 몸을 닦고자 하는 사람은 그에 앞서 마음을 바로잡아야 한다. 마음을 바로잡고자 하는 사람은 그에 앞서 자기의 뜻을 성실히 해야 한다. 뜻을 성실히 하려는 사람은 그에 앞서 자기가 체득한 지식을 다하여야 한다. 지식을 다한다는 것은 사물의 이치를 세밀히 캐물어 가는 데 있다. 그러므로 사물의 이치가 따져져서 밝혀져야 지식을

체득할 수 있고, 지식이 체득되어야 뜻이 성실해지며, 뜻이 성실해져야 마음이 바로잡히고, 마음이 바로잡혀야 몸이 닦아지며, 몸이 닦아져야 집안이 가지런해지고, 집안이 가지런해 져야 나라가 다스려지며, 나라가 다스려져야 세상이 평안해진다(『大學』「經」1章).[85]

이것이 이른바, 격물(格物)-치지(致知)-성의(誠意)-정심(正心)-수신(修身)-제가(齊家)-치국(治國)-평천하(平天下)로 이어지는 팔조목이다. 이는 유교 교육의 구체적인 목적과 내용, 그리고 방법을 포괄하는 교육의 전 과정에 해당한다. 이 모두가 수신(修身; 修養)의 문제를 근본으로 삼고 있다(『大學』「經」1章).[86] 이 가운데 전반부인 '격물-치지-성의-정심'이 수신의 핵심적 방법이다. 앞에서 언급한 것처럼, 격물과 치지는 '앎[知]'의 방법이고, 성의와 정심은 '함[行]'의 방법이다. 주자는 그 내용을 보다 구체적으로 다듬었다.

'지식을 다한다는 것은 사물의 이치를 세밀히 캐물어 가는 데 있다.[致知在格物]'라는 말은 '내가 지식을 체득하려면 사물에 나아가 그 이치를 캐물어 들어가야 한다'는 말이다. 대개 사람 마음의 영특함은 지혜를 지니고 있고, 세상 만물에는 이치가 있다. 그러나 이치를 밝히지 못한 것이 있기 때문에 지식을 온전히 체득하지 못함이 있다. 그러므로 『대학』을 처음 가르칠 때 반드시 배우는 이들에게, '세상의 사물에 나아가서 이미 알고 있는 이치를 바탕으로 끝까지 캐물어서 다 밝히도록 하는 것'이다. 그와 같

---

85 『大學』「經」1章 : 古之欲明明德於天下者, 先治其國, 欲治其國者, 先齊其家, 欲齊其家者, 先修其身, 欲修其身者, 先正其心, 欲正其心者, 先誠其意, 欲誠其意者, 先致其知, 致知在格物. 物格而后知至, 知至而后意誠, 意誠而后心正, 心正而后身修, 身修而后家齊, 家齊而后國治, 國治而后天下平.
86 『大學』「經」1章 : 壹是皆以修身爲本.

이 공부해서 시간이 지나면 어느 날 갑자기 세상을 훤하게 꿰뚫어 보게 되는 데까지 이르게 될 것이다. 그러면 모든 사물의 겉과 속, 정밀한 곳과 거친 곳을 다 파악할 수 있고, 내 마음의 큰 작용이 다 밝아 질 것이다. 이것을 격물이라 하고 치지라 한다(『大學章句』「傳」5章).[87]

격물의 대상은 소학에서 얘기한 '쇄소응대진퇴'에서 육예의 내용을 포함하여 우주 전체로 나아간다. 주자에 의하면, 격(格)은 '이르다' 또는 '끝까지 캐물어 들어가 다하다'이고(『大學章句』「經」1章),[88] 물(物)은 단순한 대상으로서의 물건을 포함하여 모든 사물의 행위와 현상까지도 포괄하는 개념이다(『大學章句』「經」1章).[89] 그러므로 격물은 세상의 모든 존재, 인간의 행위, 천지자연의 현상, 운동 등 모든 대상을 탐구하는 일이다. 특히 인간의 삶과 관계되는 윤리 질서의 이해와 탐구는 격물의 우선 대상이다. 환언하면, 교육은 '쇄소응대진퇴(灑掃應對進退)'에서 육예, '인의예지(仁義禮智)'의 인간관계를 넘어 우주의 질서까지 모조리 캐물어 들어가는 거대한 작업이다. 물론 인간 각자가 구체적으로 접하는 사물을 캐물어 들어가 밝히는 일이 선차적이다. 그러기에 유교는 '배우고 묻는,' 학문(學問)의 과정 자체를 교육의 구조로 설정하였다.

이런 교육의 방법론 통해 인간은 단편적 지식은 물론 세계의 질서와 원리를 파악하여 자기 관점을 정립하며 지혜를 터득해 나갔다. 끊임없이 묻

---

87 『大學章句』「傳」5章 : 所謂致知在格物者, 言欲致吾之知, 在卽物而窮其理也. 蓋人心之靈, 莫不有知, 而天下之物, 莫不有理, 惟於理, 有未窮故, 其知有不盡也. 是以大學始敎, 必使學者, 卽凡天下之物, 莫不因其已知之理, 而益窮之, 以求至乎其極, 至於用力之久而一旦, 豁然貫通焉, 則衆物之表裏精粗無不到, 而吾心之全體大用, 無不明矣. 此謂格物, 此謂知之至也.

88 『大學章句』「經」1章 : 格, 至也. 『朱子語類』第15卷 : 格物者, 格, 盡也, 順是窮盡事物之理.

89 大學章句』「經」1章 : 物, 猶事也.

고 연구하는 가운데 확 트이는 응용 능력이 생겨날 때, 지식을 터득하여 지혜의 단계로 나아가는 것이다. 그러므로 격물은 단순한 지식의 습득 과정이 아니라 우주의 부분과 전체를 통시적이고 공시적으로 이해하는 방법이다. 이는 인간의 영특한 지혜에 터하고 자신의 노력을 전제로 한다. 그러기에 공자는 진정으로 열의를 갖고 있지 않거나 노력하지 않고, 사물을 캐물어 들어가지 않는 사람에게는 더 이상 일러 주지 않았다(『論語』「述而」).[90] 그리고 배우기를 널리 하고, 뜻을 충실히 하며, 절실하게 묻고, 가까운 것부터 생각하면(『論語』「子張」),[91] 지혜의 길로 갈 수 있다고 보았다. 이 교육의 방법은 『중용』에서 더욱 구체적으로 표현된다.

> 널리 배우며, 자세히 물으며, 신중히 생각하며, 밝게 분별하며, 충실히 행해야 한다. 차라리 이 모든 것을 하지 않으면 몰라도, 일단 무언가를 배운다면 능숙할 때까지, 묻는다면 알 때까지, 생각한다면 얻을 때까지, 분별한다면 분명해질 때까지, 행한다면 충실하게 할 때까지 놓지 말아야 한다. 남이 한 번에 능숙하거든 나는 백 번을 하며, 남이 열 번에 능숙하거든 나는 천 번을 해야 한다(『中庸』第20章).[92]

유교에서 배움[교육]의 방법은 반드시 완성을 요구한다. 미완성의 경우, 공부를 백 배 천 배로 해야 한다. 이는 '배움[學]-물음[問]-생각[思]-분별[辯]-독실함[篤]'이라는 다섯 가지 과정의 유기적 통일성 아래 진행하는 교육 방법이다. 이런 지성의 터득 방법은 성의정심(誠意正心)이라는 수

---

90 『論語』「述而」: 不憤不啓, 不悱不發, 擧一隅不以三隅反, 則不復也.
91 『論語』「子張」: 博學而篤志, 切問而近思, 仁在其中矣.
92 『中庸』第20章: 博學之, 審問之, 愼思之, 明辯之, 篤行之. 有弗學, 學之, 弗能, 弗措也. 有弗問, 問之, 弗知, 弗措也. 有弗思, 思之, 弗得, 弗措也. 有弗辨, 辨之, 弗明, 弗措也. 有弗行, 行之, 弗篤, 弗措也. 人一能之, 己百之, 人十能之, 己千之.

신의 실천 방법으로 나아간다.

그 뜻을 성실하게 함은 스스로를 속이지 않는 것이다. 악한 것을 미워하기를 나쁜
냄새를 미워하는 것 같이 하며, 착한 것을 좋아하기를 좋은 색을 좋아하는 것같이 하
는 것, 이것을 '스스로 유쾌하고 만족함'이라 한다. 그러므로 군자는 반드시 그 혼자인
데를 삼간다. 소인이 한가히 혼자 있을 때 착하지 않은 일을 해서 이르지 않는 곳이 없
다가, 군자를 본 뒤에 언제 그랬냐는 듯이 그 착하지 못한 것을 가리고 그 착한 것을
나타낸다. 사람들이 신에 대해 보기를 그들의 폐와 간을 보듯 하니 그렇게 속이는 것
이 무슨 이득이 있겠는가? 이것을 '마음이 성실하면 바깥에 나타난다'고 하는 것이다.
그러므로 군자는 반드시 그 혼자인 데를 삼간다. 증자께서 말씀하기를 "열 사람의 눈
이 보는 바며, 열 사람의 손가락이 가리키는 바니, 그 엄할 것인져!"라고 하였다. 부
(富)는 집을 윤택하게 하고, 덕(德)은 몸을 윤택하게 하므로 마음이 넓으면 몸이 편안
해 진다. 그러므로 군자는 반드시 그 뜻을 성실하게 한다(『大學章句』「傳」6章).[93]

유교는 수기치인(修己治人/修己安人)을 교육적으로 희구한다. 때문에
우선적으로 자기 몸의 수양이라는 과제를 안고 있다. 그 실천의 첫 번째
방법이 성의(誠意)이다. 성의는 먼저, '자기를 속이지 않는 것'으로 진실
을 다지는 방법이다. 스스로 속임[自欺]은 선을 행하고 악을 버려야 함을
알고는 있으나 마음에 펼쳐지는 바가 진실하지 못함이 있는 것이다(『大
學章句』「傳」6章).[94] 즉, 선단(善端)의 가능성을 펼쳐 나가야 하는 데, 선악

---

93 『大學章句』「傳」6章 : 所謂誠其意者, 毋自欺也. 如惡惡臭, 如好好色, 此之謂自謙. 故君子, 必愼其獨也. 小人閒居, 爲不
善, 無所不至, 見君子而后, 厭然掩其不善, 而著其善, 人之視己, 如見其肺肝然, 則何益矣. 此謂誠於中, 形於外, 故君子,
必愼其獨也. 曾子曰, 十目所視, 十手所指, 其嚴乎. 富潤屋, 德潤身. 心光體胖, 故君子, 必誠其意.
94 『大學章句』「傳」6章 : 自欺云者, 知爲善以去惡, 而心之所發, 有未實也.

(善惡)의 사이에서 주저하는 상태이다. 그러므로 성의(誠意)의 핵심은 악의 발동을 막고 선을 펼치는 일이다. 나쁜 것을 미워하고 착한 것을 좋아하는 순수한 인간 본질을 드러내는 작업이다. 그리고 스스로 만족하는 일상을 즐긴다. 이러한 성의의 실천은 수양의 도가 상당한 경지에 이른 군자에게나 가능하다. 소인들은 늘 스스로를 속이고 선을 가장한다. 교육은 선의 가치를 지향한다. 그러므로 소인들의 술수처럼 쓰는 방법은 교육적 의미가 희박해진다.

스스로 마음을 속인다면 그것은 용모나 행동거지에 나타나게 마련이다. 설사 겉으로 나타나지 않는다 하더라도 주변의 수많은 사람이 지켜보고 있기 때문에 두렵고 두려운 일이다. 그러기에 성실한 뜻을 지닌 사람은 한가로이 홀로 거짓을 일삼기 위해 음모를 꾸미지 않는다. 이른바 홀로 있는 데를 삼간다[愼獨]. 마음의 진실과 거짓은 자기 혼자만 알뿐이다(『大學章句』「傳」6章).[95] 여기서 '홀로(獨)'라는 말은 마음이 혼자 아는 것을 가리켜 말하였지 몸이 혼자 거처하는 곳을 가리킨 말은 아니다(『大學章句』「傳」6章).[96] 그러므로 '홀로'는 다른 사람들은 알지 못하고 자기 혼자만이 아는 영역이다(『大學章句』「傳」6章).[97] 이것이 선악의 결절점이자 선악의 기미이다. 다시 말하면, 생각이 처음 싹터 움직여 선과 악, 성실과 거짓이 나누어지기 시작하는 조짐의 미세한 곳[98]이다. 그러기에 이곳을 자세하게 살펴야 한다.

교육을 실천하는 방법은 여기에서 비롯된다. 움직임이 은미한, 움직이

---

95 『大學章句』「傳」6章：其實與不實, 蓋有他人所不及知, 而己獨知之者.
96 『大學章句』「傳」6章：新安陳氏; 此獨者, 指心所獨知而言, 非指身所獨居而言.
97 『大學章句』「傳」6章：獨者, 人所不知而己所獨知之地也.
98 『大學章句』「傳」6章：新安陳氏; 念頭初萌動, 善惡誠偽所由分之幾微處.

려 함과 움직이지 않는 사이 세계를 살펴 선의 실천으로 나가야 한다. 그러기에 홀로 있을 때의 기미의 발동을 신중히 살펴야 한다. 사람들은 대체로 남들이 아는 드러난 곳에서는 삼가지만, 그 뜻까지 성실하다고는 할 수 없다(『大學章句』「傳」6章).[99] 문제는 남들이 보지 못하는 곳인 마음의 발동 지점을 삼가야 한다는 것이다. 그러면 성실함은 저절로 드러난다. 나아가 자기의 진실한 마음은 늘 타인들과 공유된다. 스스로 그렇게 하려고 하지 않아도 저절로 몸이 펴지고 타인에게 빛을 발하는 것이다. 이 모든 교육 방법은 실천 여부에 달렸다(『大學章句』「傳」6章).[100] 이는 마음을 바르게 하는 첫걸음이자 수양의 시작이다. 그리하여 마음을 바르게 하면 교육의 목적에 이를 수 있다. 그 분위기는 다음과 같이 표현된다.

> 분노에 의해 기분이 뒤집히면 마음은 바른 위치에 있지 않다. 공포에 의해 어지러움을 느끼면 마음은 바른 위치에 있지 않다. 무엇에 대하여 특별한 애착을 지니면 마음은 바른 위치에 있지 않다. 어떤 고민으로 괴로움을 당할 때 마음은 바른 위치에 있지 않다. 마음이 바르게 보존되어 있지 않으면, 보아도 보이지 않고 들어도 들리지 않고 음식을 먹어도 그 맛을 모른다(『大學章句』「傳」7章).[101]

유교 교육은 무엇보다도 마음을 바로 잡는데 있다. 인간은 누구나 분노, 공포, 애착, 번뇌를 지니고 있다. 이를 일상에서 없앤다는 것은 거의 불가능한 일이다. 중요한 차원은 이 때문에 마음을 움직이지 말라는 것이

---

99 『大學章句』「傳」6章：雙峰饒氏；凡人於顯然處致謹, 其意未必果出於誠.
100 『大學章句』「傳」6章：東陽許氏；欺謙, 皆言自, 是意之誠不誠, 皆自爲之.
101 『大學章句』「傳」7章：身(心)有所忿懥, 則不得其正. 有所恐懼, 則不得其正. 有所好樂, 則不得其正. 有所憂患, 則不得其正. 心不在焉, 視而不見, 聽而不聞, 食而不知其味.

다(『大學章句』「傳」7章).[102] 다시 말하면, 이 네 가지를 미리 마음에 두지 말라는 뜻이다. 예컨대 어떤 사람에게 죄가 있어 종아리를 치고 있다가 그 일을 마쳤을 때, 바로 그 마음이 평정된다면 이는 마음에 두지 않음이다. 종아리 칠 때의 감정이 두고두고 평정이 되지 않는다면, 이는 곧 마음에 둠이다(『大學章句』「傳」7章).[103] 마음의 정돈은 경건하게 깨닫는 경(敬)을 통해 바르게 해야 한다. 경건함은 항상 이 마음을 그 곳에 있게 함이고, 바르게 함은 위아래를 모두 바르게 해서 조금도 굽음이 없게 하는 일이다(『大學章句』「傳」7章).[104]

---

102 「大學章句』「傳」7章：程子；非是謂無, 只是不以此動其心.
103 「大學章句』「傳」7章：如有所忿怒, 因人有罪而撻之, 纔了, 其心, 便平, 是不有, 若此心, 常常不平, 便是有.
104 「大學章句』「傳」7章：敬, 是常要此心在這裏. 直, 是直上直下, 無纖毫委曲.

세계 종교의 교육적 독해

V. 결어

유교는 원시유교에서 성리학의 체계를 갖추면서, '교화(敎化)'라는 초기 교육의 본질을 뛰어 넘었다. 『서경』과 『예기』 「학기」, 그리고 공자가 적극적으로 의미 부여했던 교화는 맹자에게서는 도덕적 자각(自覺)이라는 개인의 완성과 예방적 차원의 교육으로 승화되었다. 그리고 순자에게서는 예치(禮治)를 통한 사회적 직분의 실천과 치료적 차원으로 의미가 전이되었다. 이는 개인의 도덕적 자각과 사회적 예치라는, 개인과 공동체로 교육이 분화되었음을 뜻한다. 이는 주자에 의해 사서로 정립되면, 교육의 체계화와 종합을 가져왔다. 즉 '격물(格物)-치지(致知)-성의(誠意)-정심(正心)'의 개인적 도덕 수양과 '제가(齊家)-치국(治國)-평천하(平天下)'의 사회적 가치 실현에서 통합되었던 것이다.

다시 정돈하면, 유교 교육의 구체적 실천은 교화(敎化)라는 정치적 과정에서 시작되었다. 왕[군주/天]이 백성[人]에게 행하는 교화의 내용은 인간관계의 질서를 체계화한 오륜(五倫)이다. 따라서 교육의 본질은 오륜이라는 인륜을 명확하게 밝혀[明人倫], 백성을 온전한 인간으로 성숙하도록 기여하는데 있었다. 그것은 현실적으로 인간을 이해하는 방식과 연관된다. 인간은 자발적으로 선을 밝힐 수 있는 도덕적 자각 능력을 지니고 있는가? 아니면 욕망하는 동물이기 때문에 그로 인한 악을 방지해야 하는, 교정과 제어의 대상인가? 유교는 이 두 측면을 모두 포괄한다. 그러기에 도덕적 자각을 통해 인륜의 일상적 실현을 꾀하는 예방적 조치를 취하기도 하고, 사회적 예의 기준에 맞추어 개인적 욕망을 조절하는 치료적 조치를 취해 나가기도 한다. 이를 위해 유교는 시(詩), 서(書), 예(禮), 악(樂), 역(易), 춘추(春秋)라는 육경과 쇄소응대진퇴(灑掃應對進退)와 예악사어서수(禮樂射御書數)의 육예를 핵심적 교육내용으로 마련했고, 거경궁리(居敬窮理)이라는 방법론을 체계적으로 제시하였다. 이는 인륜의 자각과 욕망의 조절이라는 수기치인(修己治人)의 과정이었고 일상의 당연한 도리를 실천하는 과정이었다.

이런 차원의 유교 교육은 ①인간성의 선단(善端), 즉 하늘에서 선한 것을 본성으로 품부 받았다고 인식하거나 ②불선(不善)이나 악(惡)의 가능성에 대한 이해와 사고에 기초하여 교육의 방향을 정립한다. 여기에서 ①의 경우, 진실하려고 노력하며 차분하게 깨닫는 공부를 거쳐 하늘의 덕을 달성하려는 힘쓴다. ②의 경우, 악을 조절하고 배제하려는 사고를 배태한다. 이 둘을 한 마디로 나타내는 표현이 '천리[자연의 질서에 따른 이법; 선]를 보존하고 인욕[인간의 욕망; 악]을 없애자!'라는 의미의 '존천리알인욕(存天理遏人欲)', 또는 '존천리거인욕(存天理去人欲)'이다.

전체적으로 요약하면, 유교의 교육은, 자연에 근거하여 타고난 선(善; 본성)에 기초하여, 그 선을 계속 실천하고 지속하여 본성을 완성하는 데 있다. 자신을 완성할 뿐만 아니라 타인을 완성하는 일로 나아가야 한다[成己成物]. 그리하여 만물을 완성하고, 우주 전체가 화해(和諧)를 통해 공생하는 화평(和平)의 세계를 지향한다.

세계 종교의 교육적 독해

참고문헌

『論語』『孟子』『大學』『中庸』『詩經』『書經』『周易』『禮記』『春秋』『小學』『荀子』『莊子』
『師說』『性理大全』『朱子語類』『王陽明全集』『聖學輯要』『擊蒙要訣』『聖學十圖』『入學
圖說』

康曉城(1988).『先秦儒家詩敎思想硏究』. 臺北: 文史哲出版社.

高柏園(1991).『中庸形上思想』. 臺北: 東大圖書公司.

권미숙(1996).「荀子 禮治思想의 社會思想的 含意」. 한국학대학원 박사논문.

김경탁(1981).「유교와 교육철학」. 한국교육철학회 편.『교육의 철학적 이해』. 서울:
　　　교육과학사.

김덕균(1995).「先秦儒家의 욕망이론」. 한국동양철학회.『동양철학』6집.

김철운(1998).「『大學』의 平天下思想에 관한 硏究~儒家 政治理想의 實踐的 展開』. 고
　　　려대 박사논문.

김충렬(1988).『中國哲學散稿』I・II. 청주: 온누리.

김충렬(1994).『유가윤리 강의』. 서울: 예문서원.

김태길(1984).『倫理學』. 서울: 박영사.

김태오(1995).「孟子의 不動心의 교육적 의미」. 한국교육철학회.『교육철학』제13집.

김형효(1990).『孟子와 荀子의 철학사상』. 서울: 삼지원.

김효선(1996).「『禮記』의 교육학적 해석」. 도덕교육연구회.『도덕교육연구』제8집.

臺大哲學系(1990).『中國人性論』. 臺北: 東大圖書公司.

董洪利(1997).『孟子硏究』. 江蘇: 江蘇古籍出版社.

來可泓(1988).『大學直解・中庸直解』. 上海: 復旦大學出版社.

孫培靑(2000).『中國敎育史』. 上海: 華東師範大學出版社.

송봉구(2000).「孟子의 不動心에 관한 硏究」. 동양고전학회.『동양고전연구』제14집.

勝春興(1984).『孟子敎育哲學思想體系與批判』. 臺北: 正中書局.

신창호(2018).『경이란 무엇인가』. 서울: 글항아리.

신창호(2005).『수기, 유교 교육철학의 핵심』. 서울: 원미사.

신창호(2012).『유교의 교육학 체계』. 서울: 고려대학교출판부.

楊承彬(1978). 『孔孟荀的 道德思想』. 臺北: 商務印書館.

楊澤波(1995). 『孟子性善論研究』. 北京: 社會科學出版社.

오선균(1989). 『孟子의 敎育思想 研究』. 한양대 박사논문.

吳振驚(1987). 『中國敎育思想史』. 臺北: 師大書苑.

윤천근(1987). 『原始儒學의 새로운 解釋』. 청주: 온누리.

이명기(1987). 『仁의 研究~敎育學的 接近』. 서울: 양서원.

이승환(1998). 『유가사상의 사회철학적 재조명』. 서울: 고려대 출판부.

이은선(1998). 「공자의 자아실현 6단계와 현대 성인기 발달 과정의 비교 연구」. 교육
　　철학회. 『교육철학』제20집.

岑溢成(1997). 『大學義理疏解』. 臺北: 鵝湖出版社.

張蕙慧(1985). 『儒家樂敎思想研究』. 臺北: 文史哲出版社.

정 종(1980). 『孔子의 敎育思想』. 서울: 집문당.

鍾 淸漢(1992). 『儒家思想と敎育』. 東京: 成文堂.

陳飛龍(1982). 『孔孟荀禮學之研究』. 臺北: 文史哲出版社.

최봉영(1998). 「조선시대 儒學敎育과 '敎學'의 의미」. 서울대 교육사학회. 『교육사학
　　연구』제8집.

최진덕(1997). 『日常的 世界과 人倫的 秩序~日常性의 儒學的 意味』. 한국정신문화연
　　구원. 『정신문화연구』제20권 제2호.

澤瀉久敬(1986). 『醫學槪論』I・II. 東京: 誠信書房.

Bary, Wm(1989). *Neo~Confucian Education: The Formative Stage*. L.A: Univ. of
　　California Press.

Fung Yu~San(1952). *A History of Chinese Philosophy* Vol. I . Princeton: Princeton
　　Univ. Press.

Noddings, Nel(1995). "Care and Moral Education," Ed. Wendy Kohli, *Critical
　　Conversations in Philosophy of Education*. N.Y: Routledge.

제2장

불교: 자비(慈悲)의 원융

I. 서언

인간이 살아가면서 사유하고 실천하는 그 모든 관심은 근본적으로 자기를 향해 있다. 자신이라는 존재와 자기를 둘러싼 환경과의 관계망(關係網)을 통해 자신을 발견하려고 노력한다. 자기를 비롯하여 세상에 대한 깨달음을 강력하게 추구하는 종교의 정점에 불교(佛敎)가 자리한다. 불교는 부처[1]의 인생 행적을 중심으로 전개된다.

부처는 '태어나고 늙고 병들고 죽어가는' 인생의 고통을 목격하고, 이를 자신의 일로 받아들이면서 그것을 해결하기 위해 자신을 관찰하였다. 그 관찰은 합리적 논리나 지성을 통해 획득되는 것은 아니었다. 종교적 삶 속에서 가능하였다. 그 종교적 삶의 과정에서 터득한 이론이 연기법(緣起法)이다. 연기법에서 파생된 교설이 불교의 기초 이론을 이루는 삼법인(三法印)과 사성제(四聖諦)이다. 부처는 존재하는 모든 것은 서로 연결되어 끊임없이 영향을 끼친다는 연기의 이치를 체득하고, 그 근본 원인인 고통을 없애기 위한 수행에 힘썼다. 무엇보다도 부처는 세계의 존재 원

---

1 부처(buddha)는 한자로 '불타(佛陀)' 또는 '불(佛)'이라 하고, '부처[붇다]', '싯타르타', 또는 '석가모니(釋迦牟尼)'라고도 하는데, 여기에서는 '부처'로 명명한다. 부처는 기원전 6세기 무렵 인도의 카필라왕국의 태자로 태어났으나 태자의 지위를 버리고 출가하였다. 6여년의 수행을 거쳐 일체의 번뇌(煩惱)를 끊고 무상(無上)의 진리를 깨달아 중생(衆生)을 교화하였다. 부처는 '깨달은 사람'이라는 의미로 카필라왕국의 태자인 석가모니에게만 국한된 명칭은 아니다. 부처는 우주만법의 참모습인 '일체법(一切法)'을 있는 그대로 보고 깨달아 더할 수 없는 진리를 체득한 성자(聖者)를 뜻한다.

리를 사성제(四聖諦)로 깨달았다. 이때 제(諦, satya)는 '진리' 또는 '진실'을 의미한다. 사성제는 '네 가지 성스러운 진리'로 '고(苦)·집(集)·멸(滅)·도(道)'이다. 보다 구체적으로 표현하면, 사성제는 현상으로 나타난 고통과 고통의 원인, 고통의 소멸과 그에 이르는 길에 대한 설명으로 불교의 궁극 목표인 '고통으로부터의 해탈'을 위한 교리이다. 연기의 관점에서 보면, 고통이 생겨나는 과정은 고제와 집제에 해당하고, 고통이 소멸되는 과정은 멸제와 도제에 해당한다.

이러한 불교를 교육적으로 바라보는 관점은 '불교의 교육(education of Buddhist)', '불교에 관한 교육(education about Buddhism)', '불교적 교육(Buddhistic education)' 등, 크게 세 가지로 분류되기도 한다(박범석, 2015). '불교의 교육'은 불교교단에 초점을 둔 불교 신앙 교육이고, '불교에 관한 교육'은 불교학에 대한 객관적 이해에 초점을 둔다. 그리고 '불교적 교육'은 교육 불교학으로서 불교를 통한 심성 함양이나 인식, 통찰과 자각에 초점을 두고 있다. 불교나 불교교육에 대한 전통적인 이해에도 불구하고, 불교를 교육적으로 다룬 연구는 1970년대에 이르러서야 본격적으로 이루어졌다. 초기의 불교 교육에 대한 연구는 다양한 관점에서 불교 교육문제를 다루면서, 종교교육·도덕교육·유아교육·초중등교육 등 교육의 여러 분야와 연계하여 진행되었다. 또한 불교에서 찾을 수 있는 교육 사상과 불교를 교육하는 작업을 동시에 논의하고 있다(송석구, 1982; 박선영, 1983b; 손인수, 1989). 이 두 가지 관점을 정확하게 구분하기는 어렵다. 왜냐하면 불교교육에 대한 입장은 혼재된 관점이 많기 때문이다.

불교교육의 두 관점은 불교에서 교육사상이나 교육적 의의를 추출하려는 내재적 관점과 불교를 효과적으로 교육하기 위한 외재적 관점으로 대비할 수 있다. '불교에 관한 교육'과 '불교적 교육'은 내재적 관점이라고 볼 수 있고, '불교의 교육'은 외재적 관점이라 할 수 있다. 여기에서는 두 관점을 구분하되, 내재적 관점을 중심으로 불교를 교육학적 시각에서 재검토한다. 다시 강조하지만, 불교는 '연기법'과 '사성제'를 주축으로 하는 진리에 대한 깨달음과 지혜를 통해 타자에게 자비를 베푸는 일을 통해 완성되는 종교이다. 즉 불교에서 지혜와 자비는 종교로서의 불교와 교육적 차원의 내용을 지탱하는 두 축이다. 불교의 수행을 교육적 관점에서 이해할 때, 지혜와 자비는 서로 다르지만 동일한 측면에 중점을 둔 것으로 내용을 전개할 수 있다. 교육적 관점에서 불교를 고찰하려면, 먼저 불교의 세계관과 인간관에 대해 검토할 필요가 있다. 교육의 관점은 그 사상이 담고 있는 세계관과 인간관에 따라 결정되기 때문이다. 이 글에서는 이런 사안을 염두에 두고, 불교 수행의 특성을 교육의 목적과 내용, 그리고 방법의 차원에서 간략하게 분석해 본다. 특히,『대승대승기신론(大乘起信論)』과『잡아함경(雜阿含經)』, 그리고『신화엄경론(新華嚴經論)』을 중심으로 재조명해 본다.

II. 기본 이념

1. 세계관

가. 연기법(緣起法)

부처가 깨달은 진리를 '법(法, dharma)'이라고 한다. 이 법을 상징하는 연기법(緣起法)은 세계의 발생과 그 원인에 관한 이치이다. 연기(pratityā samutpadā)란 '~을 조건(緣)으로 하여 일어난다.'는 뜻으로, 일체의 세계는 다양한 원인과 조건, 이른 바 인연(因緣)에 의해 성립한다는 말이다. 연기는 "이것이 있으므로 저것이 있으며, 이것이 생겨남으로 저것이 생겨난다(『雜阿含經』卷335).[2]"라는 말로 설명된다. 즉 모든 존재는 그것을 형성시키는 원인과 조건, 그리고 상호관계에 의해서만 존재하기도 하고 소멸하기도 한다는 것이다. 모든 존재는 서로가 서로에 의지하고 관계를 가짐으로써 존재할 수 있고, 그 관계가 깨어질 때 존재도 사라진다. 그러므로 연기법은 존재의 관계성에 관한 법칙이다.

연기의 원리에 의하면 어떠한 존재도 우연히 생겨나거나 또는 절대적으로 혼자 존재할 수 없다. 모든 존재는 그 존재를 성립시키는 여러 원인이나 조건에 의해 생겨나게 된다. 서로는 서로에게 원인이 되기도 하고

---

2 『雜阿含經』卷335 : 此有故彼有, 此起故彼起.

조건이 되기도 하면서 함께 존재한다. 존재를 성립시키는 원인이나 조건이 변하거나 없어질 때, 존재 또한 변하거나 없어져 버린다. 모든 존재는 전적으로 상대적이고 상호의존적이다. 따라서 어떤 존재도 변하지 않거나 절대적으로 존재할 수는 없다. 이러한 연기는 열 두 가지의 연결 고리로 설명된다. 모든 존재의 역동적 상의상관성(相依相關性)을 열 두 마디의 '고리'로 설명하는 것이 연기법이다(찰스 프레비쉬 외/박용길 옮김, 1989: 56). 십이연기는 ①근본적 무지인 '무명(無明)', ②형성력인 '행(行)', ③의지 활동인 '식(識)', ④주관과 객관을 뜻하는 '명색(名色)', ⑤대상을 인식하는 장소인 '육처(六處)', ⑥접촉을 의미하는 '촉(觸)', ⑦감각을 받아들이는 작용인 수(受), ⑧맹목적이며 충동적인 망집인 '애(愛)' ⑨집착을 뜻한 '취(取)' ⑩사상 행위인 '유(有)', ⑪내세의 삶을 의미하는 '생(生)', ⑫ 늙음과 죽음을 말하는 '노사(老死)'로 연결 되어 있다. 그 인연의 구체적 내용과 관계는 다음과 같다(方立天/유영희 옮김, 1989: 94~95).

①'무명'은 행의 조건이다. 다시 말하면, 무명은 행을 일으킨다. '무명'이란 어리석음과 무지를 말한다. 예를 들면, 인생은 무상한 것이고 마침내는 죽어 없어지지만, 사람들은 곧잘 '자신이 항상 존재하기'를 바란다. 인생은 오온(五蘊; 육체와 감관을 일으키는 괴로움, 즐거움, 기쁨, 근심 등의 감정)의 결합으로 이루어져 자체가 없는 것인데, 사람들은 종종 '나'-영구적이고 불변하는 실체-가 실제로 있는 것으로 믿는다. 행은 의지활동을 가리킨다. '무명이 행의 조건'이라는 말은 무지로 말미암아 여러 세속적 의지 활동이 생겨남을 말한 것이다.

②'행'은 식의 조건이다. 식은 뱃속의 심식(心識)인 정신 활동이다. 의지 활동으로 말미암아 끌어당기는 힘이 생겨 의지 활동에 상응하는 곳에

세계 종교의 교육적 독해

식이 생겨나게 한다.

③'식'은 명색의 조건이다. 명은 마음·정신이고, 색은 물질·육체를 뜻한다. 명색은 뱃속의 정신과 육체를 가리킨다. '식이 명색의 조건'이라는 것은 어미의 뱃속에서 몸과 마음이 형성된다는 것을 말한다.

④'명색'은 6처의 조건이다. 6처는 육입(六入)이라고도 한다. 눈, 귀, 코, 혀, 몸, 뜻, 즉 오관(五官)과 심(心)이다. 이는 뱃속에서 몸과 마음이 뒤섞인 상태에서 자라나다가 여러 인식 기관을 만들어 내는 것을 가리키는데, 막 탄생하는 단계이다.

⑤'6처'는 촉의 조건이다. 촉은 촉각이다. 이는 뱃속에서 태어난 후, 6종의 인식 기관과 외계의 사물이 서로 접촉하여 일으키는 유아의 단계에 해당한다.

⑥'촉'은 수의 조건이다. 수는 감수를 말한다. 나이가 점점 들면서, 심식이 발달하여 인식 기관과 외부의 대상이 서로 접촉할 때, 외계의 반작용을 받아들일 수 있게 되고, 그래서 '괴로움[苦]', '즐거움[樂]', '괴롭지도 않고 즐겁지도 않음[不苦不樂]'이라는 세 종류의 느낌을 일으키게 된다. 소년 소녀 단계에 해당한다.

⑦'수'는 애의 조건이다. 애는 갈망, 탐애, 탐욕이다. 인생의 청년 단계에는 외계 사물에 대한 감수성을 진전시켜서 탐애를 일으킨다.

⑧'애'는 취의 조건이다. 취는 추구하는 집착이다. 청년 이후에는 탐욕이 점점 커져 외계의 즐길 수 있는 모든 것을 추구하여 집착을 버리지 못한다.

⑨ '취'는 유의 조건이다. 유는 업이다. 즉 사상 행위이다. 집착하고 추구함으로 말미암아 여러 가지 사상 행위가 있게 된다. 이러한 사상 행위

는 미래의 과를 낳는 선악의 업을 일으킬 수 있다. 그러므로 유라고 이름 붙였다.

⑩'유'는 생의 조건이다. 생은 내세(來世)의 생이다. 앞서 있었던 애, 취, 유로 말미암아 생긴 미혹과 그로 인해 만들어진 선악의 업은 필연적으로 과보를 만들어 낸다. 따라서 내세에 다시 태어나게 된다.

⑪ '생'은 생사의 조건이다. 생이 있으면 반드시 노(老)·사(死)가 있다. 미래에 생이 이루어져 그 후에 노쇠하고 사멸에 이르는 데, 이것이 ⑫노(老)·사(死)이다.

이처럼 열 두 부분은 계속 과(果)를 일으키기 때문에 인(因)이라 불리며, 서로 조건이 되기 때문에 연(緣)이라고 일컫는다. 그래서 합하여 12인연이라고 한다. 부처는 열 두 고리 가운데 특히 주의할 세 고리를 '무명'과 '애'와 '촉'이라고 했다. 이 세 고리로부터 벗어나야 만이 진정한 열반에 들어갈 수 있다.

십이인연은 중생이 생사유전하게 되는 인과관계를 설명한 것으로, 열두 개가 순서대로 인과의 순환관계를 이루고 있다. 정식(情識)을 지닌 어떤 생명체도 해탈하기 이전에는 이러한 인과율에 의지하여 삶을 지속한다. '계속 태어나고 늙고 죽으니 윤회가 끝이 없다!' 십이연기는 시작도 없고 끝도 없으며, 시간적으로나 공간적으로도 아무런 구애를 받지 않는다(찰스 프레비쉬 외/박용길 옮김, 1989: 56). 그러기에 십이연기는 생명 현상의 총괄적 설명이며, 또한 생명체의 고통의 원인이다. 부처는 십이인연을 뒤에서 앞으로 역관(逆觀)하여 도를 얻었다고 한다. 즉 노·사(老·死)에서 거꾸로 관찰하여 무명(無明)에 이르러 깨달았다는 말이다.

이러한 십이연기는 '과거-현재'의 인과 관계와 '현재-미래'의 인과 관계

세계 종교의 교육적 독해

라는 이중 구조를 넘어서지 않는다. 그러기에 흔히 '삼세이중인과설(三世
二重因果說)[3]이라고도 한다.

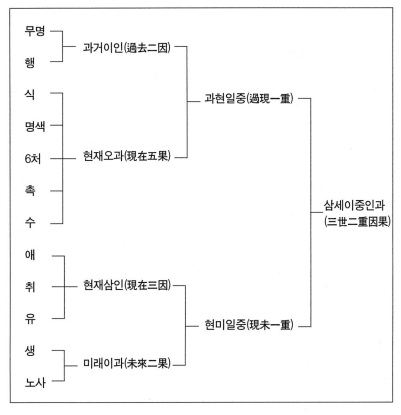

[그림2-1] 십이연기와 삼세이중인과설(三世二重因果說)의 구조

나. 삼법인(三法印)·사성제(四聖諦)

불교는 현실을 고통으로 규정한 데서 출발한다. 카필라국의 왕자였던

---

3 이는 소승불교(小乘佛敎)의 주장이다. 나중에 대승불교(大乘佛敎)에서는 '이세이중인과설(二世二重因果說)'을 제시하
  는 데, 열두 인연에서 앞부분의 열 개 인연을 과거(혹은 현재)의 인, 뒤의 두 개 인연을 현재(혹은 미래)의 과라고 하
  였다.

싯다르타는 평소 세상이 어떠한지 구체적으로 직면하지 않고 성안에서 살아왔다. 그러다 우연히 나선 성문 밖에서 세상을 보았다. 그것은 그가 보아왔던 모습과는 전혀 달랐고, 힘겹게 살아가는 사람들을 직시하게 된다. 그가 처음으로 목격한 광경은 인간이 늙고 병들고 죽어감에 따라 겪는 고통이었다. 그런 과정을 통해 싯타르타는 현실을 '고통 그 자체'라고 생각하였다. 이에 싯타르타는 현실 목도와 인식에 그치지 않고 고통을 극복하는 방법에 대해 찾아 나설 결심을 하게 된다. 출가를 결심한 싯다르타는 철저하게 고행(苦行)에 접어들었다. 아무 것도 먹지 않고 마시지 않으면서 고통의 원인에 대해 탐구하려한 그에게 고행은 고통의 극복 수단이 아닌 고통 그 자체였다. 고행으로 인해 아무 것도 할 수 없고 죽음 직전에 이른 싯다르타는 중도(中道)의 깨달음을 얻고 고행을 버린다. 악기를 연주할 때, 줄이 너무 팽팽하면 끊어지고 줄이 너무 느슨하면 연주할 수 없듯이, 양극단의 방법은 옳지 못하므로 중도를 지향해야 한다는 것이다. 이에 따라 싯다르타는 수행에서 균형을 유지하며, 자기만의 방법으로 고통 극복의 길을 찾아 나섰다.

오랜 수행 끝에 싯타르타는 보리수나무 아래에서 고통의 원인에 대해 깨달음을 얻었다. 모든 고통은 바로 무상(無常)한 데서 비롯된다는 것이다. 세상에는 절대적으로 고정 불변한 것이 없다. 끊임없이 변화하는데, 이 변화는 모든 사물이 서로 연결되어 영향을 주고받기 때문이다. 그것이 다름 아닌, '이것이 생(生)하면 저것이 생하고 이것이 멸(滅)하면 저것이 멸한다'는 연기론이다. 그렇게 끊임없이 서로 영향을 주고받기 때문에 고정 불변한 것은 존재할 수 없다. 이런 이치를 모르는 인간은 고정불변한 것에 집착하고 욕심을 일으킨다. 때문에 거기에서 고통이 발생한다. 이것

세계 종교의 교육적 독해

이 싯다르타가 느낀 깨달음의 요지이다.

불교 교학에서는 고통의 원인을 '탐(貪)·진(瞋)·치(痴)'의 세 가지로 제시한다. '탐욕을 부리다'의 탐(貪)은 잘 채워지지 않기 때문에 성내는 마음인 진(瞋)이 생긴다. 그러나 탐욕이 생겨나는 것은 무상함, 즉 연기적 세계에 대한 무지인 치(痴)에서 생겨난다. 때문에 결국 어리석음[무지]은 모든 번뇌의 근본 원인이 된다. 고통은 무상함에 대한 무지에서 발생하는 집착과 욕심에서 생겨난다. 이러한 집착과 욕심을 버린 상태가 완전한 자유인 해탈(解脫)이다.

해탈은 십이연기를 관찰함으로써 불교적 삶에 대한 인식과 태도로 형성한다. 불교적 삶에 대한 인식은 크게 세 가지로 드러나는데, 불교의 근본 교의인 삼법인(三法印)이다. 이때 인(印)은 '불변하는 진리'임을 강조하는 표현이다.

그 첫째가 '제법무아(諸法無我)'이다. '제법무아'는 일체가 무상으로 '나'라는 존재가 없다는 의미이다. '나'란 존재는 실체가 아니다. 그렇다고 자기 존재 자체를 부정하는 것은 아니다. 또한 긍정하지도 않는다. 부처는 어디까지나 '나의 본질을 파악할 수 없다'라는 '비아(非我)'만을 가르쳤다. 인간의 참된 실존은 원인과 조건의 화합에 따라 변화·존속된다.

둘째는 '제행무상(諸行無常)'이다. '제행무상'은 모든 것은 늘 변한다는 의미이다. 모든 현상은 순간적 존재이다. 찰나(刹那)마다 또는 일정한 기간을 두고 바뀌어간다. 불교는 이를 통해 '영원하다'는 사고나 '소유'한다는 관념을 포기하도록 가르친다.

셋째는 '일체개고(一切皆苦)'이다. '일체개고'는 우리들이 경험하는 모든 것은 '괴로움'이라는 의미이다. 괴로움이란 자기 생각대로 완전하게 되지 않는 것을 말한다. 경전에 따라서는 '일체개고' 대신에 '열반적정[涅槃寂靜; 열반에 들어 고요한 상태에 이름]'을 삼법인으로 제시하는 경우도 있다. 때문에 '제법무아', '제행무상', '일체개고', '열반적정', 이 네 가지를 사법인(四法印)으로 제시하기도 한다.

삼법인[또는 사법인]을 통해 삶의 본질을 인식했다면, 어떻게 올바른 존재 방식으로 유도할 것인가? 불교에서 가장 먼저 모습을 드러낸 실천적 교설은 네 가지 진리인 사성제(四聖諦)이다(찰스 프레비쉬 외/박용길 옮김, 1989: 49~52).

사성제의 첫째는 '고제(苦諦)이다. 고제는 '미혹된 범부의 생존은 괴로움의 덩어리뿐'이라는 말이다. 그렇다고 부처가 즐거움과 기쁨, 행복을 부정하려는 것은 아니다. 단지 이 말을 통하여 육체적·정신적 쾌락의 무상함을 강조하고자 했을 뿐이다. 괴로움에는 크게 세 가지 종류가 있다. '육체적·정신적 고통'과 '애착하고 있던 것이 괴멸하는 데서 오는 고통', 그리고 '세간의 모든 것이 인연으로 얽혀 있음으로 인해 빚어지는 고통'이다. 이는 현실 세계에 대한 인식을 보여준다.

둘째, '집제(集諦)'이다. 집제는 '현실 세계는 괴로움이 생기는 원인'이라는 말이다. 괴로움의 원인은 세 가지로 분류된다. 인간은 다시 태어나려고 하고, 쾌락을 갈망하며, 탐욕을 부린다. 이는 미혹된 세계의 인과 관계에서 욕망에 물든 삶의 방식이 괴로움을 만들어낸다는 사실을 보여준다.

셋째, '멸제(滅諦)'이다. 멸제는 '욕망에 물든 세계가 사라진 상태가 이상의 경지'라는 말이다. 인간은 스스로 이러한 괴로움에서 벗어날 수 있다. 괴로움의 원인에 대한 올바른 이해와 수행을 통해 인간 스스로 괴로움의 뿌리를 끊고 열반에 이를 수 있다. 멸제에는 두 가지가 있는데, 하나

세계 종교의 교육적 독해

는 생전에 열반에 이르러 자신의 부정함을 벗어 버리는 '잠시멸(暫時滅)'이고, 다른 하나는 깨달은 이가 마침내 죽음에 이르러 자신의 육신마저 모두 벗어버리는 '구경멸(究竟滅)'이다. 이는 인간 존재의 이상 세계에 대한 방향 설정이다.

넷째, '도제(道諦)'이다. 도제는 '괴로움을 없애기 위해 수행이 필요하다'는 의미로 괴로움을 끊는 방법에 관한 사안이다. 이는 구체적 수행의 필요성에 대한 인식과 실천이다. 사성제 가운데 고제와 집제는 미혹의 인과 관계를 나타내고, 멸제와 도제는 깨달음의 인과 관계를 보여준다. 이를 병(病)에 비유해서 설명하면, 고제는 병을 발견하는 일이고, 집제는 병의 원인을 파악하는 직업이다. 멸제는 병이 난 후의 건강 상태를 가리키고, 도제는 좋은 약에 해당한다.

특히, '도제'의 구체적인 실천 방법, 깨달음에 이르는 도리가 바로 '팔정도(八正道)'라는 여덟 가지 올바른 길이다. 팔정도는 다음과 같다.

①바른 견해인 '정견(正見)'이다. 이는 사성제에 대한 올바른 이해를 말한다. ②바른 사유인 '정사유(正思惟)'이다. 이는 욕망과 사사로운 견해, 그리고 무자비를 여읜 바른 생각을 말한다. ③바른 말인 '정어(正語)'이다. 이는 거짓말, 이간질, 욕설, 실속 없는 말 등을 삼가는 일이다. ④바른 행위인 '정업(正業)'이다. 이는 살인, 도둑질, 일체의 삿된 행동을 범하지 말아야 하는 행동으로 불교의 윤리관을 그대로 보여 준다. ⑤바른 생활인 '정명(正命)'이다. 이는 점성술, 마술, 예언, 중매, 혼인집전, 그 외의 온당하지 못한 직업(예컨대 백정)에 종사하는 일을 금하는 것을 말한다. ⑥바른 수행인 '정정진(正精進)'이다. 이는 끊임없는 노력으로 이미 일어났던 나쁜 생각을 미리 막는 것이다. 될 수 있는 한 착한 생각을 많이 해서 이

를 잘 보전하는 것을 가리킨다. ⑦바른 정신인 '정념(正念)'이다. 이는 마음을 한 곳으로 모아 자신의 심신은 물론 주위의 일체 사물을 바로 관찰하는 일이다. ⑧바른 정신통일인 '정정(正定)'이다. 이는 사선정(四禪定)[4]에 이르기 위해 명상(冥想)에 열중하는 일이다.

『잡아함경(雜阿含經)』(卷28)에는 '해뜨기 전에 밝음이 비치듯이 괴로움의 사라짐에는 먼저 정견이 나타나고, 이 정견이 정사유 내지 정정을 일으키며, 정정이 일어남으로써 마음의 해탈이 있게 된다'라고 하였다. 따라서 팔정도 수행에서 가장 중요한 것은 정견, 즉 지혜이다. 팔정도는 순서에 따라 실천해야 하는 것으로 정견을 닦아야 정사유가 생겨나고 정사유를 닦아야 정어를 할 수 있다. 그런 이후에 정정이 얻어지므로, 이전의 일곱 단계는 정정을 위한 준비이다. 정정을 닦아 지혜를 얻게 되고, 지혜를 가져야 열반이 성취될 수 있다(불교교재편찬위원회, 2007: 95).

팔정도의 수행을 통해 도달하는 궁극적 경지가 다름 아닌 열반(涅槃)이다. '열반'은 산스크리트어 '니르바나(nirvāṇa)'를 음역한 말로 '취멸(吹滅)'·'적멸(寂滅)'·'멸도(滅度)'·'적(寂)' 등으로도 번역된다. 열반의 본래 뜻은 '소멸' 또는 '불어 끔'이다. 여기서 '타오르는 번뇌의 불길을 멸진(滅盡)하여 깨달음의 지혜인 보리(菩提)를 완성한 경지'라는 의미를 지니게 되었다. 열반은 생사(生死)의 윤회와 미혹의 세계에서 해탈한 깨달음의 세계로 불교의 궁극적 실천 목적이다. 고통의 완전한 소멸인 열반은 다음과 같이 묘사된다.

---

4 사선정(四禪定)은 '사정려(四靜慮)'라고도 한다. 이때 '정(靜)'과 '려(慮)'는 고요함과 함께 지혜가 있어 자세하게 생각한다는 뜻이다. 여기에는 '초(初)·이(二)·삼(三)·사(四)'의 구별이 있는데, 초선(初禪)은 '유심유사정(有尋有伺定)', 이선(二禪)은 '무심유사정(無尋有伺定)', 삼선(三禪)은 '무심무사정(無尋無伺定)', 사선(四禪)은 '사념법사정(捨念法事定)'이다.

비구들이여, 이것이 괴로움이 소멸한 성스러운 진리이다. 그것은 바로 그러한 갈애가 남김없이 빛바래어 소멸함, 버림, 놓아버림, 벗어남, 집착 없음이다(『初轉法輪經』 56:11)

이러한 열반은 현대적 의미로는 '최고의 행복'이라 할 수 있다. 불교교학에서는 열반을 '유여의(有餘依)'열반과 '무여의(無餘依)'열반의 두 종류로 나누어 설명한다. '유여의'열반은 살아있는 동안 성취하는 열반이다. 그러나 이 열반은 정신적으로는 번뇌를 벗어났지만 육체를 가지고 있기 때문에 육체에 수반되는 병이나 아픔으로 인해 육체적 고통을 벗어날 수는 없는 상태이다. 때문에 보다 궁극적인 고통의 소멸 상태인 '무여의'열반을 상정하게 된다. 이 열반은 육체를 떠나 다시는 태어나지 않는 상태로 정신적·육체적 고통이 완전히 소멸된다(불교교재편찬위원회, 2007: 93).

인도에서는 불교가 아닌 다른 종교·사상에서도 열반이라는 용어를 사용하지만, 불교의 열반 개념과는 다르다. 불교계 내에서도 소승(小乘)과 대승(大乘)의 여러 학파에 따라 해석에 차이가 있다. 소승불교에서는 수행자가 지닌 고통의 완전한 소멸을 열반이라고 한다. 반면, 대승불교에서는 번뇌의 소멸보다 다른 사람의 구제에 방점을 둔다. 대승에서는 기존의 열반 개념에서 나아가 '무주처(無住處)'열반을 상정한다. '무주처'열반은 수행자가 열반에만 머무르지 않고 다시 속세에 태어나 중생을 구제하는 것을 의미한다. '무주(無住)'라는 말은 생사의 세계와 열반의 세계 어디에도 머물지 않기 때문에 붙여진 이름이다. 이러한 '무주처'열반은 나중에 살펴볼 '보살' 개념과 함께 대승불교를 대표하는 핵심 개념이다.

2. 인간관: 불성(佛性)과 인성(人性)

불교에서 말하는 이상적 인간상은 대승불교(大乘佛敎)가 생겨나기 이전과 이후에 다소 차이가 존재한다. 대승불교에서는 자신의 깨달음보다는 자비(慈悲)를 통한 중생의 구제에 무게중심을 두고 있다. 대승불교에서 추구하는 지혜와 자비의 정신은 보살(菩薩)이라는 이상적 인간상에 잘 드러난다. 반면, 대승불교 이전의 소승불교(小乘佛敎)에서는 지혜를 통한 깨달음의 추구가 주된 목적이었다.

먼저, 소승불교에서 추구한 이상적 인간상은 아라한(阿羅漢, arhat)이다. 아라한은 본래 부처를 이르는 명칭이었는데 나중에 불제자들이 도달하는 최고의 계위라고 생각되었다. 수행의 결과에 따라 범부(凡夫)·현인(賢人)·성인(聖人)의 구별이 있다(이기영, 1998: 39). 아라한은 그 자체로 완성되었으므로 더 이상 수행할 것이 없다는 뜻에서 '무학(無學)'의 경지라고도 불린다. 또한 더 이상 수행의 단계가 낮아지지 않는다는 의미에서 '부동(不動)'의 경지라고도 한다. 이는 앞에서 말한 사성제를 완전히 체득한 아라한의 상태를 가리킨다.

아라한은 자신의 깨달음[해탈]을 최우선으로 한다. 해탈은 철저한 수행을 통해서만 가능하다고 규정하기 때문에, 대승불교 이전에는 재가자와 출가자의 구별이 있고, 출가자들에게만 해탈의 가능성이 있다고 믿었다. 그만큼 일반 사람들은 해탈의 가능성으로부터 소외될 수밖에 없었다. 이러한 한계는 대승불교가 생겨나게 된 하나의 요인이 되었다.

대승불교의 경우, 소승불교와 대비해 보면 다른 차원이 부각된다. 첫째, 대승불교의 가르침은 '자리이타(自利利他)'의 교리이다. '자리(自利)'

와 이타(利他)를 다 같이 동시에 추구하기 때문에 대승(大乘)이라 부른다. 둘째, 대승불교는 재가와 출가를 일관하는 불교이다. 특히 재가자를 배제하지 않기 때문에 대승이라 한다. 셋째, 대승에서는 선과 악, 어리석은 자와 지혜로운 자 등 모두가 평등하므로 해탈에 장애가 되는 것이 없다. 의지가 약한 자라면 불타(佛陀)에 대한 신앙을 통해 해탈할 수 있으며, 의지가 강한 자라면 스스로 힘든 수행을 통해 깨달음을 얻을 수 있다. 이처럼 대승불교는 신앙[信]과 수행[行] 양면이 모두 존재하며 모든 사람을 포용한다. 넷째, 대승불교는 불신론(佛身論)을 발달시켰다. 소승에서 부처는 인간에 불과하다. 따라서 부처의 위대함에 대한 연구가 거의 없다. 그러나 대승에서는 부처를 초월적 인격으로 강조한다. 그만큼 부처의 구제력(救濟力)이 강조되면서 신격화 되었다. 다섯째, 대승불교는 '보살(菩薩)' 사상을 핵심으로 한다. 모든 사람은 불성(佛性)을 가지고 있다. 그러므로 보살의 마음을 일으키면 누구나 보살이 된다. 성불(成佛)이 보증되지 않는 일반 사람일지라도 '보리심(菩提心)'을 일으킴으로써 보살이 될 수 있다. 이처럼 대승불교는 '보살'불교 그 자체라고 할 정도로 보살 사상이 강조된다.

보살(菩薩)은 원래 '보리살타(菩提薩埵)'의 준말로 '보디사트바(bodhisattva)'라는 인도 말을 음역한 것이다. 보디사트바(bodhisattva)는 '깨달음'을 의미하는 보디(bodhi)와 '중생'을 뜻하는 사트바(sattva)의 합성어이다. 두 의미가 통합되어 '깨달음을 향해 가고 있는 중생' 또는 '깨달음을 어느 정도 얻은 중생'이란 뜻으로 해석된다. 대승불교에서 보살은 자기 깨달음에 관심을 갖지만, 그러기 위해 먼저 자신을 희생하여 중생을 구제할 필요가 있음을 강조하였다. 중생을 구제하겠다는 서원(誓願)과 자기가 쌓은 공덕을 남을 위해 돌리는 회향(回向)은 보살에게 절대적으로 중요하다.

대승의 보살사상에서 보면, 소승불교의 아라한에서 강조한 자신만의 해탈이라는 목표는 지나치게 이기적인 것으로 생각된다. 그들의 해탈 또한 최고의 깨달음에 비해 열등한 것으로 여겨졌으므로 진정한 해탈로 간주되지 않았다. 대신, '이타(利他)'를 실천하기 위한 보살행의 내용으로서 '바라밀(波羅蜜)'이 제시되었다. 바라밀이란 '빠라미타(pāramitā)'의 음사로 '도피안(度彼岸)' 또는 '완덕(完德)'으로 번역된다.

바라밀 가운데 가장 중요시 되는 것은 지혜, 즉 '반야바라밀(般若波羅蜜)'이다. 이는 초기의 대승경전 가운데 '반야바라밀'의 명칭을 가진 경전이 많이 나타난다는 사실을 통해 짐작할 수 있다. 반면, 다른 바라밀은 반야를 획득하기 위한 준비 단계로서 언급된다. 이는 '반야'만이 해탈로 인도할 수 있다는 불교교학의 경향과도 상응하지만, 반야에 의해 인도될 때만이 '보시(布施)'를 비롯한 여러 행위가 비로소 완성될 수 있다는 의미이다.

대승불교의 경우, 인간은 누구나 이미 깨달은 존재로 불성(佛性)을 지니고 있다. 이런 관점에 터하여, 불교에서 인성을 논의할 때 불성으로 인식하는 것에는 대체로 합의가 이루어졌다. 인성을 불성으로 보고 교육학적 관점에서 불교를 논의하기도 하였다(박선영, 1975a: 138~142). 송석구(1982: 317~321)는 『대승기신론』을 중심으로 불교의 인성론을 다루었는데, 인성은 본래 청정한 진여(眞如)인 여래장(如來藏)이지만 무명(無明)으로 인해 물들면서 염오된 측면을 지니게 된다고 하였다. 박선영(1983b)은 불교적 관점에서 교육사상을 논하기 시작하면서 인성을 불성

세계 종교의 교육적 독해

으로 인정하고 있다. 손인수(1989: 320~330) 또한 인간의 본성을 불성으로 보고, 불성을 깨닫는 것을 교육의 목적으로 보았다. 특히, 초기불교에서 연기법으로 나타난 관계성은 대승불교에서 불성으로 재정의 되었다. 이런 측면에서 인간은 모두 연기법을 깨달아 번뇌를 소멸할 수 있다. 연기법을 관계성과 상통하는 개념으로 볼 때, 인간이 지닌 불성은 바로 관계성을 자각할 수 있는 능력이다.

불성이라는 개념은 대승불교에서 생겨난 것이기 때문에, 불성을 중심으로 인성을 논의할 때는 대승불교를 중심으로 인성을 다룰 수밖에 없다. 대승불교 경전 중에서도 『대승기신론(大乘起信論)』은 완성도 측면에서나 중요도 차원에서 매우 큰 비중을 차지한다. 『대승기신론』은 본체계(本體界)와 현상계(現象界)의 두 측면인 진여문(眞如門)과 생멸문(生滅門)에 관해 고찰한 논의이다. 두 문(門)은 사람들이 가진 마음, 즉 일심(一心)의 두 측면이다. 진여문은 본래적인 깨끗한 마음을 나타내고 생멸문은 그러한 마음이 번뇌에 의해 물드는 것을 나타낸다.

『대승기신론』은 '왜 중생은 불성을 간직하고 있으면서도 온갖 악행(惡行)을 저지르는가?'라는 문제에 대해, 진여문과 생멸문이라는 두 관점으로 모색하고 있다. 생멸의 세계[生滅門]는 진여의 세계[眞如門]에 무명(無明)이 훈습(薰習)하여 분별과 생멸을 나타낸다. 이는 현실적으로 존재하는 중생의 세계를 말한다. 진여의 세계가 온전히 청정하다고 한다면 생멸의 세계는 청정과 번뇌가 뒤섞여 있다. 그러나 생멸의 세계에서도 자성은 본래 청정한데, 이것이 여래장(如來藏)이다. 여래장에 무명이 훈습하면서 현실세계는 번뇌로 물들게 된다. 여래장은 모든 사람이 깨달은 자가 될 수 있다는 보편적 가능성을 말하는 것으로 불성과 동일한 의미이다(권선향·지준호, 2016: 396~399).

『대승기신론』의 여래장 논의에 따르면 인간의 본성은 본래 청정(淸淨) 하다. 그러나 인간이 악해지는 이유는 본래 깨끗한 여래장이 무지로 인해 오염되기 때문이다. 어리석음으로 인해 탐욕이 생겨나고 그에 따라 대상을 자의적으로 해석하므로 거기에 얽매이게 된다. 『대승기신론』에서 염오(染汚)되어 가는 과정을 잘 드러내 주는 대목이 바로 삼세(三細)와 육추(六麤)이다.

삼세는 무명업상(無明業相)·능견상(能見相)·경계상(境界相)을 말한다. 무명업상은 처음 무명으로 인해 진여심이 미세하게 움직이기 시작하는 단계이다. 능견상은 무명업상으로 인해 대상의 경계가 드러나기 시작하는 상태로 주관과 객관이 분화되기 이전이다. 경계상은 능견상으로 인해 대상 경계가 비로소 드러나 주관과 객관이 생겨나는 단계를 말한다. 이러한 삼세는 여래장이 염오되기 시작하는 시점으로 너무 미세한 경지이기 때문에 일반 사람들은 자각할 수 없다.

육추(六麤)는 지상(智相)·상속상(相續相)·집취상(執取相)·계명자상(計名字相)·기업상(起業相)·업계고상(業繫苦相)을 말한다. 지상은 삼세가 만들어낸 객관 대상에 대하여 시비(是非)와 선악(善惡) 등의 분별을 일으키는 단계이다. 상속상은 지상이 만들어낸 분별에 대해 끊임없이 좋고 싫음을 내는 단계이다. 집취상은 스스로 지어낸 세계의 모습에 집착하여 얽매이는 단계이다. 계명자상은 집착이 더하여 이름과 개념을 만들어내는 단계로 그러한 개념으로 대상에 도장을 찍는 것이다. 기업상은 강한 집착 때문에 말과 행동으로 나타나서 선악의 업(業)을 짓는 것을 가리킨다. 업계고상은 자신이 만든 업으로 생겨난 고통으로부터 마음과 몸이 자유롭

세계 종교의 교육적 독해

지 못한 단계이다. 육추는 삼세로 인해 만들어진 대상 경계에 따라 잘못된 생각을 내게 되는 것으로 생각이 이미 거칠어져 일반 사람들도 자신의 생각과 행동을 자각할 수 있게 된다. 생멸문에서는 여래장이 삼세 육추를 거치면서 물드는 과정과 역방향인 깨달음[覺]의 과정을 나타내준다.

III. 교육적 지향

1. 지혜를 통한 개인적 각성

대승불교가 본격적으로 대두되기 이전까지 원시불교[소승불교]는 개인이 지혜를 통해 깨달음을 추구하는 작업을 수행의 핵심에 두었다. 이때 지혜를 통해 깨달음을 얻은 이상적 인간상이 다름 아닌 아라한(阿羅漢, arhat)이었다. 아라한은 본래 부처를 이르는 명칭이었지만, 불제자(佛弟子)들이 도달하려는 최고의 존재이기도 하다. 때문에 아라한은 원시불교의 교리상의 특성에 따라서 보면, 사성제를 완전하게 체득한 존재이고, 자신의 깨달음인 개인적 해탈을 최우선으로 하는 각자(覺者)이다. 대승불교에서는 이러한 개인적 깨달음을 이기적인 것이라고 여기지만 지혜를 통한 깨달음은 불교교육에서 무엇보다 선행되어야 한다.

원시불교는 개인적으로 깨달은 존재인 아라한이 되는 것을 최고의 이상으로 여기므로, 그 교육적 인간상은 '깨달은 개인'이고, 이에 기초하여 개인의 깨달음을 중시하는 교육의 방향을 설정할 수 있다. 깨달음은 근본적 차원에서의 존재론적 변화 과정, 그리고 그 변화의 결과로 도달하게 되는 이상적 상태를 의미한다(이재호, 2016: 323). 그것은 원시불교의 교육이 깨달음을 통해 개인의 불성(佛性)을 자각하고, 해탈을 통해 존재론적으로 변화를 거쳐 아라한으로 거듭나는 일임을 가리킨다. 깨달음의 시작은 세계와 존재의 자각을 통해 진행된다.

> 과거와 미래의 색도 항상됨이 없는데 하물며 현재의 색이겠는가? 거룩한 제자로서 이렇게 관찰하는 사람은 과거의 색은 아쉬워하지 않고, 미래의 색은 바라지 않으며, 현재의 색에 대한 애착을 여의어 바로 모든 번뇌를 멸해 다하려고 노력하게 된다. 이와 같이 과거와 미래의 느낌(受)·생각(想)·지어감(行)·의식(識)도 항상됨이 없는데 하물며 현재의 느낌(受)·생각(想)·지어감(行)·의식(識)이겠느냐? 거룩한 제자로서 이렇게 관찰하는 사람은 과거의 그것들은 아쉬워하지 않고, 미래의 그것들은 바라지 않으며, 현재의 그것들에 대한 애착을 여의어 바로 모든 번뇌를 멸해 다하려고 노력하게 된다. 이렇게 삼세의 모든 법은 항상됨이 없고[無常], 괴로움이며, 공이고, 내가 아니라고 관찰하는 것도 또한 그와 같다(『雜阿含經』卷1).[5]

불교의 세상과 존재에 관한 인식은 매우 간단한 것 같으면서도 심오하다. 세상에 변하지 않는 것은 없고 일상에서 괴로움은 늘 생기며 자기 자신이라고 규정한 형상 또한 곧 바뀐다. 때문에 어떤 것에 대해서건 고집할 필요가 없다. 이는 이른 바, '제행무상(諸行無常), 제법무아(諸法無我), 열반적정(涅槃寂靜)'의 삼법인(三法印)을 깨닫는 작업이다. 그 과정을 이끌어나가는 핵심은 연기론(緣起論)이다. 연기는 모든 존재가 인연생기(因緣生起)의 법칙에 의한 것이고, 끊임없이 변화하기에 무상(無常)하다고 본다. '나'라는 존재조차도 생사(生死) 과정을 거치지만 고정된 실체가 없기 때문에 무아(無我), 즉 공(空)이 된다(장승희, 2016a: 113). 이와 같

---

5 『雜阿含經』卷1(大正藏2, 1c22~29), 過去, 未來色無常, 況現在色! 聖弟子! 如是觀者, 不顧過去色, 不欣未來色, 於現在色厭, 離欲, 正向滅盡. 如是, 過去, 未來受想行識無常, 況現在識! 聖弟子! 如是觀者, 不顧過去識, 不欣未來識, 於現在識厭, 離欲, 正向滅盡. 如無常, 苦, 空, 非我, 你復如是.

이 불교의 수행은 현재 직면한 괴로움도 시간이 흐르면 모두 사라지므로, 고통스러운 순간 자체도 집착할 필요가 없음을 자각하며 실천한다. 이런 점에 착안하면, 불교 수행은 모든 것이 무상하고 변화하고 있기 때문에, 공(空)을 유(有)라고 집착하면서 고통스러워하는 상태로부터 벗어나는, 해탈을 촉진하는 교육의 실천으로 전환할 수 있다.

그것이 원시불교가 지향하는 교육적 인간상, 즉 연기론을 토대로 모든 것은 변하지 않는 실체가 없다는 것을 깨달은 존재인 아라한이다. 수행을 통해 모든 것은 무상하다는 사실을 깨달아라! 그리고 고통에서 벗어나라! 그 궁극에 열반의 세계가 존재한다! 불교 수행의 교육적 차원은 모든 것은 변한다는 사실을 스스로 깨닫고 능동적으로 열반에 이른 아라한과 같은 깨달은 자를 지향하는 데 있다. 그것은 세계와 존재를 있는 그대로 보는 지혜를 일깨우는 교육이고, 어디에도 집착하지 않는 자유로운 마음을 개발하는 교육이다. 다시 말하면 스스로의 힘으로 주체적 자기완성을 추구하는 교육의 실현으로 볼 수 있다(구동현, 2017: 290).

이런 점에서 원시불교는 모든 것이 변하고, 고통스러운 순간 자체도 곧 변할 것이므로, 집착할 필요가 없다는 진리를 깨닫고 스스로 자기완성을 이루도록 안내한다. 이는 학생들이 어떤 세계나 대상에 대해 요구하며 소유하기를 열망하고, 때로는 그것을 소유하지 못해 상심하는 실존적 문제에 부딪칠 때, 자신이 얼마나 덧없고 일시적 존재인가를 직면하게 하여, 무상의 존재에 대한 열망을 통해 변하지 않을 자신 속에 내재된 '불성'을 깨닫도록 한다(정귀연·김세곤, 2017: 47).

요컨대 원시불교는 개인의 인식 능력인 지혜를 통해 모든 것이 공(空)하다는 진리를 스스로 깨닫고, 자발적으로 번뇌로부터 벗어나 열반으로 나아가게 촉진하는 교육적 특징을 보여준다.

2. 자비를 통한 사회적 관계

대승불교는 원시불교[소승불교]와 그 성격을 달리한다. 그렇다고 원시불교의 기본 교리를 벗어난 전혀 다른 불교를 의미하는 것은 아니다. 초기불교의 기초 교리와 수행을 바탕으로 하되, 원시불교에서 강조했던 개인적 지혜의 각성을 통한 해탈을 넘어, 자비(慈悲)를 통한 중생(衆生)의 구제에 보다 큰 의의를 두고 있다. 원시불교에서 교육적 인간상은 개인적 지혜의 증득을 이룬 '아라한'이었으나, 대승불교에서는 자비를 실천하는 이상적 인간상인 '보살(菩薩)'을 지향한다.

보살을 추구하는 대승불교의 수행은 타자를 전제하고 그들에게 자비를 베풀고 또한 타자가 깨닫도록 인도한다. 나와 타자의 상호 배려라는 사회적 관계를 형성하면서 보다 큰 진리를 스스로 깨닫도록 만든다. 이는 타인의 고통에 공감(共感)하면서 현재보다 진보한 세상을 위해 노력하는 것을 의미한다. 물론 이런 사람은 불교를 비롯한 특정 종교인에 국한되는 것은 아니다. 교육을 통해 누구나 지향하는 건전한 인격자이다(김은영, 2016: 173). 원초적으로 자비라는 수행 덕목을 통해 진행되는 불교의 교육은 누구나 그런 자비를 베풀면서 타자의 고통을 제거해주고, 이를 통해 진리를 깨달아 열반에 이르는 인격자가 될 것을 갈망한다.

대승불교의 수행에서 자비는 사회적 관계를 창출하는 최고의 덕목이다. 특히 대자대비(大慈大悲), 즉 자비의 정신은 타자의 고통을 제거해주고 기쁘게 해주면서, 스스로 더 큰 기쁨과 지혜를 얻는 것을 지향한다. 지혜를 통해 개인적으로 깨닫고 자비를 통해 사회적 관계를 형성한다(최원규, 1971: 13). 이런 대승불교 수행의 목적은 자비를 통해 타자를 괴로움으로부터 구제해주는 사회적 차원의 교육적 특성을 나타낸다.

대승불교의 수행은 원시불교에 비해 '자비'에 무게중심을 두고 있다는 건 분명하지만, 그것은 반드시 지혜에 기초한 자비이다. 왜냐하면 인간의 개인적 지혜는 자비를 전제하지 않고서는 발현하기 어렵기 때문이다(고진호, 2009: 187~188). 개인적 지혜가 사회적 관계로 확장되는 양식인 자비는 필연적으로 사회적 차원의 교육적 특성을 지니게 마련이다. 현장 교육의 차원에서는 교수자 뿐만 아니라, 학습자도 동료에게 자비를 베풀면서 고통에서 벗어나도록 도와주고 스스로 지혜를 깨달을 수 있다. 교육적 관계는 서로 배우면서 상대방의 자아실현을 돕는 절차탁마(切磋琢磨)와 같은 상호 관계이다(최효순, 2016: 349). 자비는 그런 교육적 관계를 상징하는 불교적 표현이다. 개인이 고립된 상태에서의 깨달음을 얻는데 초점을 두기보다, 교육적 관계를 통해 타자를 이해하는 태도를 갖추고, 고통으로부터 벗어나도록 도와주면서 궁극의 기쁨과 진리를 체득하는데 중점을 둔다.

대승불교의 수행은 교육적으로 환원할 때 자비심을 통해 학습자를 구제하는 차원에 중점을 둔다. 이때, 학습자가 일시적으로 변하는 생멸(生滅) 현상에 집착하지 않는 마음을 지니도록 촉진한다. 학습자를 구제하기 위한 불교 수행 차원의 교육은 열 가지 수행 단계인 십주(十住)와 십행(十行)을 익히면서, 늘 변하는 생멸의 본성을 깨닫고 일시적으로 변하는 대상의 집착에서 벗어나도록 인도한다.

십주(十住)와 십행(十行)이 초심이어서

대부분 진여[眞]를 추구하는 생각이 더욱 치성하도다.

저 진여를 추구하는 습기[習]를 제거하고자 하므로

이 때문에 원(願)을 일으켜 회향(迴向)하게 하도다.

생멸(生滅)을 체달하면 이것이 바로 무생(無生)이어서

원을 일으키고 자비를 행해도 생멸(生滅)이 없으며,

세간의 생멸하는 본성을 잘 알면

상념(想念)과 정식(情識)이 지혜[智]가 아님이 없도다.

초심의 정혜(定慧)는 진여[眞]를 추구함이 많으므로

이 지위에서는 원을 일으켜 본처를 알게 하도다.

본처를 잘 아는 자가 세간에 처하므로

삼계를 유행하는 것이 시자와 같도다.

비로소 항상 세간 가운데 거주하여

미혹한 중생을 제도하기를 일찍이 멈춘 적이 없도다(『新華嚴經論』)[6].

십주(十住)는 대승불교의 보살이 수행하는 단계이다. 그러므로 보살이 되기 위한 교육의 과정이자 내용으로 이해할 수 있다. 십주는 공(空)을 깨닫는 발심주(發心住), 공(空)을 깨달아서 마음을 청정하게 닦는 치지주(治地住), 선행(善行)을 닦는 수행주(修行住), 불성으로 인해 청정해지는 생귀주(生貴住), 방편을 원만하게 닦는 방편구족주(方便具足住), 지혜를

---

6 『新華嚴經論』23: 十住十行是初心, 多有緣慮念增勝. 爲除彼行緣眞習, 是故與願今迴向. 是達生滅是無生, 起願行慈不生滅, 善知世間生滅性, 想念情識無非智. 初心定慧緣眞多, 此位起願命知本. 善知本者處世間, 遊行三界如師子. 方能常處世間中, 度脫群迷未曾已.；『新華嚴經論』은 이통현(李通玄: 635~730)이 화엄경의 대의를 수행에 초점을 두고 주석하면서 게송을 통해 쉽게 전달하고 있는 저술이다. 여기서는 대승불교 차원에서의 교육적 사유와 실천을 고려하는 논의이기에 『華嚴經』 대신에 이를 참조한다.

깨달아 바른 마음을 지니는 정심주(正心住), 공(空)을 깨닫고 물러나지 않는 불퇴주(不退住), 동자의 천진한 마음과 같이 깨달음을 구하는 동진주(童眞住), 불법에 따라 지혜를 깨닫는 법왕자주(法王子住), 공(空)을 깨달고 생멸을 떠난 지혜를 얻는 관정주(灌頂住)가 있다.

십행(十行)은 이타행(利他行)에 초점을 둔 열 가지 수행 지침이다. 즉 타자를 위한, 타자에게 자비심을 베푸는 사회적 배려를 실천하는 교육이다. 십행은 베풀어주면서 기쁨을 주는 환희행(歡喜行), 타자를 이롭게 도와주는 요익행(饒益行), 성내지 않고 인욕을 닦는 무에한행(無恚恨行), 불법을 구하면서 타자를 구제하는 무진행(無盡行), 어리석거나 혼란스럽지 않은 마음을 유지하는 이치란행(離癡亂行), 청정한 행위로 중생을 교화하는 선현행(善現行), 어떠한 것에도 집착하지 않는 무착행(無著行), 청정한 행위를 존중하면서 이루는 존중행(尊重行), 바른 가르침을 실천하는 선법행(善法行), 불법에 따라 행하고 가르쳐 언행이 일치하는 진실행(眞實行)이 있다.

십주와 십행을 통해 무수한 생멸 현상에 집착하면서 괴로워하고 있는 학습자에게 생멸하는 현상 자체가 일시적이고 곧 변하므로 집착할 필요가 없다는 지혜를 깨닫도록 촉진하는 작업이 곧 대승불교가 지향하는 자비의 교육이다. 이 자비심에 초점을 둔 대승불교의 교육목적은 학습자가 덧없는 생멸에 집착하면서 고통스러워하는 상태에서 벗어나도록 구제하는 것이다. 더불어 살아가는 이 사회의 실제 삶에서 무수하게 겪는 험난한 길·번뇌·미혹·속박·집착·좌절·두려움·옮겨 다님·사랑하는 이와 헤어짐·원수를 만남 등에서 벗어나도록 배려하는 작업이다. 따라서 대승불교에서 수행 목적은 자비심을 통해 부정적인 길·걱정·슬픔·암흑·심신의 핍박·악명·죽음으로 인한 고통으로부터 구제하여 개인은 물론 모든 중생이 포함되는 사회적 해탈과 열반을 지향한다.

IV. 수행의 교육적 특징

1. 지혜와 자비의 깨달음

불교는 수행 내용을 다양한 차원으로 제시하고 실천하면서, 깨달음을 얻는데 무게중심을 두는 일종의 교육 체계이다. 일반 교육에서 지식교육을 중시하는 것과는 달리, 문자 자체에 얽매이기보다 수행을 통해 불교 경전에 깃든 의미를 각성하는 데 초점이 맞춰져 있다. 불교를 이해하기 위한 교리(敎理) 공부는 언어 문자로도 가능하지만, 불법(佛法)을 인식하고 실천 수행으로 나아가는 일은 언어 문자를 넘어서는 지식 '밖의' 일이기 때문에 자성(自性)을 깨침으로써 가능하다(안경식, 2014: 80). 이런 자성을 깨치는 데 중점을 두는 불교의 수행, 그 교육의 과정은 원시불교의 주요 경전인 『아함경(阿含經)』에서는 다음과 같이 적시한다.

네 가지 진리가 있다. 어떤 것을 넷이라 하는가? 이른바 괴로움의 진리[苦聖諦], 괴로움의 원인의 진리[苦集聖諦], 괴로움이 사라진 진리[苦滅聖諦], 괴로움을 없애는 길의 진리[苦滅道聖諦]이다. 만일 비구로서 괴로움의 진리를 이미 알아 이해하고, 괴로움의 원인의 진리를 이미 알아 끊으며, 괴로움이 사라진 진리를 이미 알아 증득이고, 괴로움을 없애는 길의 진리를 이미 알고 이미 닦았으면, 그런 비구는 빗장과 자물쇠가 없고, 구덩이를 편편하게 고르고, 모든 험하고 어려움을 건너 현성(賢聖)이라 부르며, 성인의 깃대를 세웠다고 할 수 있다. 비구들이여, 어떤 것이 빗장과 자물쇠가 없는 것인가? 곧 욕계의 다섯 가지 번뇌를 이미 떠나고 알았으면 이것을 빗장과 자물쇠가 없는 것이라 한다. 어떤 것이 구덩이를 편편하게 고르는 것인가? 무명을 깊은 구덩이라 하는데 그는 그것을 끊고 알았으니, 이것을 구덩이를 편편하게 고른 것이라 한다. 어떤 것이 험하고 어려움을 건너는 것인가? 끝이 없는 생사의 괴로움을 완전히 벗어나면 이것을 모든 험하고 어려움을 건넌 것이라 한다. 어떤 것이 모든 결박에서 해탈한 것인가? 그것은 애욕에 대해 이미 끊고 알고 있는 것이다(『雜阿含經』卷15).[7]

불교 수행은 당면한 괴로움으로부터 벗어나기 위한 지혜를 깨닫는데 초점이 맞춰져 있다. 여기에서 괴로움은 세 가지 차원, 즉 '쓰라린 괴로움'과 '무너짐의 괴로움', 그리고 '변화의 괴로움'을 의미한다(『法界次第初門』(大正藏46, 680b02~03)).[8] 그런 괴로움을 벗어나는 차원의 교육은 학습자들이 직면한 다양한 괴로움을 직시하고, 괴로움의 원인에 따라 응집되는 현상을 있는 그대로 관찰하면서 지혜를 통해 괴로움을 제거하는 실존적 고민해서 진행되어야 한다. 학습자는 괴로움을 벗어나기 위한 수행을 통해, 좌절·상처·고통이 시간이 흐르면 모두 변한다는 사실을 지혜로써 깨닫고, 더 이상 고통에 집착하지 않을 수 있다.

그렇다면, 고통의 집착에서 벗어나기 위해서는 어떤 교육적 장치가 필

---

7 『雜阿含經』권15(大正藏2, 104c27~105a12) : 有四聖諦. 何等爲四? 謂苦聖諦, 苦集聖諦, 苦滅聖諦, 苦滅道迹聖諦. 若比丘, 於苦聖諦已知, 已解, 於苦集聖諦已知, 已斷, 於苦滅聖諦已知, 已證, 於苦滅道迹聖諦已知, 已修, 如是比丘無有關鍵, 平治城塹, 度諸嶮難, 名爲賢聖, 建立聖幢. 諸比丘! 云何無有關鍵? 謂五下分結已斷, 已知, 是名離關鍵. 云何平治城塹? 無明謂之深塹, 彼得斷知, 是名平治城塹. 云何度諸嶮難? 謂無際生死, 究竟苦邊, 是名度諸嶮難. 云何解脫結縛? 謂愛已斷, 已知.

8 『法界次第初門』(大正藏46, 680b02~03) : 苦有三種, 一苦苦, 二壞苦, 三行苦.

요한가? 세상과 존재를 인식하는, 이른 바 진리를 성찰하고 보는 눈인 '법안(法眼)'을 통해 능동적으로 자각해야 한다. 불교는 시작 단계인 원시불교 시기부터 진리를 보는 눈인 법안의 인식 작용을 통해, '일시적이고 변하는 고통에 스스로 얽매여 있다'는 사실을 깨닫고 집착의 상태에서 벗어나려는 실천적 고민에 휩싸였다. 무엇보다도 가려진 것들이 제거되고, 활짝 열린 눈앞에 존재의 진상을 드러내는 작업을 요청하였다(마스타니 후미오/이원섭 옮김, 2018: 27). 그 인식 작용은 법안을 통해 다음과 같은 양상으로 통찰할 수 있다.

많이 아는 거룩한 제자들은 물질[色]의 모임과 물질의 멸함과 물질의 맛과 물질의 근심과 물질 떠나기를 참답게 압니다. 참답게 안 다음에는 그것을 사랑하거나 즐겨하지 않아서 '물질은 나다. 이것은 내 것이다'라고 보지 않습니다. 그러므로 그 물질이 간혹 변하거나 달라지더라도 마음이 그것을 따라 움직여 괴로움과 번민이 생기지 않습니다. 마음이 따라 움직여 괴로움과 번민이 생기지 않으면 두려워하거나 마음이 막히거나 돌아보거나 애착하지 않게 됩니다. 느낌[受], 생각[想], 지어감[行], 의식[識]에 있어서도 또한 그러하니, 이것을 몸은 괴롭고 병들었지만 마음은 괴롭고 병들지 않은 것이라 합니다. 존자 샤리푸트라가 이 법을 설명하자 나쿨라피타 장자는 법의 눈[法眼]이 깨끗하게 되었다(『雜阿含經』卷5).[9]

불교는 소유하기 위해 집착하고 있는 물질세계 또한 곧 대상이 바뀌거나 사라질 것이므로, 본래 내 소유가 아니라는 깨달음을 얻는데 골몰한

---

9 『雜阿含經』卷5(大正藏2, 33b14∼20), 多聞聖弟子 於色集色滅 色味色患色離如實知 知實知已 不生愛樂 見色是我 是我所 彼色若變 若異 心不隨轉惱苦生 心不隨轉惱苦生已 得不恐怖 障礙 顧念 結愛. 受想行識 亦復如是 是名身苦患心苦患. 尊者舍利佛說是法時 那拘羅長者得法眼淨.

세계 종교의 교육적 독해

다. 그러나 불교적 수행을 제대로 거치지 못한 일반인들이나 학생들은 소멸하는 속성을 지닌 물질세계를 쟁취하기 위해 집착하고, 집착하던 대상이 사라지면 공허함이 생겨 고통스러워하기 쉽다. 따라서 소유가 불가능한 물질세계의 속성을 깨닫고, 이에 집착하지 않는 마음 자세를 깨달을 필요가 있다. 그것이 교육의 내용이자 과제이다.

수행을 거친 청정한 법의 눈을 통해 인식 작용을 하면서 지혜를 깨달으면, 고통이나 번뇌의 근원이 사라진다. 이런 수행의 관점에서, 교육의 과정에 있는 학습자들은 오온(五蘊)에 얽매이지 않아야 한다. 즉 '주관적으로 인식 가능한 객관대상'과 '감각적 수용', '형상과 같은 인식 내용'에 치우치지 않아야 한다. 또한 '인식 내용이 힘으로 나타나는 상황'과 '개념적 인식에 얽매여 사물을 편협하게 보는 관점'을 지니지 않아야 한다. 그런 후에 청정한 법의 눈을 갖추는 것이 중요하다. 왜냐하면 청정한 법의 눈을 통해 인식 작용을 하면서 지혜를 깨달으면, 편협한 관점에서 벗어나 고통이나 괴로움도 소멸할 수 있기 때문이다. 협소한 관점의 원인이 될 수 있는 이 오온은 일시적이고 변화무쌍한 것이다. 수행을 통한 교육에서, 고통을 야기하는 편협한 관점의 원인인 오온(五蘊)에 얽매이지 않기 위해, 그 상태에서 벗어나기 위해서는 교수자와 학습자 모두가 청정한 법의 눈을 지니도록 노력하는, 고통 탈출을 위한 열정이 중요하다.

앞에서 살펴본 것처럼 대승불교의 수행은 자비(慈悲)를 지향하는 사회적 차원의 교육이었다. 그것은 타자의 깨달음에 직접적으로 영향을 미치는 대자대비(大慈大悲)를 체화하는 일이다.

『대지도론(大智度論)』에 의하면, 자비(慈悲)에서 자(慈)는 중생(衆生)을 사랑하고 생각하여 항상 편안하고 즐거운 일로 풍요하고 이익이 있게 함을 말한다. 비(悲)는 중생을 연민스럽게 여기고 온갖 육체적 괴로움과 정신적 괴로움을 받는 것을 말한다. 그러기에 대자대비(大慈大悲)에서 대자(大慈)는 모든 중생에게 즐거움을 주는 일이고 대비는 모든 중생의 괴로움을 없애주는 일이다. 대자는 중생에게 기쁨과 즐거움의 인연을 주는 일이고 대비는 중생에게 이별과 괴로움의 인연을 주는 일이다. 대자는 중생들에게 즐거움을 얻게 하도록 생각하고 또한 즐거운 일을 주며 대비는 중생의 괴로움을 연민하고 괴로움을 해탈하게 하는 일이다(신창호, 2018: 106~107). 이런 점에서 자비는 사랑과 연민이며, 나 자신의 해탈을 넘어 나 아닌 다른 사람들이 나와 똑같이 해탈하고 나와 똑 같이 열반의 행복을 누릴 수 있을 때까지 기다리며 그들을 도와주어야 한다는 정신이다(박이문, 1990: 185).

이처럼 타자가 깨달음을 얻고 고통에서 벗어나도록 촉진하는 자비심은 다음과 같은 내용을 통해 깊이를 더한다.

일승이란 비로자나 보신불의 과덕인 지혜와 자비의 바다인데 바로 무명생사의 바다에서 대지혜[大智]와 대자대비[大慈悲]의 바다를 성취하므로 삼세와 고금과 정예의 견해가 없는 것이며, 이것을 법계라 한다. 일체 찰해(刹海)에 지혜로운 사람과 일반 사람이 같이 있으면서 중중하여도 장애가 없는 것이 빛의 그림자와 같으므로 타방에 따로 정토의 이름이 있다고 말하지 않는 것이며, 이것을 일승이라 한다. 이것은 대심 중생을 위하여 열어 보이고 깨달아 들어가게 하는 바이니 부처의 지견에 들어가도록 하기 때문이다. 삼승의 설한 바는 다만 일체가 공적하여 평등하고 일체 중생은 자성의 청정함이 있어 평등하다고 말하며, 평등한 불국토를 감추고 있는 것은 이 국토와 타방

이 더럽고 청정함이 있기 때문이다(『新華嚴經論』1).[10]

대승불교의 수행은 타자가 깨닫도록 촉진하는 무량한 자비심을 체화하는 내용이 주축을 이룬다. 자비[大慈大悲]는 타자의 괴로움을 제거해주고 즐거움을 주는 무량(無量)한 마음을 의미한다. 그것의 사회적 확장을 고려하는 대승불교의 수행은, 교육 내용상 실제로 대자대비를 타자에게 몸소 베풀면서 습관과 같이 익숙하게 체득하는 것에 초점을 둔다. 자비를 베푸는 수행 과정은 궁극의 진리를 깨달아 나가는 교육의 과정과 분리되지 않는다. 진리의 체험이란 보살이 온갖 보살행을 실천하다가 궁극의 깨달음을 향해 마음이 갑자기 열리는 것을 뜻하기 때문이다(다마키 고시로/이원섭 옮김, 2015: 148).

자비를 직접 베풀어보는 수행 과정에서 학습자는 타자가 존재하기 때문에 자신이 존재할 수 있고 상호 긴밀하게 영향을 주고받는 인과관계에 따라 존재한다는 깨달음을 얻을 수 있다. 학습자는 자비 수행이라는 교육[학습]을 통해 자비를 몸소 실천하면서 타자를 깨닫게 촉진해야 자신도 기쁨을 얻으면서 참된 진리를 깨달을 수 있다. 따라서 수행을 통한 자비의 실천은 타자를 깨닫도록 촉진하는 교육과정을 통해 보다 큰 진리를 깨닫는 진리 체험으로 연계된다.

이 교육에서 진리 체험은 자비를 베푸는 수행 과정과 자성을 통해 깨달음을 얻는 인식 과정을 동시에 거친다. 이는 별도로 분리되는 양식을 취하지 않는다. 깨달음에 도달하기 위해서는 수행이라는 실천적 행동이 수

---

10 『新華嚴經論』1: 一乘者, 毘盧遮那報佛果德智悲之海, 便以無明生死之海, 成於大智大慈悲海, 無三世古今淨穢之見, 是爲法界. 一切刹海智凡同此, 重重不礙如光影像, 不說他方別有淨土之名, 是爲一乘. 此爲大心衆生所開示悟入, 使入佛知見故. 三乘所說, 但說一切空平等, 及一切衆生有自性清淨平等, 藏平等佛國, 有此土他方淨穢故.

반되어야 하듯이, 수행은 바로 깨달음을 구하는 일이며, 득도는 단순한 지적 사변, 즉 논리적 사고만으로서 얻어지는 것은 아니다(이정학, 2009: 7). 요컨대, 대승불교의 교육은 문자를 통해 진리를 깨닫는데 초점을 두기보다는, 수행을 통해 몸소 자비를 실천하면서 자성을 깨닫는데 있다.

2. 각성과 게송의 방법

원시불교에서 지혜를 증득하는 방법은 수행을 통한 깨달음으로 얻어진다. 그것은 탐욕과 증오를 제거하고 열반으로 나아가는 수행의 방법을 중시한다. 그 교육과정의 궁극적 경지는 열반이다. 열반으로 나아가기 위한 방법은 팔정도(八正道)를 통해 안내된다.

어떤 것이 바른 견해인가. 보시가 있고 여래의 교설과 재(齋)가 있으며, 선한 행위, 악한 행위와 선하고 악한 행위의 갚음이 있고, 이 세상과 다른 세상이 있고, 부모가 있고 중생의 태어남이 있다고 말하는 것이며, 또한 아라한이 열반으로 잘 향하고 잘 이르러 이 세상과 다른 세상에서 스스로 알고 증득하여 구족하게 머물면, 나의 태어남은 이미 다하고 범행은 이미 서며 할 바를 모두 마쳐 뒤의 몸을 받지 않음을 스스로 알게 되는 것을 말한다. 어떤 것이 바른 뜻인가. 탐욕을 여읜 뜻, 성냄이 없는 뜻, 해치지 않는 뜻이다. 어떤 것이 바른 말인가. 거짓말, 두 말, 나쁜 말, 꾸민 말을 떠난 것이다. 어떤 것이 바른 행위인가. 살생과 도둑질과 사음을 떠난 것이다. 어떤 것이 바른 생활인가. 의복, 음식, 와구, 탕약을 법답게 구하고, 법답지 않게 구하지 않는 것이다. 어떤 것이 바른 방편인가. 하고자 함과 정진의 방편이니 번뇌를 떠나며, 부지런하고 조심하

여 항상 물러섬이 없도록 행하는 것이다. 어떤 것이 바른 생각인가. 진리를 수순하는

생각이니 헛되고 망녕 되지 않는 것이다. 어떤 것이 바른 선정인가. 마음을 어지럽지

않은 곳에 두고 굳게 가두어 가져, 고요히 삼매에 든 한 마음이다(『雜阿含經』卷28).[11]

불교의 수행은 이와 같은 팔정도를 몸소 실천하면서 지혜를 얻고 번뇌
로부터 벗어나는 각성에 있다. 열반으로 나아가기 위한 불교 수행 방법
은 언제 어디서나 '바른 견해·바른 뜻·바른 언행·바른 생활·바른 방편·바
른 생각·바른 선정'을 지속하기 위한 수행을 통해 각성하도록 촉진한다.
탐욕을 비롯하여 성냄, 해침, 거짓, 도둑질, 방탕함, 방자함, 거만함, 번뇌,
망령됨, 위선, 게으름 등은 모두 악(惡)이다. 때문에 이러한 악으로부터
벗어나기 위한 수행을 몸소 실천하면서 지혜를 각성하는 교육을 적극적
으로 요청한다.

또한 원시(소승)불교에서의 수행 방법은 칠각지(七覺支)가 있다. 칠각
지에 대해 자세히 살펴보면 다음과 같다.

일곱 갈래 깨달음의 법을 닦아야 한다. 어떤 것이 일곱인가. 잘 생각하여 깨닫는 법

과 나아가서는 버림으로 깨닫는 법이다. 만일 비구가 생각하여 깨닫는 법을 닦으면,

멀리 떠남과 욕심[欲] 없음과 번뇌 사라짐에 의해 열반으로 나아간다. 이와 같이 법을

가림·정진·기쁨·없앰·선정·버림으로 깨닫는 법을 닦으면 멀리 떠남과 욕심 없음과 번

---

11 『雜阿含經』卷28(大正藏2, 203a04~17), 何等爲正見? 謂說有施, 有說, 有齋, 有善行, 有惡行, 有善惡行果報, 有此世, 有
他世, 有父母, 有衆生生, 有阿羅漢善到, 善向, 有此世, 他世自知作證具足住. 我生已盡, 梵行已立, 所作已作, 自知不受後
有. 何等爲正志? 謂出要志, 無恚志, 不害志. 何等爲正語? 謂離妄語, 離兩舌, 離惡口, 離綺語. 何等爲正業? 謂離殺盜婬, 何
等爲正命? 謂如法求衣服, 飮食, 臥具, 湯藥, 非不如法. 何等爲正方便? 謂欲, 精進, 方便, 出離, 勤競, 堪能常行不退, 何等爲
正念? 謂念隨順, 念不妄不虛. 何等爲正定? 謂住心不亂, 堅固, 攝持, 寂止, 三昧, 一心.

뇌 사라짐에 의하여 열반으로 나아간다(『雜阿含經』卷27).[12]

원시 불교적 교육 방법은 욕심이나 번뇌를 제거하기 위한 수행을 통해 열반하는 경지로 나아가는 것이다. 욕(欲)과 염(念)의 근원은 생각(思)에서 비롯되며, 욕(欲)으로 말미암아 사랑(愛)과 증오(不愛)가 생겨나서 많은 악이 생기고, 커다란 고통의 덩어리가 생기는 것을 알 수 있다(운월, 2005: 168). 그로 인해 불교 교육은 모든 것이 일시적이고 덧없다는 진리를 자각하는 수행을 통해 욕심이나 괴로움으로부터 벗어나고 감정에 동요하지 않는 열반에 이르는 것을 지향한다.

불교적 교육방법은 불법(佛法)에 해당하는 이 일곱 가지 깨달음[七覺支]을 익혀서 열반으로 나아가는데 초점을 둔다. 일곱 가지 깨달음 가운데 택법각분(擇法覺分)은 불법 가운데 지혜를 통해 참과 거짓을 가려내고 선입견이나 오류를 제거하는 작업이다. 정진각분(精進覺分)은 도법(道法)을 닦으면서 깨닫기 위해 힘쓰고 잘못된 행실이 없는 것이다. 희각분(喜覺分)은 법의 기쁨을 얻어 참된 법의 즐거움에 머무르는 일이다. 제각분(除覺分)은 번뇌를 제거하여 허위나 허상을 없애고 깨달음으로 나아가는 것이다. 사각분(捨覺分)은 주관적인 경계를 제거하여 경계 자체가 헛되고 실체가 없다는 것을 깨닫는 일이다. 정각분(定覺分)은 스스로 몰두하고 있는 선정(禪定)도 헛됨을 깨닫고 헛된 생각이 전혀 없는 상태로 나아가는 것이다. 염각분(念覺分)은 모든 것을 균형 있고 조화롭게 살피면서 깨달음으로 나아가는 것이다. 불교 교육은 이러한 일곱 가지 불법을

---

12 『雜阿含經』卷27 : 當修七覺分. 何等爲修七覺分? 謂念覺分 乃至捨覺分. 若比丘修念覺分 依遠離 依無欲 依滅 向於捨. 如是修擇法 精進 喜 猗定 捨覺分 依遠離 依無欲 依滅 向於捨.

깨달아 열반에 들어가기를 열망한다.

특히, 모범을 보여야 하는 차원의 교수자는 교육 방법에 해당하는 팔정도와 칠각지를 몸소 실천하면서 지혜를 각성하고, 학습자 또한 팔정도와 칠각지에 따른 수행을 하도록 촉진할 수 있다. 부처는 가르침을 통해 자신이 도달한 그 위대한 경지를 모든 사람에게 개방하였다. 그들과 교육적 관계를 형성하여 그들의 배움을 돕는 가르침을 행하기 위해 최선의 노력을 다하였다(정연희, 2002: 82). 이와 같이 교수자가 부처의 가르침을 먼저 체득하고 나서 교육적 관계를 형성하면, 학습자 또한 자연스럽게 영향을 받고, 바른 언행·바른 생각을 고수하는 수행을 지속하면서 지혜를 각성할 수 있다.

일상에서 탐욕·집착·거짓·성냄 등 불교에서 주장하는 악이 끊임없이 일어날 가능성이 있는 학습자는 교수자의 교육적 안내를 통해 모든 것이 일시적이고 덧없다는 사실을 자각하기 위한 수행에 능동적으로 힘써야 한다. 그것이 실존적 개인으로서의 교육적 각성이다. 불교적 수행, 다시 말해 불교적 교육 방법으로 이해한다면, 원시불교에서 부처는 자기 이외에 그 어떤 누구의 교육을 통해 인격완성에 도달한 것이 아니다. 스스로 배우고 익혀[自學自習] 오로지 자신의 인격완성을 염원한다(최원규, 1971: 72). 이러한 방법은 교수자가 단순하게 학습자들에게 팔정도를 몸소 실천하도록 강요하는 방식이 아니다. 학습자가 개인적으로 팔정도를 능동적으로 수행하면서, 자기 스스로 지혜를 자각하는 실존적 각성을 지향한다.

그렇다면 대승불교의 수행에서는 자비(慈悲)를 어떤 방식으로 실천했는가? 자비를 베풀기 위한 교육적 지향과 내용은 교리로 존재하지만 그 실천의 양식은 다양하게 드러날 수밖에 없다. 그 가운데 하나가 어려운

불교 교리를 쉽고 간단하게 익히는데 적합한 게송(偈頌)이다. 게송은 한시(漢詩)와 유사한 형태로 노래처럼 쉽게 자비의 내용을 전달하는데 유용하다. 게송을 통해 반복적으로 전달하는 불교 수행의 방법은 다음과 같은 양상으로 진행된다.

논주가 게송으로 말하겠다.
색경(色境)의 자성은 본래 체성이 없는데 지자(智者)는 그것을 좌체(座體)로 삼으며
시방세계의 진로문(塵勞門)에 앉을 수 있으므로
청정무구한 대지혜가 되며
대지혜를 이루어 두려울 바가 없으므로
이것이 지혜로운 이의 사자좌(師子座)로다.
교망(敎網)을 잘 펴서 중생을 건지고
마음이 항상 청정하여 향수가 가득하며
누각은 십층이고 집은 팔문(八門)이므로
십바라밀과 팔정도가 그 행[行]이로다.
가장 낮은 층에서 음식을 보시하고
둘째 층은 계시(戒施)로 보배옷이 되며
셋째는 인욕으로 보배꽃과 영락이고
넷째는 자비와 정진이어서 채녀(採女)가 되도다.
다섯째 층은 선혜(禪慧)로 묘하게 장엄하고
오지(五地)를 통명한 보살이 머물며
여섯째는 청정한 지혜로 묘하게 허공을 타고
육지보살이 그 가운데서 머물도다.

칠층은 방편으로 생사계에 처하고

팔층은 공용이 없는 지혜가 자재하며

구층은 일생의 법왕이 거처하고

십층은 불과(佛果)가 모두 충만하도다. (『新華嚴經論』 39). [13]

인용문의 내용을 파악하기 위해, 그에 대해 문자적으로 접근하면, 그 의미가 심장한 동시에 심오하고 복잡한 것처럼 보인다. 하지만 이를 게송으로 읽는 방식으로 접근하면, 응얼거림 가운데 노랫말처럼 어렵지 않게 익힐 수 있다. 모든 내용을 본질적으로 파악하지 못할지라도, 게송은 심오하고 난해한 불법을 쉽고 간략하게 전달하기 위한 교육의 방식이다. 그것은 바라밀[육바라밀(六波羅密); 십바라밀(十波羅密)]과 팔정도(八正道)를 반복하여 익히도록 촉진할 수 있다.

최원규(1971: 15)는 '육바라밀'과 '계(戒)·정(定)·혜(慧)'를 수행과 교육의 주요 내용으로 본다. 특히, 육바라밀을 교육적 차원으로 보면 다음과 같다.

첫째, 탐욕이 강한 학습자에게 보시(布施)를 체화하게 만드는 것이다. 예를 들면, 배가 고픈 친구에게 먹을 것을 베푸는 음식시(飮食施)를 몸소 수행하고 친구에게 귀한 것을 주는 진보시(珍寶施)를 수행하면서, 타자의 기쁨을 통해 자신의 기쁨을 얻는 지혜를 터득할 수 있다.

둘째, 바른 생활을 하지 않는 학습자에게 지계(持戒)를 체득하게 만들 필요가 있다. 학습자는 지계를 배우면서 작은 벌레와 같은 생명일지라도

---

13 『新華嚴經論』 39: 論主頌曰. 了色塵境本性無, 心王善治名爲殿, 淨智明見照世間, 於法普照爲樓閣. 常於一切見聞中, 常無取捨無傾動, 一切色聲能見聞, 聞中不聞爲寶柱. 色境自性本無性, 智者以之爲座體, 能於十方塵勞門, 坐爲大智無垢染, 成大智慧無所見, 此是智者師子座. 善設敎網漉衆生, 心恒清淨香水滿, 樓閣十重宅八門, 十度八正是其行. 最下重中施飮食, 第二戒施名寶衣, 第三忍尊寶華瓔, 第四慈悲精進女. 第五禪慧妙莊嚴, 五地通明菩薩住, 第六淨慧妙空乘, 六地菩薩於中住. 七層方便處生死, 八層無功智自在, 九層一生法王居, 十層佛果咸充滿.

나의 생명과 같이 존귀하다는 사실을 깨달으면서 함부로 살생하지 않는 생명 존중 사상을 체득할 수 있다.

셋째, 화를 잘 내는 학습자는 인욕(忍辱)을 깨달을 필요가 있다. 학습자는 친구로부터 모욕적인 말을 듣게 되면, 원한을 갖기 쉽다. 하지만 조그마한 사안에서부터 타자의 입장을 헤아리고 나서 자신의 잘못도 인정하고, 모든 순간은 곧 사라지기 때문에 원한 자체에도 집착할 필요가 없다. 이것이 깨달음을 얻는 일이다.

넷째, 산만한 학습자에게는 선정(禪定)을 알게 할 수 있다. 학습자가 지혜를 통해 고통으로부터 벗어나기 위해서는 마음에서 고요하게 닦는 수행을 할 필요가 있다. 이러한 선정 수행은 교육 현장에서 주의력 결핍 과잉행동장애(ADHD)로 인해 심신의 안정이 필요한 학습자에게도 적용 가능하다.

다섯째, 정진(精進)은 늘 부지런히 수행하면서 진리를 깨닫는 것이다. 불교 수행에서는 정진을 해야 자비와 지혜를 체화할 수 있다고 보기 때문에, 학습자는 지혜를 체득하기 위해 수행을 게을리 해서는 안 된다.

여섯째, 수행은 반야바라밀(般若波羅蜜)에 해당하는 지혜를 깨닫는 일이다. 친구를 다치게 하면서도 죄책감을 덜 느끼는 학습자는 나와 타인을 분별지를 통해 구분하지 않으면서, 연기법에 의해 연관되어 있는 타자를 괴롭혀서는 안 된다는 깨달음을 체화하는 것이 중요하다. 즉 친구를 괴롭히는 일은 나를 괴롭히는 일과 다름없고, 자신에게도 폭력적 악영향이 있다는 깨달음을 얻을 필요가 있다.

이와 같이 불교 교육 내용에 해당하는 자비사상은 현대교육에서 지향하는 인간존중의 휴머니즘과 같은 의미를 담고 있고, 사랑과 박애 사상은 자비사상과 맥을 같이 하고 있다(이정학, 2009: 5).

그러나 계·정·혜와 같은 삼학의 구조를 갖추고 있는 육바라밀과 팔정도를, 수행을 통해 이루어지는 수행법이나 지침에 해당한다고 이해하기도 한다(서정형, 2003: 86~87; 고영섭, 2015: 175~177; 정혜정, 2016: 122). 물론 대승불교는 수행과 깨달음을 분리하여 보지 않기 때문에, 교육 내용과 방법으로 분리해서 분석하는 것 자체가 쉽지 않다.

십바라밀은 육바라밀에 네 가지 수행 덕목을 추가한 것이다. 즉 타자를 구제하기 위한 방편을 성취하는 '방편바라밀(方便波羅蜜)', 타자를 구제하기 위한 원(願)을 완전하게 이루는 '원바라밀(願波羅蜜)', 바르게 판단하여 완전하게 행하는 '역바라밀(力波羅蜜)', 타자를 깨달음으로 유도하면서 지혜를 완전하게 성취하는 '지바라밀(智波羅蜜)'이 보완된 것이다. 다시 강조하지만, 타자를 위해 자비를 실천하기 위해서는 게송과 같은 쉽고 간략한 교육 방법이 필요하다. 따라서 불교 교육 방법은 불교 수행의 지침인 팔정도와 십바라밀을 게송을 통해 자연스럽게 익히는 방법을 동원할 수 있다.

게송을 통한 전달은 십바라밀과 팔정도를 반복적으로 익히면서 지혜와 자비를 무의식적으로 실천하도록 만든다. 무엇보다도 게송은 경전의 본의를 명확하게 전달하므로, 게송 전달은 일상에서의 수행을 통해 자비를 베푸는 습관을 지니도록 유도한다. 게송의 과정에서 본의를 이해하고 실천력을 길러 나가는 작업이 보현행을 배우고 베푸는 삶이며, 그 생활이 바로 자비를 베푸는 길임을 확신하는, '일상성의 자각'을 의미한다(김태오, 2006: 40).

나아가 게송을 통해 전달하는 교육 방법은, 노래를 하듯이 학습자의 수준에 적합하게 제시해줄 수 있고, 학습자의 관심과 흥미를 유발시킬 수 있다. 예를 들어, 신라 때 원효(元曉)가 당시 대중의 마음을 교화하기 위해, 이른바 무애가(無礙歌)라는 춤과 노래를 사용한 이유는 사람들의 상황에 적절하게 맞춘 개별화·수준별 교육 방법에 해당하기 때문이었다(신영숙, 2014: 3). 게송을 통한 불교적 수행, 그 교육 방법은 난해한 불법(佛法)을 개별 학습자의 수준에 적합하게 제시할 수 있고, 대승불교의 자비를 대중화하여 사회 교육으로 나아가는데 기여할 수 있다.

세계 종교의 교육적 독해

V. 결어

    교육은 개인적 차원과 사회적 차원을 동시에 고려해야 한다. 위에서 살펴본 것처럼, 원시불교[소승불교]는 개인적 지혜를 통한 깨달음과 해탈을 희구하였고, 대승불교는 타자를 배려하는 자비와 그 사회관계 차원의 수행을 실천하였다. 이런 점에서 불교의 깨달음과 수행 자체가 교육적이고 교육을 실천하는 원리이자 방법으로 작용할 수 있다.

    원시불교의 경우, 교육의 목적을 지혜에 기초하여 해탈을 도모하는 일로 인식하고, 지혜를 깨닫는 지혜의 증득을 교육의 내용으로 설정할 수 있다. 그리고 그것을 깨달아 열반에 이르는 과정에서 각성을 교육의 방법으로 이해하였다. 이러한 원시불교는 비교적 개인교육에 초점을 두고 있다고 해석할 수 있다. 또한 대승불교에서는 자비에 기초하여 사회적 관계를 통해 속박에서 벗어나기 위한 노력을 교육의 목적으로 이해하고, 자비를 체득하는 일을 교육의 내용으로 보았다. 그리고 그것을 원만하게 수행하기 위한 교육의 방법을 게송으로 정돈하였다. 이러한 대승불교는 소승불교의 개인교육에 비해 사회교육의 성격을 띤다고 볼 수 있다.

    먼저, 원시불교의 수행을 교육적 차원에서 요약하면 다음과 같다. 원시불교에 기초한 개인교육은, 온갖 고통은 곧 사라진다는 진리를 깨닫고 번뇌를 제거한 '아라한'이 되기 위한 교육이었다. 이러한 개인 차원의 불교적 교육은, 무수한 인연으로 인해 일상에서 괴로움이 지속적으로 생길 수밖에 없고, 현재 직면한 괴로움의 대상도 곧 변하며 공(空)한 것이므로, 집착할 필요가 없다는 삶의 방향을 제시할 수 있다. 그러므로 교수자는 원시불교가 강조하는 개인교육을 토대로, 학습자의 개인적 성장과 관련한 다양한 교육 문제 해결의 방편이나 상담의 이론적 배경으로 활용할 수 있다. 그 불교적 교육 내용은 수행을 통해 사성제를 익히면서 지혜를 증득하는 데 초점이 맞춰져 있다. 이는 수행을 통해 깨달음을 증득할 수 있으므로, 수행 과정과 인식의 과정을 분리해서 보기 어렵다. 이런 점에서 학습자는 인식 능력에 해당하는 지혜를 통해, 현재 당면한 괴로움에 집착하고 있는 상태 또한 곧 바뀔 것이므로 집착할 필요가 없다는 진리를, 몸소 실천하는 교육적 깨달음으로 확보할 수 있다. 교육 방법적으로는 일상에서 끊임없이 발생하는 탐욕이나 성냄을 제거하기 위한 바른 생각과 바른 언행을 통해 교육을 고민할 수 있다는 측면에서 의미가 있다. 이는 고통으로부터 벗어나기 위한 해결 방안으로 지식 전달 방식이 아니라, 일상에서 바른 언행을 몸소 실천하면서 탐욕이나 성냄의 원인을 제거하도록 촉진할 수 있기 때문이다.

다음으로 대승불교의 수행을 교육적 차원에서 요약하면 다음과 같다. 대승불교에 초점을 둔 교육은 개인교육을 포괄하면서도 그것을 넘어서는 사회교육으로, 자비를 실천하면서 깨달음에 도달할 수 있음을 중시하였다. 이는 그 내용상 교육적 관계를 통해 자비를 베풀면서 타자의 고통을 없애주고, 스스로 더 큰 지혜를 얻으면서 기쁨을 느낄 수 있다는 측면에서 시사점을 준다. 교육 방법적으로는 게송을 통해 쉽고 간단하게 익히도록 촉진한다는 측면에서 의미가 있다. 이는 형이상학적인 불교 교리를 이해하도록 유도하는 것이 현실적으로 쉽지 않은데, 게송을 통해 쉽고 간단하게 익히면서 무의식적으로 체득하도록 인도할 수 있다는 측면에서 교육적 의의가 엿보인다.

원시불교와 대승불교는 그 특성상 개인적 차원에서 또는 사회적 차원에서 개인적 해탈과 사회적 자비의 수행을 지향한다고 볼 수 있다. 그러나 보편적 불교 수행에 중점을 둔 교육은 원시불교와 대승불교에서의 관점을 지나치게 이분법적으로 분리해서 볼 필요는 없다. 다양한 관점을 두루 이해하면서 불교의 시원을 있는 그대로 통찰하는 방향으로 인식하는 것이 유용하다. 이러한 불교적 교육은 마음 수행을 통해 지혜를 깨닫고 스스로 설정한 속박이나 선입견으로부터 벗어나 어떠한 상황에도 동요하지 않는 안정적 심신 함양을 유도할 수 있다.

원시불교와 대승불교의 관점을 두루 이해하면서 불교의 시원인 기본 교리를 자각해보는 경험은 현실교육에서 발생하는 다양한 문제에 관해 교육 문제의 개념을 고정 불변적으로 규정하거나 이분법적 분별을 확고히 하는 상태를 넘어서는데 기여할 수 있다. 즉 학습자가 고정된 교육 문제나 교육 개념에 의거한 행동 규준을 벗어나 실수를 하거나 잘못을 저지른 경우에도, 교수자는 자비의 정신을 통해 그 학습자를 배척하지 않고 실수나 잘못으로 인한 괴로움으로부터 벗어나 바른 언행을 실천하도록 이끌어 줄 수 있다.

불교 수행이나 교육의 차원은 편협한 경계나 분별로부터 탈피하는데 중점을 두므로, 편견이나 선입견에 따른 차별을 초래하지 않고, 인식 능력에 해당하는 지혜를 통해 실상을 있는 그대로 본다는 측면에서, 현대 교육 문제를 폭넓게 이해할 수 있는 계기로 작용할 수 있다.

참고문헌

『初轉法輪經』『雜阿含經』『大乘起信論』『華嚴經』『新華嚴經論』『法界次第初門』『大智度論』

고영섭(2015).「조계종의 戒定慧 三學 修行 전통 : 龍城·映湖·漢巖·慈雲을 중심으로」『불교학보』70.

구동현(2017).「불교적 教育과 인간의 心性啓發~眞覺宗의 心印教育을 중심으로~」한국불교연구원.『佛敎硏究』47.

권선향·지준호(2016).「관계성의 측면에서 본 유학과 불교의 인성개념」충남대학교 유학연구소.『유학연구』36.

권오민(2006).『아비달마 불교』. 서울: 민족사.

금강대 불교문화연구소(2006).『불교의 이해』. 서울: 무수.

김귀성(2016).「현공(玄空) 윤주일의 불교교육사상과 그 실천」원광대학교 원불교사상연구원.『원불교사상과종교문화』68.

김기정·권대원(2017).「불교와 유아교육 간의 생태교육사상 비교연구」한국포괄영유아아동교육지원학회.『포괄영유아·아동교육지원연구』5-1.

김세곤(2011).「다문화사회와 불교의 종교교육–유식의 관점에 의한 다문화교육의 조망」한국종교교육학회.『종교교육학연구』36.

김영철(2015).「불교 교육미디어를 활용한 포교 활성화 방안 연구」동국대학교 불교대학원 석사학위논문.

김은영(2016).「불교 종립 중등학교의 종교교육에 대한 비판적 연구: 국가교육과정 변천과 '종교학' 교육방법을 중심으로」동국대 박사학위논문.

김지견 역(2016).『화엄경』. 서울: 민족사.

김태오(2006).「화엄경 보현행(普賢行)의 교육적 함의」한국교육철학회.『교육철학』29.

다마키 고시로/이원섭 옮김(2015).『화엄경』. 서울: 현암사.

데미엔 키엔/고길환 역(1996).『불교란 무엇인가』. 서울: 동문선.

동국대학교 불교문화대학 불교교재편찬위원회(2007).『불교사상의 이해』. 서울: 불교시대사.

마스타니 후미오/이원섭 옮김(2018).『아함경』. 서울: 현암사.

박경준(2017). 「신도조직 활성화를 위한 재가불자 교육제도 연구: 대한불교천태종단을 중심으로」. 동국대 석사학위논문.

박범석(2015). 「불교교육학의 종교교육적 성격과 과제-종교교육학연구 20년의 회고와 전망~」. 한국종교교육학회. 『종교교육학연구』 48.

박병기(2013). 「불교윤리에 기반한 인성교육의 가능성」. 한국초등도덕교육학회. 『한국초등도덕교육학회 2013년도 하계학술대회 자료집』.

박선영(1975a), 「대승불교사상에 대한 교육철학적 논구: 인간의 현실·이상관과 본성관을 중심으로」. 한국불교학회. 『한국불교학』 1.

박선영(1983b). 『불교와 교육사회』. 서울: 보림사.

박이문(1990). 『자비의 윤리학』. 서울: 철학과 현실사.

方立天/유영희 옮김(1989). 『佛教哲學概論』. 서울: 민족사.

서정형(2003). 「밀린다팡하」. 『철학사상』 16(2-2).

손인수(1989). 『한국교육사상사』 II(불교의 교육사상). 서울: 문음사.

송석구(1982). 「불교의 인성론: 『대승대승기신론』을 중심으로」. 동국대학교 불교문화연구원. 『불교학보』 19.

송영숙(2011). 「한국불교교육의 체계화를 위한 탐색-자아초월~」. 한국종교교육학회. 『종교교육학연구』 35.

신창호(2018). 『배려』. 서울: 고려대학교 출판문화원.

신창호·서은숙(2002). 『한국사상과 교육윤리』. 서울: 서현사.

신희정(2018). 「초기경전에 나타난 '부처 대화법'의 도덕교육적 함의」. 한국교원대학교 박사논문.

안경식(2014). 「불교에서의 자성의 교육: 선불교를 중심으로」. 『신학과철학』 24.

운 월(2005). 「아함경의 수행체계에 관하여」. 『한국선학』 10.

운허 용하(1992). 『불교사전』. 서울: 동국역경원.

원효/은정희 역(2006). 『원효의 대승대승기신론 소·별기』. 서울: 일지사.

은정희(2005a). 「원효의 생애와 사상」. 한국인물사연구회. 『한국인물사연구』 4.

은정희(2008b). 『은정희 교수의 『대승대승기신론』 강의』. 서울: 예문서원.

이기영(1998). 『불교개론 강의』(상권). 서울: 한국불교연구원.

이미종(2017). 「고려후기 불교교육과정 연구: 지눌의 생애를 중심으로」. 한국도덕교육학회. 『道德教育研究』 29-3.

이송곤(2016). 「듀이의 종교관의 측면에서 본 2015 개정교육과정과 불교 종교교육의 과제」, 한국종교교육학회, 『한국종교교육학회 학술대회자료집』 2016-1.

이재수(2017). 「4차 산업혁명의 시대 VR/AR을 이용한 불교 교육프로그램의 개발과 활용」, 한국불교학회, 『한국불교학회 학술발표논문집』 2017-1.

임태평(2003). 「불교교육의 기원과 실제」, 동국대학교 불교사회문화연구원, 『불교문화연구』 4.

장 익(2010). 「현대불교 출가자 도제교육의 과제」, 한국종교교육학회, 『종교교육학연구』 32.

장승희(2016a). 「초등학교 도덕과 교육과정에 나타난 불교 관련 내용 분석: 어린이 불교교육의 가능성 탐색」, 한국윤리학회, 『윤리연구』 109.

장승희(2016b). 「고등학교 '윤리와 사상'의 불교사상 분석-2009 개정 교육과정을 중심으로」, 『윤리교육연구』 41.

정귀연·김세곤(2017). 「양극화 시대 불교종립대학 신입생 불교교육의 역할과 방향」, 한국종교교육학회, 『종교교육학연구』 53.

정연희(2002). 「아함경(阿含經)에 나타난 교육적 관계의 형성 과정」, 『교육원리연구』 7-1.

정정숙(1985). 「佛敎敎育에서 살펴본 兒童과 그 敎育에 대하여-佛陀思想을 中心으로」, 동국대학교 석림회, 『석림』 19.

정혜정(2016). 「지눌의 삼학(三學) 수행에 대한 원불교의 수용과 변용」, 한국교육사학회, 『한국교육사학』 38-1

조수동(2009). 「원효의 불성이론과 화쟁」, 새한철학회, 『철학논총』 58.

찰스 프레비쉬 외/박용길 옮김(1989). 『불교~그 현대적 조명』, 서울: 고려원.

최원규(1971). 「한국 고대불교의 교육사상에 관한 고찰」, 어문연구학회, 『어문연구』 7.

최효순(2016). 「『화엄경』 선재동자 구도행의 교육적 의미」, 안암교육학회, 『한국교육학연구』 22-3.

학담 역(2000). 『아함경』, 서울: 조계종출판사.

한지윤·권선향·나상원·신창호(2019). 「소승불교와 대승불교의 수행 양식에서 찾아본 교육적 특징: 『아함경』과 『신화엄경론』을 중심으로」, 고려대학교 교육문제연구소, 『교육문제연구』 32-1.

효산 옮김(1999). 『약석 신화엄경론』, 서울: 운주사.

제3장

힌두교: 포용(包容)과 다르마의 실천

I. 서언

힌두교는 잘 알려져 있는 것 같으면서도 우리에게 익숙하지 않은 종교
이다. 종교별 인구통계자료에 의하면 13억 인구를 가진 인도의 약 80%가
힌두교를 신봉한다. 이는 세계 인구의 약 1/6에 해당한다.

힌두교는 불교나 기독교 등 일반적으로 잘 알려져 있는 종교와 달리 단
일한 경전이나 교단이 없다(정승석, 2001: 184). 통일된 교리나 의례도 없
다. 대신 종교와 관련한 신화나 관습이 다양하다. 예를 들면, 기독교의 경
우에는 주말 예배를 드리는 행위나 헌금을 하는 통일된 의례가 있고, 『성
경』이라는 하나의 경전이 있으며, 하나님이라는 유일신을 섬긴다. 그러나
힌두교는 3억 3천여 명에 이르는 신이 존재하고, 경전도 통일되어 있지
않으며, 정해진 교단도 없다. 심지어 힌두교의 창시자가 누구인지도 불분
명하다. 이를 두고 인도의 첫 수상인 자와하를랄 네루(Jawaharlal Nehru,
1889~1964)는 힌두교를 '사람에 따라 다른 것'이라고 정의하였다.

힌두교는 인도에서 생겨난 다양한 신앙들이 영향을 주고받으며 변화
하는 과정에서 융·복합되었다. 또한 힌두교도는 인도에 살면서 인도인
화(化)한 모든 사람들의 사상·문화·생활관을 포함한다(최종찬 외, 2010:
30). 이는 힌두교의 범위가 상당히 넓고 인도인들의 삶 자체로 대변됨을
알 수 있다. 때문에 힌두교는 각 지역의 다양한 풍습과 문화를 이어주는

연결고리 역할을 하고, 인도인을 묶는 정신적 구심점이 되어 왔다. 이런 점에서 힌두교는 삶의 전 영역을 포괄하는 포용의 종교라 할 수 있다.

2000년 이후, 힌두교에 관한 연구는 크게 세 가지로 정리할 수 있다. 힌두교의 '세계관'과 관련한 연구를 비롯하여 '문화와 신화', '경전'을 중심으로 한 연구가 있다.

첫째, 힌두교의 세계관에 관한 연구는 힌두교에서 다루는 주요 개념인 '박띠(bhakti)', '까르마(karma)', '목샤(moksa)', '다르마(dharma)' 등에 대한 탐구가 핵심이다.

둘째, 문화와 신화를 중심으로 이루어진 연구는 문화의 다양성 때문인지 그 분량이 방대한 단행본인 경우가 많았다.

셋째, 힌두교의 주요 경전인 『베다(Veda)』, 『바가바드 기따(Bhagavad Gita)』, 『우빠니샤드(Upanishads)』를 중심으로 한 연구들이 있다. 『베다』는 인도에서 가장 오래되고 권위 있는 경전으로 종교 지식과 제례 규칙으로 이루어져 있다. 또한 힌두교의 신약성서라고도 불리는 『바가바드 기따』는 힌두인들이 애송하는 경전으로 인도 대중들에게 많은 영향을 미쳤다. 간디가 끊임없이 읽었다는 이유로 주목을 받았고, 연구 또한 간디의 사상과 관련하여 진행되기도 하였다. 그리고 『바가바드 기따』에 나타난 수양 방법인 요가에 관한 연구와 각 요가를 통해 얻을 수 있는 깨달음과 추구해야 할 가치가 제시되기도 하였다. 이외에 『우빠니샤드』는 베다의 해설서이자 스승과 제자가 수행자의 숲에서 나눈 대화의 내용들을 엮은 대화집으로, 논의 그 자체가 모든 종류의 수양 실천을 포함한다.

이러한 힌두교 관련 연구 가운데 교육 분야는 5편 내외로 전반적으로 미진한 상황이다.

이거룡(2007)은 요가 전통에서 영성(靈性)교육의 현대적 의미를 고찰하였는데, 힌두교의 전통적 교육 방식과 힌두인들의 삶 속에서 강조하는 개념들을 통해 교육과정에서 두드러지는 종교성과 영성을 구명하였다. 정재걸(2017)은 『요가수트라』의 수행을 교육의 가능성으로 제시하였고, 김규아(2017)는 요가 명상이 지닌 '내재의 초월'을 인성교육의 한 범례로서 해석하여 요가를 통한 교육적 접근을 시도하였다. 김관영(2006)도 요가[Kriya Yoga]와 홀리스틱 교육론을 연관 지어 홀리스틱 교육기법과 새로운 교사상을 확립하려고 하였다. 장성모(2010)는 『우빠니샤드』에 나타난 스승과 제자의 상호의존적 관계를 통한 범아일여와 사성제도에 관한 심도 있는 고찰을 통해 교육의 스펙트럼을 확장하였다. 나혜숙(2016)도 『우빠니샤드』에서 스승들이 교만한 제자를 다루는 공통적 교육법을 살펴보고 학생들을 대하는 태도와 방법을 제시하였다.

이런 점에서 교육 분야의 힌두교 연구는 '요가'와 『우빠니샤드』를 중심으로, 영성교육, 인성교육, 홀리스틱 교육, 사제 관계와 교육방법 등 다양한 측면에서 시도되었다. 여기에서는 '포용'을 핵심 화두로 하는 힌두교의 종교적 특성을 개괄적으로 살펴보고, 그에 따른 교육의 특징을 고찰한다.

II. 교육에 관한 인식

1. 신화와 경전

한 지역의 신화는 지역의 세계관에서 비롯된다. 이 세계관은 신을 어떻게 이해하느냐에 따라 달라진다(류경희, 2016: 93). 그런 점에서 힌두교의 신화 연구는 인도인의 세계관을 살펴보는 계기가 될 수 있다. 앞에서 언급하였듯이, 힌두교에는 3억 3천여 명의 신이 존재한다. 이들을 모두 안다는 것은 불가능한 일이다.

힌두교를 이해하려고 할 때, 핵심이 되는 세 명의 신은 기억하는 것이 좋다. 바로 창조의 신인 '브라마(Brahma)', 유지의 신인 '비슈누(Vishnu)', 파괴의 신인 '시바(Shiva)'이다. 그 아내들 또한 중요한 역할을 담당한다. 브라마의 아내는 '사라스와띠'이고, 비슈누의 아내는 '락슈미'이며, 시바의 아내는 '빠르와띠, 두르가, 깔리'이다. 그 외에 비슈누의 화신인 라마, 크리슈나도 빼놓을 수 없다. 구체적으로 각각의 신을 설명하기에 앞서, 힌두교의 신화 체계인 '일원론적[일신교적] 다신론'의 배경을 간략하게 이해할 필요가 있다.

세계의 여러 종교에서 나타나는 신화의 주요 형태는 일신론(一神論), 다신론(多神論), 일원론(一元論) 등으로 분류할 수 있다. 뒤에서 논의할 유대교나 기독교[가톨릭교], 이슬람교 등은 일신론을 신봉하는 대표적인 종교이다. 기독교의 경우, 하나님은 세상을 지배하는 '유일한' 창조주이자 전지전능한 힘을 가진 존재이다. 하나님 이외에 다른 신은 '우상숭배'로 여겨져 금기시된다. 다신론은 그리스 로마 신화를 예로 들 수 있다. 여기 에는 제우스, 헤라, 디오니소스, 포세이돈 등 다수의 신이 등장하고, 각각의 신마다 고유한 지배 영역을 지니고 있다. 제우스는 하늘과 법과 질서, 헤라는 일과 결혼, 포세이돈은 바다를 관장한다. 다신론은 이처럼 다양한 신(theos)에 의해 세상이 지배되고 있다고 믿는 입장이다. 마지막으로 일원론은 우주의 원리가 본래 하나였다고 믿는 견해이다. 그렇기에 모든 존재가 동일한 본질을 지니며 서로 유기적으로 연관되었다고 믿는다.

힌두교도 여러 신들이 존재한다는 면에서 다신론적 측면이 있다. 하지만 힌두교를 단순하게 다신교라고 말하지는 않는다. 대신, '일원론적 다신론(一元論的 多神論)'이라고 한다. 그 이유는 간단하다. 수많은 신은 그 신의 근원적 실재인 '브라만(Brahman)'이 다양한 모습으로 세상에 현현한 것이라 믿기 때문이다. 조금만 깊이 들어가면 그 구성요소가 보인다. 브라마, 이슈와라, 뜨리무르띠, 아바따라, 그리고 이슈와라의 남신과 여신이 그것이다(류경희, 2016: 94~95). 브라마는 우주의 근원적 실재이자 최고 존재이다. 이슈와라는 브라만의 인격화이고, 뜨리무르띠는 이슈와라의 기능적 분화이다. 그리고 아바따라는 신의 화신 개념을 의미한다. 이 가운데 이슈와라는 인격화를 거친 브라만으로서 우주를 창조하고 유지하며 해체하기 위해 세 명의 신으로 현현하게 된다. 이들이 바로 창조의 신인 브라마, 유지의 신인 비슈누, 해체의 신인 시바이다.

어떤 차원에서 보면, 우주의 창조자인 브라마(Brahma)가 가장 위대하게 다가올 수도 있다. 그러나 자신의 딸인 사라스와티를 아내로 맞이하는 비윤리적 행태 때문에 사람들은 브라마를 싫어한다. 브라마는 실제로 창조자로서의 역할 이외에는 비슈누나 시바에게 도움을 받도록 인간들에게 조언하는 역할만을 한다. 우주의 창조라는 중요한 역할을 담당했지만, 그에 대한 독자적 신앙이 만들어지지는 않았다. 창조자의 지위가 이렇게 약화된 이유는, 일단 창조가 이루어지고 나면 그것의 성장과 유지 그리고 해체가 중요해져서 브라마의 중요성이 약화되고 유지와 해체의 기능을 담당하는 나머지 두 신의 중요성이 커지기 때문이다(Chaturvedi, 1996: 12; 류경희, 2003 재인용). 그는 네 개의 머리와 팔을 가지고 있는데, 네 개의 머리는 네 개의 베다와 시대를 상징하는 네 개의 유가(Yuga), 사회적 체계에 해당하는 네 개의 바르나(Varna), 단계를 의미하는 네 개의 아슈라마(Ashrama)를 상징한다. 네 개의 팔은 각각 인도의 성전 베다와 염주, 활, 불멸의 생명수 암리타가 담긴 사발을 하나씩 들고 있다. 브라마는 지식과 지혜의 상징인 거위 또는 백조인 함사(Hamsa)를 타고 다녔다.

신들 가운데 가장 자비로운 비슈누(Vishnu)는 우주를 유지하는 신이다. 현재 가장 많은 사랑을 받는다. 그는 네 개의 팔을 갖고 있고, 손에는 연꽃, 고동, 원반, 철퇴를 들고 있는 것으로 묘사된다. 여기서 연꽃은 정결함과 평화와 미 그리고 생식 충동을, 고동은 우주를 구성하는 근본이자 생명의 근원을 상징한다. 그의 원반은 모든 악마들을 처단하는 무기로 사용되고, 철퇴는 원초적 지식을 의미한다. 비슈누는 금시조(金翅鳥), 반인반독수리인 가루다를 타고 다닌다. 보존과 유지의 신이기에 세상사에 많이 참여하며, 인간과 친밀한 우애로 연결되어 있다. 비슈누는 우주가 무질서해지면 직접 가루다를 타고 등장하거나 자신의 화신인 아바따라

(Avatara), 즉 권화(權化)의 형태로 이 땅에 나타나 세상을 구원한다. 비슈누를 믿는 비슈누교도들은 신에 대한 사랑인 박띠(Bhakti)를 중시한다(정승석, 2001: 189).

마지막으로 해체와 파괴의 신인 시바(Shiva)가 있다. 시바는 악과 슬픔의 파괴자인 루드라(Rudra), 선을 행하는 자인 샹까라(Sankara), 동물의 주인인 빠슈빠띠(Pasupati)와 같이 다양한 이름이 있는데, 이를 통해 시바의 성격과 기능이 다양하다는 사실을 알 수 있다(류경희, 2016: 118). 그는 또한 세계를 구하기 위해 태고의 〈유해교반〉시에 세계를 궤멸시키려는 맹독을 삼켜 목이 검푸르다. 때문에 목이 검푸르다는 뜻의 청경(靑頸), 즉 닐라칸타(Nilakantha)로 불린다. 천상에서 강하한 간가(갠지스)강을 머리에 이고, 그 머리에 신월을 이고, 삼지창을 손에 쥐고, 수소 난딘(Nandin)을 탄다. 항상 히말라야 산중에서 고행하였는데, 고행을 방해하려던 사랑의 신 카마를 이마에 있는 제3의 눈에서 발사한 화염으로 태워 죽였다고 한다. 또한 무용의 창시자라고 하며, 춤의 왕인 나타라쟈(Nataraja)로도 불린다. 시바는 파괴의 신이기도 하지만 재생과 풍요의 신이기도 하다. 새로운 창조는 해체에서 출발하기 때문이다. 그런 점에서 일종의 '재창조자'라고도 할 수 있다.

힌두교를 대표하는 경전은 『베다(Veda)』, 『우빠니샤드(Upanishad)』, 『바가바드 기따(Bhagavad gita)』이다.

첫째, 『베다』는 인도의 종교 지식과 제례 규칙을 드러내는 문헌으로, 인도에서 가장 오래된 경전이다. 베다의 어원은 '안다'라는 산스크리트어의 '비다(vida)'에서 파생되었다. 그리하여 베다는 '앎', '지식', '지혜', '종교적 지식'이라는 의미를 지닌다. 넓은 범위에서는 브라만교의 성전을 총칭하는 말로 쓰이기도 한다. 인도의 학자들은 베다를 종교적 차원에서 '정통적'이라고 여겼고, 그 외에 불교, 자이나교, 시크교, 브라마니즘은 정통적이지 않은 것으로 보았다(박지명·이서경, 2010: 1). 베다는 전체 네 가지인데, 『리그베다』, 『사마베다』, 『야주르베다』, 『아타르바베다』로 구성되어 있다.

둘째, 『우빠니샤드』는 『베다』의 해설서이자 스승과 제자가 수행자의 숲에서 나눈 대화의 내용들을 엮은 대화집이다. 이때 '스승의 무릎 밑에 앉는다'는 『우빠니샤드』의 용어로 추측해보면, 『우빠니샤드』는 '제자가 전수 받는 심오한 지식'으로 이해할 수 있다. 정통 브라만 철학의 근간이 되는 『우빠니샤드』는 기원전 8세기부터 2세기 동안 기록된 문헌의 집합체로 알려져 있다. 주목할 점은 힌두교에 관한 형이상학적 논의에서 『베다』를 중심으로 한 힌두교의 전통과는 괴리감이 있다. 『우빠니샤드』의 논의는 지적 측면에서 이론적 논의가 논리적으로 타당한지를 밝히는 작업이 아니다. 논의 그 자체가 실천적 측면을 포함한다. 그리고 이 실천은 일반적 의미의 실천이 아니라, 모든 종류의 수양, 또는 실천이 따르는 원칙이다(장성모, 2010: 36~37). 『우빠니샤드』는 자아와 세계가 어떤 관계를 맺고 있는지에 주목한다. 『우빠니샤드』에서 추구하는 궁극적 가치는 '범아일여(梵我一如)'이다. 즉 '범'은 진리 또는 실재를 뜻하고 '아'는 나를 지칭하는 아트만이다. 이를 풀어서 해석해보면, '진리가 곧 나요 내가 곧 진리이다'라는 뜻이다.

셋째, 『바가바드 기따』는 힌두교의 신약성서라고도 한다. 힌두교의 세계에서 가장 널리 애송되는 경전으로 권위에서는 『베다』나 『우빠니샤드』보다 아래에 있지만 인도 대중들에게 미친 영향은 막강하여 서민 대중들의 경전이라 할 수 있다. 하층 천민들이 들을 수도 없는 경전이었던 『베다』와 전문가도 이해하기도 힘들었던 『우빠니샤드』와 달리, 『바가바드 기따』는 서민 대중의 삶과 밀접하게 연관되어 있었다. 『바가바드 기따』는 계급에 관계없이 해탈이 가능함을 인정하였고 경직된 카스트 제도를 완화하려는 시도가 보인다는 점에서 중요한 의미를 지닌다. 그런 만큼 서로의 권위를 인정하지 않는 인도의 각 종파를 묶어내는 가교 역할도 하였다. 20세기에는 마하트마 간디(Mohandas Karamchand Gandhi, 1869 ~1948)의 영적 지침서이자 인도의 정신적 지도자들에게 영감의 원천이 되어주었다.

엄밀하게 말하면, 힌두교는 힌두인들의 삶의 체계를 담고 있다. 넓은 의미에서 교육은 '삶의 원현상'으로서 삶의 체계와 궤적을 함께 한다. 그런 점에서 삶은 교육이고, 삶의 이념과 목적은 교육의 이념 및 목적과 상통한다. 힌두교의 경우, 삶과 교육이 밀착된 강도가 매우 강하다. 일반적으로 삶의 이념, 즉 교육이념은 포괄성, 보편성, 기본성, 일관성, 지속성, 긍정성을 갖춘, 삶[교육]이 '지향할 바'로 상당히 철학적이다. 그리고 교육목적은 교육이념이 지향하는 기본적 방향을 제시해주는 표현으로 비교적 포괄적이며 이상적인 개념이다. 교육목표는 교육목적의 하위개념으로 목적을 구체화한 항목이다. 이러한 교육 구조를 바탕으로 힌두교의 교육을 그들의 삶 속에서 도출해 본다.

힌두인들은 삶에서 '뿌루샤아르타(purusartha)'라는 네 가지 가치이자 덕목을 추구한다. 그것은 '다르마, 아르타, 까마, 목샤'이다. 아르타(artha)는 풍요로운 삶이자 부나 권력에 대한 갈망을 나타내는 것으로 오늘날의 경제 및 정치로 볼 수 있으며, 모든 유형적 대상을 취급한다. 까마(kama)

는 몸이 요구하는 본능적 욕망이자 예술 문화적 삶에 대한 추구라고 볼 수 있다. 아르타와 까마는 사회적 의무이자 정의인 다르마(dharma)를 지키는 범위에서 추구하도록 규정해 왔다. 아르타, 까마, 다르마가 인간의 몸과 관련된 현세에서 추구할 대상이라면, 목샤는 인간의 영혼과 관련된 이상적으로 추구할 대상이다.

2. 정신의 근원적 해탈: 목샤(moksa)

힌두교가 지향하는 이념은 정신의 근원적 해방인 목샤(moksa)이다. 목샤는 해탈을 의미하는데, '풀어주다', '자유롭게 하다', '해방하다'라는 '묵(muc)'에서 유래되었다. 목샤는 남성명사로 '해방', '자유', '구원' 등을 의미하고, 정신적·육체적 고통에서 해방되는 작업이다.

> 우리가 몸도 건강하고 재산도 풍족하며 만인의 주인으로 숭앙을 받는 인간이 가질 수 있는 행복의 조건을 모두 갖게 되었다고 하더라도 이 행복감은 저 세상을 정복한 조상들의 행복감의 백분의 일일 뿐이다. 이 죽은 조상들의 행복감은 반인반신 간다르와 세계에서의 행복감의 백분의 일에 불과하며 간다르와의 행복감은 다시 업의 대가로 신이 된 자들의 행복감의 백분의 일, 이들의 행복감은 창조주의 행복감의 백분의 일, 창조주의 행복감은 베다를 알고 죄와 욕망을 털어 버린 해탈한 자의 행복감의 백분의 일일 뿐이다. 이 해탈한 자의 행복이 지고의 행복이며, 브라만의 세계이다(『우빠니샤드』4.3.33).

『우빠니샤드』에서는 윤회와 업을 단순히 맹목적으로 반복하는 것이 아니라 해탈을 통해 최고의 행복으로 나아갈 것을 권유한다. 해탈은 죄와 욕망 어느 것에도 얽매이지 않고, 완전히 자유롭고 행복한, 모든 인간이 도달하기를 갈망하는 이상향이다. 이러한 목샤는 복합적 개념으로 다양한 측면에서 설명할 수 있다. 『바가바드 기따』의 경우, 해탈에 이르는 길을 사람의 성격이나 역량에 따라 즈냐나(jnana), 까르마(karma), 박띠(bhakti)를 통한 세 가지 방법으로 정리한다. 이 세 가지 길은 엄격히 구분되지 않고 내면적으로 깊은 연관을 지닌다.

첫째, 즈냐나는 지식 또는 지혜를 통한 해탈이다. 『바가바드 기따』에서는 지식을 중시하는 경향이 강하다. 지식에 의한 제사는 재물에 의한 제사보다 낫고, 모든 행위(karma)는 지식에서 완결된다(황인찬, 2010: 177).

> 예컨대 당신이 모든 악인 중에서 가장 악인이었다 하더라도,
> 다만 지식의 배에 의해서 당신은 모든 죄악을 건널 수 있을 것이다.
> 타는 불이 장작개비를 재로 바꾸듯이,
> 아르주나여, 지식의 불은 모든 행위를 재로 만든다.
> 왜냐하면, 지식과 동일한 정화의 수단은 이 세상에 없기 때문이다.
> 정신통일에 의해 완성된 자는 시간이 지나면,
> 스스로 그것을 자신 안에서 발견하리라(『바가바드 기따』4.36~4.38).

인용구에서 확인할 수 있듯이, 즈냐나가 지적 명민함이나 변증법적 힘을 의미하는 것은 아니다. 즈냐나는 실현된 경험이다. 만약 우리가 참된

세계 종교의 교육적 독해

통찰력을 갖는다면 진리에 가까운 올바른 행동은 저절로 나온다(존 M. 콜러/ 허우성 역, 1993: 80).

해탈에 이르기 위해 지식을 중요시하는 것은 상캬와 관련이 깊다. 상캬 철학은 정신과 물질을 구별하는 이원론으로 설명할 수 있다. 그 정신적 원리는 푸루샤(purusa)라 한다. 순수정신으로서 지(知)를 본질로 하고, 무수히 존재하지만 그것은 영원의 실체로서 본래 윤회나 해탈과 관계없다. 활동하지 않고 그 작용은 단지 물질적 원리를 관찰할 뿐이다. 그 물질적 원리는 프라크리티(prakrti)라고 부른다. 이는 현상 세계를 전개하기 위한 근본적 질료인이다. 본래 물질적이며 활동성을 갖는데, 푸루샤를 관찰하는 증인의 역할로 물질의 활동이 시작되면, 현상 세계가 전개되기 시작한다.

상캬의 이론에 따르면, 물질적 원리가 활동하여 몸과 마음의 기관이나 기능이 성립하며, 구체적 육체 활동이 시작된다. 이러한 육체 활동을 통해 업을 짓는 것이다. 순수정신인 푸루샤는 진실한 아뜨만(atman)인 자아(自我)이다. 그러나 일반 사람들은 이 정신과 물질을 구별할 수 없기 때문에 윤회한다. 따라서 순수정신과 근본원질의 구별을 인식하고 육체를 제어하여, 순수정신을 물질의 속박으로부터 해방시킬 필요가 있다. 즉 순수정신인 푸루샤가 어떤 것에도 방해받지 않고 본래의 순수성을 발휘할 때, 해탈은 이루어진다(스가누마 아키라/ 문을식 역, 2003: 101). 『바가바드 기따』에서 주장하는 지식에 의한 해탈은 이처럼 정신과 물질을 구분하여, 영혼과 육체의 관계를 올바르게 인식하는 일이다. 지식을 통해 이원론적 인식을 하고 추후에 이를 통달하고 통합하는 신성을 획득하여 해탈에 도달할 수 있다.

둘째, 까르마는 행위에 의한 해탈의 길이다. 『바가바드 기따』에 나타나듯이 까르마 정신 수행이란 결과나 이해관계를 생각하지 않고, 자신에게 주어진 의무를 다함으로써 해탈에 이르는 일이다.

> 당신의 관심은 다만 행위에만 두어라.
>
> 결코 결과를 생각해서는 안 된다.
>
> 당신은 행위의 결과를 동기로 삼아서는 안 된다.
>
> 그러나 행위 하지 않음에도 집착하지 마라.
>
> 오 아르주나여, 수행을 통해 집착을 버리고,
>
> 성공과 실패를 평등하게 보고 행동하여라.
>
> 까르마 요가란 모든 것을 하나로 보는 평등관이니라.
>
> 마음을 수련한 자는 이 세상에서 선행도 악행도 모두 버린다.
>
> 그렇기 때문에 까르마를 수행해라.
>
> 까르마 수행은 행위에서 숙련된 것이다(『바가바드 기따』2.47~2.50).

『바가바드 기따』에서 말한 까르마 수행은 기본적으로 평등관을 본질로 한다. 집착을 버리고 오로지 자신의 의무를 다하는 것을 말한다. 하지만 이는 힌두 사회의 카스트 의무와 밀접한 관련이 있다. 힌두 사회에서 법률의 규제는 기본적으로 『마누법전』에 근거하여 규정된 것이며, 사람마다 각각의 카스트에 따른 의무 수행을 중시한다(스가누마 아키라/ 문을식 역, 2003: 104). 각 계급이나 계층에 따라 의무가 다르지만, 일반적으로 제사 및 의례를 행하는 것을 다르마의 행위라고 본다. 지식에 의한 해탈이 세상을 등지고 고행하는 소수의 출가수행자만이 실제 이룰 수 있는 일이라면, 행위에 의한 해탈은 일상생활 속에서 실현할 수 있다. 이런 점에서 일반 힌두인들에게도 해탈의 기회는 열려 있다.

셋째, 박띠는 신에 대한 사랑에 의한 해탈이다. 박띠는 대가를 바라지 않고 이기심 없이 신에게 바치는 헌신적이고 절대적인 사랑이다. 특히 신과 완전한 하나의 실재임을 느껴 보려는 깊은 열망이자 신에 대한 진실한 사랑이다. 그러므로 박띠는 기본적으로 신을 느끼고 경험하고 실현할 수 있는 감정이자 정서이다. 박띠에 의한 해탈은 모든 사람들이 최고신에게 신앙을 바치면 신의 은총을 받게 되어, 해탈에 도달할 수 있다. 이와 같이 신에 대한 절대적 신앙과 귀의를 박띠라고 하며, 이 박띠에 의해 해탈에 이를 수 있다(류경희, 2014: 159). 신에게 신애를 바침으로써 신과 하나가 되는 경지를 실현하는 길은, 일반 신도들인 하층 카스트의 힌두인들 또한 해탈에 이를 수 있도록 그 외연을 넓혔다.

이처럼 힌두인들은 지극한 행복이자 지향점인 목샤에 도달하기 위해 본인의 성정이나 역량에 따라 즈냐나[지혜], 까르마[행위], 박띠[사랑]를 통한 세 가지 길을 수행하려고 하였다. 그것은 윤회의 굴레에서 해방되어 완전하게 자유로운 상태에 도달하는 삶을 이상향으로 본다. 따라서 힌두교의 궁극적 교육이념은 목샤를 통해 윤회와 욕심에서 벗어나 마음의 평정을 누리며 완전한 자유로움을 얻는 힌두인 양성을 지향하는 일이라 할 수 있다.

3. 다르마(dharma)와 본분

힌두인들은 세상이 일정한 법칙에 의해 운행되고 유기적 질서가 존재한다고 믿는다. 이러한 관념이 다르마(dharma)이다. 다르마는 산스크리트어 '드리(dhr)'라는 어근에서 파생한 말이다. '드리'는 '떠받치다' 또는 '유지하다'라는 뜻이 담겨 있다. 이를 명사화한 다르마는 '떠받치는 일', '유지하는 일'로 해석할 수 있다. 여기에서 다르마는 우주의 원리이자 법칙이고, 도덕이자 윤리규범이며, 카스트 제도나 시민법 등으로 그 의미를 확장한다. 우주를 하나로 묶어주고 유지시키는 우주의 원리이자 법칙을 의미하기도 하고, 사회를 통합하고 유지하는 도덕규범이자 의무를 나타내기도 한다(스가누마 아키라/ 문을식 역, 2003: 187; 이현정, 2017: 165). 다시 말해, 다르마는 우주의 원리를 뜻하는 동시에, 개인과 사회를 지배하는 관습, 법률, 도덕 등 모든 개인적·사회적 윤리나 법칙을 의미한다. 구체적으로 생애의 특정한 시기마다 이루어지는 의례 및 의식뿐만 아니라, 네 계급의 카스트 제도 자체가 다르마에 속한다.

『마누법전』에서는 만유의 기원과 함께, 세계의 번성을 위해 신이 네 계급을 배치하였다는 점을 설명한 다음, 신이 각각의 계급에게 할당한 주요 다르마에 대해 다음과 같이 서술하고 있다.

브라만에게 주님은 학습과 교수를, 자신과 타인을 위해서 희생제의를 행하고, 보시와 보시 받는 일을 할당하였다. 크샤트리아에게 인민을 보호하고, 보시, 야즈냐를 행하고, 학습하며, 감각적 쾌락을 금하도록 명하였다. 바이샤는 가축을 길들이고 토지를 경작하고 상업, 금대업, 야즈냐를 행하고 학습하도록 되어 있다. 주님이 수드라에게 명했던 유일한 소임은 다른 세 계급에게 불평하지 말며 유순하게 봉사는 일이었다(『마누법전』1.88~1.91).

다르마는 이렇게 여러 가지 측면으로 각각의 계층과 개인에게 다양한 의미로 사용된다. 다르마는 크게 규범, 선업(善業), 성질 및 속성 등 세 측면으로 정리할 수 있다.

첫째, 규범으로서 다르마는 힌두인에게 『베다』의 권위를 인정하고, 카스트 제도와 아슈라마에 정해진 사회적 의무를 수행하는 것이다. 다르마에 따라 『베다』에 나타난 의례 의식을 제시된 순서와 방법에 따라 행한다. 또한 다르마는 인간 생활의 모든 영역에 나타나 있는 리따라는 하늘의 법칙을 자연과 종교, 사회 및 문화 등을 통해 표현한다.

둘째, 선업(善業)으로서 다르마는 우주의 질서 및 사회적 규범을 준수함으로써 사람이 사후에 천계(天界)에서 다시 태어나는 좋은 업을 얻을 수 있다는 것이다. 이는 인과응보(因果應報) 업의 이론인데, 여기에서 다르마는 좋은 마음에서 나오는 선업이라 풀이 된다. 다르마를 행함으로써 스스로 잠재된 힘으로 그것을 축적하면, 얼마 후에 잠재된 힘으로서의 다르마가 성숙했을 때, 좋은 과보인 락과(樂果)가 드러난다.

셋째, 성질 및 속성으로서 다르마는 한 사물을 결합하고 그것이 무엇인가를 인식하고, 그것을 파괴하여 그 밖의 다른 것으로 바꾸는 일을 방지한다. 그 특징적 기능, 근본적 속성, 고유성이 바로 본질적 존재인 다르마이다(서행정, 2010: 101). 이런 점에서 다르마는 어떤 것을 있는 그대로 볼 수 있는 본래의 성질 및 속성을 지닌다.

한편, 각자에게 개인 규칙으로 작용하는 다르마는 '스바다르마(svadharma)'라고 한다. 이는 전적으로 해당되는 개인에게만 의미가 있다. 모든 사람의 스바다르마는 존중되어야 하기 때문에, 『바가바드 기따』(3.35)는 다른 사람의 스바다르마를 완벽하게 수행하는 것보다 사회에서 자신의 역할, 즉 자신의 스바다르마를 불완전하나마 행하는 것이 낫다고 본다. 예를 들어, 살생을 금지하는 일은 힌두교의 일반적 윤리지만, 『바가바드 기따』에서 크샤트리아는 전쟁에서 적을 죽이는 자신의 다르마를 실행해야 하고, 브라만은 세속적 살생을 해서는 안 된다(베르너 슐츠/ 황선상 역, 2007: 15~16). 자기 자신에게 맞는 다르마를 통해 특정한 행동을 해야 하는지, 또는 하지 말아야 하는지를 결정할 수 있다. 따라서 목샤를 이루기 위해 일반적 우주 질서 및 사회 규범으로서 다르마를 인식하고, 동시에 개인에 따른 다르마를 파악하여 특정한 상황에서 시비를 분별할 수 있는 힌두인들을 양성하는 일이 교육의 목적으로 설정될 수 있다.

4. 개인적·사회적 다르마의 실천

가. 개인적 다르마: 아슈라마(ashrama)

힌두인들은 인생을 '학습기(學習期)-가정생활기(家庭生活期)-자기통제기(自己統制期)-득도기(得道期)'의 네 단계로 나눈 아슈라마(ashrama)를 이상적 삶으로 본다. 카스트 제도에서 계급이 사회적 측면을 강조한다면 아슈라마의 수행은 개인적 측면을 강조한다. 아슈라마의 어원인 '슈람(shram)'은 '스스로 노력하다'라는 뜻이다. 파생적으로 그것은 '노력의 행위'와 그 '노력이 발생되는 장소' 양자 모두를 의미하며, 어떤 특정한 목표를 성취하려는 집중적 노력이 발생하는 인생 단계라는 의미를 담보한다. 요컨대, 아슈라마는 잘 살아가기 위한 훈련과 노력의 인생 단계들이다.

아슈라마는 『마누법전』(2~6장)에서 단계별로 상세히 소개되고 있다.

이는 브라만이 실천하는 삶의 양식으로 다른 신분의 모본(模本)이자 지표의 위치를 차지한다. 하지만 이러한 삶의 단계가 보편적 삶의 양식이 아니라 일부 브라만 계급에 국한된 이상적 삶이라하더라도, 항상 이와 같은 삶의 태도를 배우고 지향해야 할 행위의 전형으로 여겼다는 점에서 교육적 측면이 엿보인다.

아슈라마는 그 뒤에 시스템이라는 표현을 첨가하여 '아슈라마 시스템(the ashrama system)'이라 일컫기도 하였다. 왜냐하면 아슈라마의 네 단계를 관찰 가능한 생활양식의 다양성으로 분류·배열하여 다르마의 한 부분으로 통합시키고, 또한 각 단계를 연결하는 논리적 계획을 제시하여 하나 또는 여러 단계를 가정하는 체계적 방법을 수립하려고 했기 때문이다(Patrick Olivelle, 1993: 24). 여기서는 특정 단계가 보다 중요하고 또는 덜 중요하다는 사회적 가치를 포함하지 않고, 각 단계는 모두 중요하며 의미가 있는 것으로 체계화하는 데 주안점을 두었다.

아슈라마의 네 단계에서 모든 남성의 삶은 동일한 기간으로 나누어진다. 각 단계를 나이별로 정돈하면, 학습기는 24세까지이고, 가정생활기는 24~48세, 자기통제기는 48~72세, 득도기는 72세 이상으로 볼 수 있다(J. Donald Walters, 1998: 154~155).

각 단계는 그 특징에 따라 다양한 개념이나 용어로 이해된다. 첫 번째 단계인 '학습기'는 '브라마차린(brahmacarin)'이라 하는데, '학생기(學生期)'나 '범행기(梵行期)' 등으로 불린다. 두 번째 단계인 '가정생활기'는 '그리하스타(grihastha)'라고 하는데, '가주기(家住期)'나 '가정기(家庭期)' 등으로 이해되기도 한다. 세 번째 단계인 '자기통제기'는 '바나쁘라스타(vanaprastha)'라고 하는데, '임주기(林住期)' 또는 '임서기(林棲期)', '은둔기(隱遁期)', '산림기(山林期)' 등으로 불린다. 네 번째 단계인 '득도기'는 '산야사(sannyasa)'라고 하는데, '유행기(遊行期)'나 '유랑기(流浪期)' 등으로 이해되기도 한다. 이처럼 아슈라마 각 단계의 명칭에 대한 합의된 한글 표기는 없다.

여기서는 각 단계에서 성취하려는 목표에 교육적 의미를 더하여 '학습기', '가정생활기', '자기통제기', '득도기'로 명명한다. 아슈라마는 각 단계에 따라 의무와 기능이 규정되어 있다. 그러므로 이에 따라 인간의 본능적 생활을 자제하여 해탈로 인도한다. 그 단계별 의무와 행동규범은 다음과 같이 제시된다.

산야신이 따라야 할 핵심 행동 규범은 자기통제와 비폭력이고, 바나쁘라스타의 규범은 규정된 고행을 하고 영적 지식을 얻는 것이다. 그리고 그리하스타 행동규범의 핵심은 여러 존재들을 보호하고 신과 조상에게 공물을 바치고 가르침을 주는 스승과 손님에게 음식을 바치는 다섯 가지 의례를 행하는 것이다. 브라마차린의 의무는 스승에게 봉사하는 것이다. 그리고 나(신)에 대한 봉헌은 모든 이에게 신성한 의무이다(『바가바따 뿌라나』18. 42~18. 43).

이러한 삶의 '학습기-가정생활기-자기통제기-득도기'의 각 단계별 의무와 행동규범은 몇몇 『뿌라나』 문헌에도 자세하게 설명되어 있다.

첫째, 학습기이다. 이 시기는 육체적 탄생 이후에 인생의 통과 의례 가운데 하나인 입문 의식을 거쳐 사회적으로 다시 태어나는 단계이다. '우빠나야나(upanayana)'로 불리는 신성한 입법식을 마치면 인간의 수행 생활이 시작되고 인생에서 중요한 의미를 갖는다. 이 의례는 입문 의식을

세계 종교의 교육적 독해

마친 소년을 '학습기'로 인도하는 제2의 탄생 의식으로, 소년이 비로소 '드비자(dvija)', 즉 재생족(再生族)이 되고 영적(靈的) 존재로 재탄생했음을 표시한다. 입문 의식 이후에는 스승의 집에 머물면서 시중을 들고, 『베다』를 학습하며 이에 따라 수행을 시작한다. 최고의 지식인 브라만을 얻는 과정은 일생을 걸쳐 이루어진다는 점에서, 인생의 네 단계 가운데 첫 번째 단계인 '학습기'는 평생교육의 준비과정으로 볼 수 있다. 따라서 학습기 교육의 목표는 『베다』를 통해 사회규범을 배우며, 본인의 과업 및 책임을 인식하는 작업이다.

둘째, 가정생활기이다. 이 시기는 학습기를 마치고 집에 돌아와 결혼하고 가업에 열중하는 단계이다. 배우자를 맞이하고 자식을 낳아 남편이자 아버지로서 가장의 역할을 다하는 단계이다. 많은 경전들은 이 시기를 인생의 중심으로 보며, 그 중요성을 강조한다. 왜냐하면 사회 전체가 가장이 제공하는 재화와 서비스에 의존하고 있기 때문이다. 중요한 의식 및 의례는 가장과 그의 아내에 의해서만 행해질 수 있다. 부부는 찬가를 읊으며 브라마나에 기록된 대로 『베다』의 봉헌을 실천한다. 가장은 가문의 대를 이을 수 있는 아들을 낳고, 자기에게 번영을 안겨준 신에 대한 보응을 위해, 사원에 가서 제물을 바치며 봉헌한다. 스승이 가르쳐주고 일깨워준 은공에 대한 보답으로, 그는 자신이 배웠던 것처럼 자식에게 지식을 전달하고 가르치는 일을 실천한다(서행정, 2010: 22). 결혼한 남자에게 주어지는 다르마는 다섯 가지로 '브라만, 조상, 신, 귀신, 인간'에게 제사를 지내는 일이다. 또한 『마누법전』에서는 이 시기에 실천해야 할 아내의 역할에 대한 중요성을 다루고 있다. 그것은 아내로서의 의무이다. 즉 '남편에 대해 봉사하기, 돈을 모으고 지출하기, 만사를 청정하게 유지하기, 종교적 의례 봉행, 음식 준비, 가정 돌보기' 등이 포함된다. 왜냐하면 남편과 아내는 함께 가정을 돌보며 기도와 공물을 바쳐야 하는 중요한 일을 수행하기 때문이다. 따라서 가정생활기의 교육목표는 결혼하고 가족을 돌보며, 사회가 요구하는 여러 서비스를 생산하는 일에 집중된다.

셋째, 자기통제기이다. 이 시기는 가장으로서 해야 할 의무를 다한 다음, 세속을 떠나 숲 속에 들어가 절제된 생활을 하는 단계이다. 힌두교 가정에서는 전통적으로 가장이 나이가 들고 늙으면 아내와 함께 조용한 숲 속에 들어가 자기를 통제하기 위한 고행을 시작한다. 『마누법전』은 '가장이 그의 피부에 주름살이 생기고 머리가 세고 손자를 보게 되면 숲으로 떠나가도 괜찮다'고 말한다. 이때, 자식이 성장하여 가족을 돌볼 수 있을 경우, 그는 자식에게 모든 것을 물려주고 『베다』경전에 기록된 대로 상징적 제식과 명상을 실천하고 봉헌한다. 현재까지의 삶을 정리하고 세속에서 저질렀던 삶에 대해 성찰하며 고행을 통해 삶에 대한 집착을 버린다. 다시 말해, 사회적 삶으로부터 은퇴하는 시기는 목샤를 획득하는 데 필요한 자기 통제와 영적 힘의 성취를 겨냥하는 고행의 기간이다. 따라서 자기통제기는 사회에서 물러나 자신을 규범 및 규칙을 통해 확립시키고 집착하지 않는 것을 교육목표로 제시할 수 있다.

넷째, 득도기이다. 이 시기는 수행이 끝난 뒤 촌락이나 읍내를 탁발 걸식하며 돌아다니는 단계이다. 이 세상의 욕망과 집착으로부터 벗어나 명상을 위해 떠나는 수도승의 삶이다. 그를 '산야신(Sannyasin)' 또는 '산야시(Sannaysi)'라고 하는데, 일종의 '유행승(遊行僧)'이다. 그는 고행 수행으로 만족하지 못한다. 이에 가족이나 친구 등 모든 사회적 관계를 끊고 브라마 절대자를 향해 부단히 명상한다. 즉 남은 생애를 정신적 자유를 얻기 위한 득도를 위해 유랑한다. 득도를 향한 열망은 세속적 대상과 욕망을 완전히 포기하는 단계이다. 따라서 득도기는 번뇌의 속박에서 벗어나 영적 자유에 도달하는 것을 삶의 목표로 한다.

아슈라마 네 단계 가운데 초반부의 두 단계인 학습기와 가정생활기는 현실적 사회 속에서의 삶을 목표로 하고, 후반부의 두 단계인 자기통제기와 득도기는 현실적 사회로부터 벗어난 자유로운 생활 가운데 잘 살아가기를 목표로 한다. 이 네 단계를 거치는 동안, 특정 단계를 뛰어 넘는 일은 없다. 한 단계에서 다음 단계로 서서히 이행하는 것이 삶의 일반적 규칙이다. 이는 삶의 과정 자체가 단계적이고 점진적 교육의 과정이라는 말과도 상통한다. 힌두교는 산야신의 삶을 지향하면서도 가정생활기의 단계를 중요하게 여기며 소홀하게 다루는 것을 엄금한다. 각 단계는 필수적이지만 모든 단계가 지시하는 목표에 충분하게 도달하지 못하더라도 온전한 의미를 가진다. 즉 아슈라마의 각 단계는 그 자체로 의미를 가지며,

[그림 3-1] 아슈라마의 단계별 교육목표

평생을 첫째 단계인 학습기에만 머물러도 자신의 다르마에 적합하다면 가치로운 삶이라 할 수 있다.

힌두교가 지향하는 사유와 실천을 기반으로 목샤에서 다르마에 이르는 교육이념과 목적, 아슈라마의 단계별 목표는 위의 [그림3-1]처럼 도식화 할 수 있다. 교육이념으로 구축한 목샤는 힌두교의 궁극적 지향점이자 포괄적 개념으로 정신적 해방이자 해탈이다. 이러한 목샤를 이루기 위한 교육의 목적은 각자의 상황과 지위에 주어진 다르마를 인식하는 작업으로 상정할 수 있다. 다르마는 해탈이 지향하는 기본 방향을 제시하며, 해탈로 나아가기 위한 다양한 방법 및 속성을 지녔다. 교육목표는 그런 다르마를 실천하기 위한, 인생의 네 주기이자 교육 단계인 아슈라마를 통해 구체적으로 설정할 수 있다.

나. 사회적 다르마: 카스트(caste)

힌두인들이 지향하는 사회적 차원의 교육목표는 카스트 제도와 관련하여 그려볼 수 있다. 주지하다시피 카스트는 인도의 전통적인 신분제도이다. 이는 포르투갈 상인들이 인도에 들어온 이후에 만들어진 용어로, 포르투갈어로 '가문' 또는 '혈통'을 뜻하는 '까스타(casta)'에서 유래한 것이다. 인도인들은 카스트라는 자신들의 사회 체계를 '바르나(varna)'와 '자티(jati)'라는 개념으로 설명한다. '바르나'는 산스크리트어로 '색(色)'이라는 의미이다. 색깔은 카스트 제도가 인종적 구별에서 시작되었다는 언어학적 증거가 된다(고홍근 외, 2014: 78). '자티'는 '출생'이라는 뜻으로, 동일한 업종에 종사하면서 결혼이나 음식 등을 함께 하는 종족 집단을 뜻한다. 다시 말해, 북인도에 침입해 온 아리아인은 백인종 계통이었는데, 유색 인종인 원주민을 평정한 다음, 지배를 확고하게 하기 위해 색깔을 의미하는 '바르나'라는 용어로 신분제도를 만든 것이다. 그 후, 아리아인 가운데서도 사회적 기능에 따르는 구분이 생겨났는데, 이것이 카스트 제도이다.

'바르나'는 네 개의 바르나(카스트)인 '브라만(Brahman), 크샤트리아(Kshatriya), 바이샤(Vaisya), 수드라(Sudra)'를 말한다. 브라만은 사제로 인구의 약 5%를 차지하고, 크샤트리아는 무사나 귀족 계급으로 인구의 약 10%를 차지한다. 바이샤는 농민이나 상인으로 인구의 약 10%에 해당하고, 수드라는 노예 계층으로 인구의 약 50%를 차지한다. 나머지는 '불가촉천민(不可觸賤民, The Untouchable)' 집단으로 불리며 어딘가에 속해 있는데, 한 마을에 20~30개가 존재하고, 인도 전체에는 2,000~3,000개에 이르는 것으로 알려져 있다. 바르나 제도가 만들어진 초기에는 이네 개 집단 사이에 차별이 그리 심하지 않았다. 그러나 계급의식이 강화되고 엄격해지면서 직업이 철저히 세습되었다. 이후 하나의 '바르나' 안에 여러 개의 '자티'가 생겨났고, '자티' 사이에도 상하 구별이 생겨났다(전국 역사교사모임, 2013: 54).

이러한 카스트 제도의 형성은 역사적 사건과 깊은 관계를 맺고 있다. 기원전 1000년이 시작될 무렵에 인도~유럽 계통인 아리아인들이 인더스 및 갠지스 강 유역을 점령하고 그 지역의 주민을 노예를 만들어버린 여러 전제 국가들을 세웠다. 그리고 삶의 방식을 정착 농경생활로 바꾸었다. 이러한 사회 변화는 아리아인 이전의 사람들인 드라비다인(Dravidian)과 문다인(Munda people)에 의해 상당한 정도로 영향을 받았다. 정복자인 아리아인 자신들 사이에서는 물론, 정복자와 피정복민 사이의 사회적 충돌은 점점 심화되었다. 여러 왕국들 사이에 투쟁이 발생했고, 기원전 1000년 중엽 무렵에는 갠지스 강 하류지역에 있던 마가다(Magadha)국이 지배권을 획득하여 북인도의 거의 전부를 통합하는 중심지가 되었다(Tokarev, 1991: 174). 결국 정복자인 아리안족이 브라만, 크샤트리아, 바이샤를 구성하고, 피정복자인 비(非)아리아인들이 수드라와 카스트에도 포함되지 못하는 불가촉천민(약16%)을 구성하게 된 것이다(임형백, 2017: 123~125). 다시 말해, '브라만, 크샤트리아, 바이샤' 이 세 카스트가 고귀한 아리아인들로 간주되었고, 두 번 태어난(twice-born) 재생족 사람들로 불리었다. 수드라는 정복된 원주민들의 후손들을 포함하는 노예 계급이었다.

이러한 역사적 배경에서 볼 때, 힌두교는 '신분' 종교라 할 만큼 종교가 그 계급제도를 뒷받침한다. 베버(Weber, 1958)는 『인도의 종교』에서 체제 유지를 위한 다르마와 까르마 신앙의 중요성에 주목하였다. 각 카스트의 구성원들은 다르마에 따라 행동해야 할 적절한 자연적·사회적 방식이 있다는 것이다. 어떤 사람이 자신이 속한 카스트의 조례대로 생활한다면, 그는 공적을 얻게 되고 죽어서 더 높은 카스트로 다시 태어난다. 반대로 다르마를 지키지 않은 사람들은 낮은 카스트로 다시 태어난다. 그것이 다르마의 교의이다.

성공적 환생으로 다르마를 준수한 사람은 마침내 죽음과 재출생의 수레바퀴로부터 해방을 얻게 된다. 하지만 살아 있는 동안 개인은 카스트 체제에 들어갈 수도 없고 카스트를 옮길 수도 없다. 물론 현대의 여러 학자들은 자티가 이룩한 많은 집단적 이동의 경우를 강조하고는 있다. 하지만 이러한 계급과 착취에 대한 관심은 유럽 중심적이고 외부인의 관점으

세계 종교의 교육적 독해

로 인도를 보는 일이다. 때문에 전통적 힌두교에 대한 이해가 부족한 판단으로도 볼 수 있다.

그렇다면, 보다 면밀하게 전통 힌두교의 카스트에 대해 살펴볼 필요가 있다. 먼저, 힌두교 경전에 나타난 카스트 제도는 어떠할까? 브라만의 기원은 창조 신화와 관련되어, 창조의 신인 브라마(Brahma)가 인간의 조상인 마누(Manu)를 창조한 다음, 그에게서 네 종류의 사람들이 탄생하였다. 마누의 머리에서는 가장 훌륭하고 신성하게 여기는 브라만 계급이 나왔다. 양손에서는 지배자들과 무사들인 크샤트리아가 나왔으며, 그의 넙적 다리에서는 장인들과 기술자들인 바이샤가 나왔다. 마지막으로 발에서는 천민인 수드라가 나왔다. 이 네 계급에 들어가지 못하는 천민이 바로 '불가촉천민'이다.

『베다』에 의하면, 바르나는 세 가지 중요한 면모를 확립하고 있다. 첫째, 그것은 인간의 창조나 습속이 아니라 신이 명령한 제도이므로 세속적인 이유로 변경할 수 없다. 둘째, 상이한 계급들의 기능은 그들이 생겨 나온 원인의 부분에 따라 부여된다. 그래서 사람은 입으로 염송(念誦)하고 찬송하기 때문에 브라만은 사제이고 스승이었다. 사람은 팔로 방어하고 행정하기 때문에 크샤트리아는 지배하고 보호하는 일을 한다. 발[다리]로 가축을 길들이고, 농토를 갈고, 수확물을 운반하기 때문에 바이샤는 생산하고 상품을 교역한다. 발이 나머지 부분에 봉사하는 것과 마찬가지로 수드라가 다른 세 계급에 봉사한다. 세 번째, 계급화의 기초는 사람의 본성이다. 입의 본성은 발의 본성과 다르며, 입에서 생겨 나온 브라만의 본성은 발에서 생겨난 수드라의 본성과는 다르다(존 M. 콜러/ 허우성 역, 2003: 126~127).

앞에서도 언급하였지만, 『마누법전』에서는 만유의 기원과 함께, 세계의 번성을 위해 신이 네 계급을 배치하였다는 점을 설명하였다.

제1계급인 브라만은 제사장이나 경전을 연구하는 철학자나 사상가로 왕족들도 이들에게는 고개를 숙인다. 브라만은 신성한 『베다』의 희생제의(犧牲祭儀, sacrifice)를 행하는 전문가들로 세습 사제직이다. 브라만은 제의와 관련된 모든 것을 독점하고 신성한 지식을 소유하며 대단한 권위를 획득하였다. 따라서 브라만 계급은 '제례 및 경전 등의 지혜를 알고, 이를 제공하고 실천하는 일'이 삶과 교육의 목표이다.

제2계급인 크샤트리아는 정치가나 왕족, 무사들이다. 그들은 사회를 다스리는 자로 왕자와 왕들이 그들 가운데서 나왔다. 이들은 힘이 셀수록 어른의 역할을 담당하고 사람들을 보호한다. 따라서 크샤트리아 계급은 '용기와 건강한 신체를 가지고 사회 및 다른 사람들을 다스리고 보호하는 일'을 삶과 교육의 목표로 상정한다.

제3계급인 바이샤는 주로 농업이나 상업 또는 생산직에 종사하는 자들로 농부, 목축업자, 그리고 상인이다. 바이샤가 주축을 이루는 경제 집단은 탐욕을 억누르고 부의 도덕적 책임성을 실현하기 위해 사회적으로 매우 중요하다. 그들이 형성한 재산은 단순하게 개인적 부의 축재가 아니라 봉사의 도구였다. 자산가는 재산을 사회적 위탁으로 간주했고, 교육이나 의료적 구제, 식수 공급을 비롯하여 공동체에 위안이 되는 일을 떠맡았다. 따라서 바이샤는 '절제하고 재물을 많이 생산하고 분배하는 일'을 삶과 교육의 기초로 삼았다.

브라만, 크샤트리아, 바이샤, 이 세 계급 사람은 종교 의식에 참여하며, 해탈을 위해 도를 닦을 수 있다. 때문에 기본적인 경전 공부와 제례에 관한 소양을 학습해야 한다. 그러나 제4계급인 수드라는 브라만을 섬기는 노예나 천민들로, 종교 행사에 참석하거나 『베다』를 읽고 연구할 권리가 없다. 비숙련 노동자와 농부들은 프롤레타리아에 해당하는 수드라를 형성한다. 다시 말하면, 수드라는 사회적 신체의 생생하게 살아있는 구성원으로서, 상호 협동하면서 함께 일하고 있다. 따라서 수드라는 '봉사의 마음으로 각종 서비스를 제공하는 일'을 삶의 목표이자 교육의 목표로 삼는다.

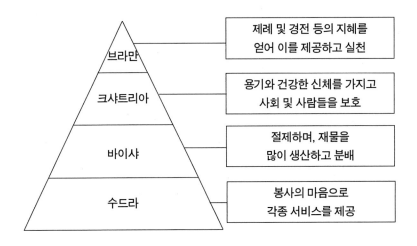

[그림 3-2] 카스트에 따른 교육목표

이 네 계급에도 들지 못하는 사람들은 '불가촉천민(不可觸賤民)'이라 한다. 이들에 대해 브라만 계급의 사람들은 결코 손을 대서는 안 된다. 그 야말로 '불가촉(不可觸)'이다. 불가촉천민들은 통상적인 사회적 특권이나 혜택 가운데 어느 것도 향유할 수 없다.

하지만 카스트 제도가 법적으로 폐지된 이후, 인도 사회에도 많은 변화가 일어났다. 마하트마 간디는 그들의 곤경에 직접적 주의를 기울였고, 그들을 하리잔, 즉 '신의 아들'로 불렀다. 그만큼 사회에서 활동할 수 있도록 많은 배려를 하였다. 물론, 차별을 금지하는 법률을 제정한 이후에도, 전통적 관행이 없어지지 않아 불가촉천민에 대한 상당한 정도의 차별이 존재하였다. 그런 가운데서도 불가촉천민의 낙인을 제거하고, 그들을 위한 사회 경제적 기회 제공, 지위 보장을 위한 사업에서는 많은 진보가 있었다.

태초의 인류는 모든 사람이 궁극자에게서 탄생하였다. 그러므로 아무런 계급 구별이 없었다. 힌두교의 경우, 이런 인식은 다양한 경전에서 드러난다. 하늘의 계시인 슈루티(Shruti)에 의하면, 어부나 노예, 심지어는 노름꾼도 모두 거룩한 자이다. 『바가바타』는 오직 하나의 신이 있는 것처럼 오직 한 계급만 있었다고 밝힌다.

비슈누의 화신인 크리슈나는 『바가바드 기따』에서 다음과 같이 말한다.

> 나에게 피난처를 구하는 자들이라면 비천한 출신이거나 여인, 수드라라 하더라도 최고의 상태를 얻는다. 신애(信愛)를 바치는 이는 신의 이름을 통해 구원의 진리를 얻을 자격이 있으며, 여인, 수드라, 타락한 브라만들은 탄트라를 통해 그 진리를 얻을 자격을 갖춘다.

『마하브라타』에도 "사람은 가계나 태생이 아니라 행위에 의해서 브라만이 된다. 찬달라조차도 순수한 성정(性情)을 갖는다면 그는 브라만이다."라고 하였다. 또한 브라만들의 공경을 받았던 위대한 현자들 가운데 어떤 이는 반쯤 섞인 카스트이거나 혼혈이었다. 바쉬스타는 창녀의 자손이었고, 뱌사는 고기잡이 여인의 자식이었으며, 파라샤라는 찬달라 소녀의 자식이었다.

이처럼 힌두교 전통에서 계급은 태생이 아니라 행위가 중요하다고 보았다. 완전함의 획득은 비천한 카스트라 하더라도 고등한 카스트가 얻을 수 있는 정도만큼 얻는다(존 M. 콜러/ 허우성 역, 1993: 115~116). 따라서 진정한 힌두교의 전통에 의거한다면, 카스트에 따른 목표가 어떤 것은 열등하고, 어떤 것은 우월하다는 식의 가치가 개입된 관점이 아니다. 진정한 힌두교의 정신에 따른다면, 태생이나 세습에 따른 카스트보다는 각 개인의 인격과 행위에 맞는 카스트의 임무나 과업을 삶과 교육의 목표로 제시해야 한다. 또한 각 카스트는 서로 유기적 공동체 속에서 긴밀한 관계를 맺고, 각자의 영역에서 최선을 다해 사회 통합 및 발전에 기여해야 한다.

힌두교의 전통이라 할 수 있는 이 카스트 제도는 인도 정부가 영국으로부터 독립한 후, 카스트에 의한 차별을 금지하는 헌법을 만들었다. 그 결과 특히 교육 분야에서는 카스트에 의한 차별이 이전에 비해 다소 감소하게 되었는데, 의무교육이 대표적인 사례이다. 카스트에 관계없이 기본 교육을 받을 수 있게 된 것이다.

인도는 헌법의 내용에 따라 초등학교 교육은 차별 없이 무상으로 실시하였다. 현재 인도 교육의 기본 정책은 지역 간의 교육 격차 해소, 전 계층 간의 균등한 교육 기회 제공, 국가와 사회의 요구에 부응하는 인력자

원 개발 등을 목표로 두고 있다. 문맹률이 48%에 달했으나 초등교육의 보급을 위해 촌락의 경우, 사원을 비롯한 공공건물을 빌려 초등학교를 개설하고 교육을 실시하여 이제 문맹률도 현저히 감소하였다. 특히, 인도에는 1억이 넘는 불가촉천민들이 있는데, 인도 정부는 이들을 위해 입학 시 일정 비율을 그들에게 배정해 주는 혜택을 주고 있다. 이제는 불가촉천민이 장관까지 된 경우가 있다. 이 외에도, 인도공과대학교(IIT: Indian Institute of Technology Bombay)는 입학정원 할당제를 통해, 공무원 선발과 대학입학에서의 25% 정도를 불가촉천민을 포함한 하층민에게 할당하도록 의무화 하였다.

세계 종교의 교육적 독해

III. 교육 내용 및 방법

힌두교의 핵심 사유이자 실천인 '다르마'는 사회 윤리적 행위 내에서 이루어지는 다양한 경험적 활동을 통해, 근원적 해탈인 목샤에 이르는 깨달음으로, 그것이 포괄적 교육의 과정임을 보여준다. 아슈라마는 인생의 각 단계를 그 기초 목적에 따라 점진적으로 획득하려는 개인을 돕기 위해 고안한 제도적 장치이다. 또한 카스트는 사회를 지탱하고 유지하는 삶의 제도로 사회 속 개인에게 기대되고 요구되는 것이다. 따라서 인생의 각 단계와 계층에서 집중적으로 요구하고 실행해야 할 목표는 삶인 동시에 교육의 내용이자 방법에 해당한다. 그 삶과 교육을 자세하게 담보하고 있는 것이 『마누법전』이다.

『마누법전』은 베다에서 이루어진 전통과 관습을 브라만의 보편적 소재로 만들어 '확립해야 할 인간 본래의 생활방식'인 다르마의 권위와 보편성을 강조하였다. 그만큼 종교, 사회, 정치, 경제를 둘러싼 고대 인도인의 복합적 생활양식을 종합적으로 담고 있다. 『마누법전』은 어떤 경전보다도 힌두인들의 가족관계, 가치관, 카스트, 성(性)관념, 종교적 이상, 재산관, 정치관계, 법체계, 정화욕을 비롯하여 여러 가지 의례, 사회 규범, 출가인과 세속인과의 관계 등에 대해 풍부한 자료를 제공한다(이재숙·이광수 역, 1999: 36). 『마누법전』에는 아슈라마 각 단계의 삶의 양식뿐만 아니라 각 카스트의 다르마도 세부적으로 녹아 있기 때문에 교육내용이나 방법을 구체적으로 확인할 수 있다.

1. 아슈라마의 단계별 개인교육

가. 브라마차린(brahmacarin): 학습기

학습기는 힌두교의 교육 행위가 공식적으로 허용되는 시기이다. 청소년이 스승의 댁에서 공부하기 위해 부모의 집을 떠나면서 시작된다. 청소년은 우빠나야나(upanayana)로 불리는 중요하고 신성한 의례를 거치면서, 그가 '드비자(dvija)'로 탄생했음을 공인한다. 힌두교에서 '드비자'는 '브라만, 크샤트리야, 바이샤'에 해당한다. 청소년은 학습기에 들어서는 입문 의식을 거쳐 새 생명을 얻을 때, 참된 의미의 '드비자'로 거듭난다.

학습기의 시작은 다음과 같이 규정되어 있다. "브라만에 대한 총기를 바라는 브라만이라면 5년째 되는 해에, 힘을 바라는 크샤트리아는 6년째 되는 해에, 재물을 바라는 바이샤라면 8년째 되는 해에 행한다."(『마누법전』2.37). 이처럼 학습기의 시작은 카스트에 따라 서로 다른 나이에 행해진다.

입문 의식에서도 계급에 따른 구체적 행동 목표가 제시된다. 이런 점에서 학습기의 입문 의식은 단순히 『베다』라는 학문을 지식으로 공부하기 위해 치르는 것이 아니다. 삶의 형태, 계급에 따른 인생 전체의 교육목표가 정해지고, 그에 맞는 행동규범이 주어지는 중요한 기본 의례로서의 가치를 지닌다.

입문 의식을 끝내고 학습기에 접어들면 소년은 스승과 함께 생활한다. 『베다』를 통해 사회규범을 학습하며, 본인의 직분 및 책임을 인식한다. 이는 다르마가 사람의 평생을 다스린다는 의미에서, 인생의 첫 단계를 정초하는 토대로서의 중요성을 지닌다. 왜냐하면 인생의 초기 단계에서 『베다』를 통해 다르마의 요구 조건을 배우고, 나머지 인생 동안 그 다르마를 지속적으로 수행하는 일을 가능케 해줄 만한 적절한 태도와 성격을 발전시키지 않는 한, 다른 어떤 목적도 성취할 수 없기 때문이다(존 M. 콜러/ 허우성 역, 2005: 133).

입문 의식이 끝나자마자 스승은 사회규범의 기초를 가르친다. 『마누법전』(2.69)은 그 사항을 구체적으로 지시한다.

입문 의식을 치르고 난 뒤, 스승은 제자에게 가장 먼저 몸을 깨끗하게 하는 법, 행동거지, 아그니에게 바치는 의식, 해 저물 때 하는 예배를 가르치라.

이는 힌두인으로서 몸가짐, 의식, 예배 등이다. 사회규범들의 특성으로 볼 때, 힌두인들의 교육적 요구 조건은 일상에 기인하며, 비교적 구체적이고 명쾌하다. 학습기에 수행하는 교육내용의 중점은 『베다』이고 다르마의 요구 조건을 학습하는 작업이다. 특히, 『베다』의 본집인 '쌈히따'는 찬가와 기도문, 공희의 정칙들이 서술되어 있어 반드시 참고해야 한다. 사위뜨리 만뜨라를 낭송하는 법을 정확하게 배워, 매일 행하는 제사를 드릴 수 있도록 하며, 여러 가지 종교적 준수 사항들을 익힌다. 또한, 음악이나 궁술, 과학, 약학, 그리고 실제적 기술과 수공예도 함께 가르쳐 사회인으로 성장하기 위한 기본 지식을 제공한다.

다시 정돈하면, 학습기의 교육내용이자 방법으로는 옴, 후렴, 사위뜨리 구절의 반복 등을 들 수 있다. 사위뜨리는 『리그베다』(3.62.10)의 '거룩한 시구'를 뜻하는데 일반적으로 가야뜨리로 알려져 있다. 가야뜨리는 운율[율격]을 뜻한다.

『리그베다』에서 가장 중요한 형태의 운율로 이루어진 것은 만뜨라이다. 만뜨라 음절들은 『베다』의 지식 내용을 담고 있는 것으로 여겨진다. 때문에 브라만은 그것을 아침저녁으로 낭송해야만 한다. 그것이 의무이다. 이 만뜨라가 인격화 과정을 거쳐 사위뜨리와 같은 신으로 표방된다. 가야뜨리는 '만물을 생산하는 자'인 사위뜨리로서 태양을 불러들인다. 그런 까닭에 가야뜨리는 사위뜨리라고도 불린다.

사위뜨리 역할 가운데 가장 주목할 만한 것은 인간들이 각각 자신의 몫을 감당할 수 있도록 고무시키고 격려하는 일과 사제들이 제의를 집행할 수 있도록 돕는 일이다. 따라서 학문과 지혜의 여신으로 숭배의 대상이 되고, 성자나 학자, 그리고 학생들이 특별히 숭배한다는 점에서 그 교육적 면모를 확인할 수 있다.

> 쁘라자빠띠는 '아', '우', '마', 이 세 가지 요소들과 '부흐', '부와흐', '스와흐', 이 세 가지를 세 『베다』로부터 젖을 짜내듯 짜내었다. 지고의 쁘라자빠띠가 세 『베다』로부터 '따드'로 시작하는 사위뜨리 구절 한 마디 한마디를 짜내었도다. 그러므로 해가 뜰 때와 질 때, 그 소리와 후렴을 시작으로 『베다』 구절을 묵송하는 브라만은 『베다』의 공덕을 얻게 된다(『마누법전』2.76~2.79).

'옴'소리와 함께 셋으로 된 후렴, 그리고 3행으로 된 『베다』 구절인 사위뜨리는 가장 중요한 교육의 요소로 매일 암송해야 한다. 다시 말해, 일종의 숨고르기인 '옴'소리를 시작으로 후렴인 '부흐, 부와흐, 스와흐'와 "성스런 진리의 영광 속에서/우리 마음의 안식을 구하자/우리의 사색에 진리의 영감이 있기를(『리그베다』3. 62. 10)"이라는 구절을 암송하는 것이 가장 중요시 된다. 『우빠니샤드』에서는 세 가지의 공부 방법, 즉 '경전을 듣는 일(sravana), 텍스트의 내용을 곰곰이 생각하는 일(mamama), 배운 내용에 대한 지속적이고 깊은 명상(nididhyasana)'이 언급된다(이거룡, 2007: 131~132). 이러한 구체적 공부는 큰 소리를 내어 반복적으로 낭송하는 방법이 중심이 된다는 점에서 상통한다.

또한, 학습기에는 주로 스승과 제자 사이에 '관계 중심의 학습'이 이루어진다. 성사[복장], 금욕학습자의 물건[사물을 대하는 법], 인사의 법도[인사 예절], 윗사람의 구별, 사모에 대한 예의, 부드러운 말씨와 바른 자태 등 생활 태도에 대해 스승 곁에서 자연스레 보고 배울 수 있도록 한다. 이는 스승과 제자 사이에 매우 밀접하게 진행되는 도제식 교육방법이다.

> 스승이 앉아 있으면 제자는 서고, 스승이 서 있으면 제자는 그의 앞에 서며, 스승이 뛰면 뒤를 좇아 뛰고 그러면서도 재빨리 말씀을 들어야 한다. 제자의 잠자리는 그의 가까이에 두고 앉을 자리는 항상 스승의 아래에 두며, 스승이 볼 수 있는 자리에 앉고, 아무 곳에나 앉지 말라(『마누법전』2. 196/2. 198).

앞에서 언급한 아뜨만은 바로 스승과 제자가 대화를 나누며 공부하는 사태에서 확립되며, 스승과 제자의 상호의존적 도제방식으로 이루어지는 교육이다. 이런 스승과 제자의 관계는 일종의 유기체적 공동체를 이루어

상생의 효과를 나타낸다. 스승과 제자의 상호의존적 도제관계는, 『우빠니샤드』가 추구하고 있듯이, '브라만과 아뜨만이 하나와 같다'는 범아일여에 도달하기 위한 중요한 교육적 토대이다.

나. 그리하스타(grihastha): 가정생활기

학습기 청소년의 공부는 '거룩한 복귀 의례(samavartana)' 또는 '귀가식(歸家式)'으로 완성되어 축복을 받는다. 스승의 곁에서 학습기를 끝낸 청소년은 이제 성인이 되고, 법도에 따라 목욕을 하고 떠나도 좋다는 스승의 허락을 받는다(『마누법전』2.245). 이후 학습을 마치는 의식을 치르고 동일한 신분에서 배필이 될 만한 처녀와 혼인을 하게 된다(『마누법전』3.4). 이제 결혼을 통해, 힌두인들이 인생에서 가장 중요하다고 표현하는 가정생활기에 들어갈 준비가 된 것이다. 이 시기 삶의 목표를 통해, 힌두교의 가정생활에 내재된 삶의 양식 및 태도, 문화, 의례와 가족에 대한 책임과 의무 등에 대한 교육이 어떻게 이루어지고 있는지 탐색할 수 있다.

가정생활기의 교육목표는 결혼을 하고 가족을 돌보며, 사회가 요구하는 여러 서비스를 생산하는 것으로 규정된다. 이는 결혼과 함께 발생하는 가족공동체 생활과 재화의 생산 활동을 통한 경험의 체득에서 교육이 이루어지기 때문이다.

재생자는 인생의 첫 사분기에 스승의 곁에 머물며, 두 번째 사분기에는 혼인하여 가정에 머물러야 한다. 그 어떠한 일을 하던 자신의 신분에 합당할 일로서 생업을 삼을 것이며, 육신에 지나친 고통을 주는 일을 피하여 재물을 모아야 한다(『마누법전』4.1/4.3).

　　　　　　　　　　　　　세계 종교의 교육적 독해

힌두교에서는 아슈라마의 네 단계 가운데 가정생활기를 으뜸으로 여긴 다. 이는 힌두인이 그들의 사회를 유지하고 계승해 나가는 데, 가정이 주 요한 역할을 하기 때문이다. 많은 제사가 가정의 가장과 아내에 의해 이 루어지고, 생업 활동을 통해 힌두 사회를 유지하는 재물을 생산해 낸다. 또한 자식을 낳아 자신의 지식을 전수함으로써 힌두 사회가 계승되고 지 속된다.

이러한 가정생활기에 주로 이루어지는 교육내용은 『베다』학습과 더 불어 총 다섯 가지의 제사 의식 및 의례이다.

> 베다를 학습하거나 가르치는 것은 브라만에 대한 제사, 물과 음식을 올리는 것은
>
> 조상에 대한 제사, 아그니에 올리는 것은 신에 대한 제사, 음식을 뿌려 만물에 올리는
>
> 것은 영들에 대한 제사, 손님에 대한 환대는 사람에 대한 제사이다(『마누법전』3.70).

가정생활기에 접어든 가장은 『베다』의 제의서[범서] 공부를 통해 공희 의식과 제식을 자세하게 배울 수 있고, 브라마나에 기록된 대로 『베다』의 봉헌을 실천할 수 있다. 가장은 제사의 필요성 및 중요성, 자세한 장소와 절차, 바치는 음식, 주의점 등 제사에 관한 구체적 사항을 익히고 가족공 동체 생활에서 필요한 기본예절이나 태도 등을 익혀, 일상에서 이 법도를 잘 행해야 한다. 때문에 여러 경전에서는 그것을 교육의 기초 내용인 기 본 교리로 강조하고 있다. 가정생활기의 교육방법은 일상에서의 경험을 통한 체득 및 습관화를 기본으로 한다. 또한 생업을 마치고 주도적으로 평소 스스로 『베다』를 학습한다.

베다의 자습을 방해하는 모든 재물과 관계된 것을 내버려야 한다. 드비자가 어떠한 일을 생업으로 삼아 살던지 이것만은 마땅히 지켜야할 바이다. 자리에서 일어나 일상의 일을 마치고, 마음을 정하게 하고 정신을 집중하여 동이 틀 때 사위뜨리 묵송을 하라. 저녁의 황혼에도 사정에 따라 가능하면 오래도록 사위뜨리 구절을 낭송하라(『마누법전』4.17/4.93).

가정생활기의 교육은 생업을 하되 『베다』 공부에 방해가 되거나 무리가 되는 일은 삼가야 한다. 생업이 끝난 후에는 자발적으로 『베다』를 학습해 나가야 한다. 그리고 자신이 배운 내용을 반드시 자식에게 교육해야 한다. 가정생활기를 통해 힌두인들은 학습자이자 교수자로서 '알만한 가치가 있는 것'을 보전하고 전승함으로써, 사회를 지탱해 나가는 동시에 자기통제기에 필요한 능력을 획득한다.

다. 바나쁘라스타(vanaprastha): 자기통제기

가정생활기의 의무들을 충족한 다음, 세 번째 단계인 자기통제기의 단계에 접어든다. 이 시기의 교육은 사회에서 물러나 규범 및 규칙을 통해 자신을 통제하고 집착하지 않는 것을 목표로 삼는다. 학습자와 가장으로서의 다르마를 이룬 후, 스스로를 다르마 안에 확립하고 통제하려는 시기이다.

드비자는 법도에 따라 가정생활기를 지내고 난 후, 바르게 자제하고 감각을 정복하여 숲에서 지내도록 한다. 가장이 자신의 모습에서 주름과 백발을 보고, 그의 손자들을 보면, 이제 그는 숲에 의지해야 한다(『마누법전』6.1~6.2).

세계 종교의 교육적 독해

가장은 이제 세상만사에 대한 무집착의 태도를 얻기 위해, 배우자가 원한다면, 함께 집과 마을을 떠나 숲으로 들어가 제사를 지내며 성전을 공부하는 일에 집중한다. 이는 공동체나 사회적 삶으로부터 은퇴하는 시기로, 최종적으로 '목샤'를 획득하는 데 필요한 자기 통제력과 영적 힘의 성취를 얻으려는 고행의 기간이다. 자기통제기에 숲속에 거주하는 사람은, 만인으로부터 공경과 존경을 받으며, 가끔 그들의 지혜로운 상담을 구해 방문하는 사람들이 있으므로, 여전히 사회의 핵심적 부분을 구성하고 있다(존 M. 콜러/ 허우성 역, 2003: 134). 가장은 늙게 되면 숲 속에 들어가 제식과 명상을 하는데 필요한 내용을 『베다』 경전인 아란야까를 통해 습득하고, 이에 따라 상징적 제례와 봉헌을 행할 수 있다.

이 시기는 영적으로 완전해져야 하는 시기이다. 때문에 어떤 것도 취하지 않고 모든 것에 자비로워야 한다. 내면의 열을 발산하고 영적 에너지를 비우기 위해, 여름에는 주변에 다섯 개의 불을 에워싼 채 앉아 있고, 겨울에는 젖은 옷을 걸치고 있으면서, 극심한 고행을 실천한다. 이 시기는 극단적으로 금욕적이며, 욕망을 버리고 자기완성을 추구하게 된다.

여름에는 다섯 가지 열로 스스로를 달구고, 우기에는 맨 하늘에서 지내며, 겨울에는 젖은 옷을 입고 고행을 통해 서서히 열기를 늘린다. 쾌락을 얻고자 노력하지 않고, 성욕을 절제하며, 맨 땅에서 자고, 쉴 곳을 소유하지 않으며, 나무 밑동을 거처로 삼아야 한다(『마누법전』6.23/6.26)

고행을 실천하는 자기통제기의 주요 수련 방법으로는 요가가 있다. 요가를 설파하는 경전이 다름 아닌 『바가바드 기따』이다. 그것은 브라만에 대한 가르침이자 궁극적 실재에 관한 지식을 근원으로 하고 있으며, 영혼을 단련하는 수행 방법을 담보한다. 요가는 호흡법에 뿌리를 두고 심신을 단련하는 수행으로, 『요가수트라』가 대표적 문헌이다. 『요가수트라』에 의하면, 기원전 12세기 베다 시대로부터 의식적 호흡인 '프라나 (prana)'를 인지했고, 의식적이고 자연스러운 호흡법은 '하티요가'라는 명칭으로 불린다. "요가 수련의 목적은 날숨 전에 숨을 정지시키는 호흡 훈련으로 달성할 수 있다."(『요가수트라』1.34). 자신의 내면으로 침잠을 허용하는 육체와 정신의 저항에는 멍에가 필요하다. 요가 수행은 고행을 대변한다. 요가의 길은 정신과 육체의 수행을 동시에 가능하게 해야 한다. 이 요가의 실천방법에는 '제계(制戒, yama)-내제(內制, niyama)-좌법(坐法, asana)-조식(調息, pranayama)-제감(制感, pratyahara)-진언(眞言, dharani)-선정(禪定, dhyana)-삼매(三昧, samadhi)'로 이어지는 여덟 가지 단계가 있다. 그것을 요가의 '8실수법(八實修法)'이라 한다.

〈표 3-1〉 요가의 8실수법 (박양운, 1997: 67~68)

단계형	특징
제계 (制戒, yama)	정신과 종교 생활에서 기본이 되는 5계(戒)를 잘 지키는 것이다. 즉 죽이지 말고(不殺生), 거짓말을 하지 말고(眞實言), 훔치지 말고(不盜), 음행을 하지 않고(不婬), 재물을 갖지 말 것(無所有) 등이다.
내제 (內制, niyama)	마음과 행동을 다하여 덕을 닦고 고행을 하며, 그리고 철저한 종교 생활로 절대자를 잘 섬기는 것을 뜻한다

세계 종교의 교육적 독해

단계형	특징
좌법 (坐法, asana)	좌법에 의하여 신체를 안정부동(安定不動)하게 하는 것이다. 요가의 앉는 자세가 32가지나 된다고 하지만 가장 완전한 자세란 결가부좌(結跏趺坐, padmasana)이다. 즉 오른발을 왼쪽 넓적다리 위에 놓고 앉는 자세이다.
조식 (調息, pranayama)	호흡에는 숨을 들여 마시는 흡기(吸氣)와 숨을 내뱉는 호기(呼氣)가 있는데 둘을 잘 조율하고 통제해야 된다. 호기를 느리게 해서 조율을 꾀하기도 하고 초심자는 호흡의 수를 세기도 한다. 숨을 멈추는 지식법(止息法)도 있고 또 강제로 하는 호흡법도 있다.
제감 (制感, pratyahara)	대상(對象)에 대한 감각을 차단함으로 마음이 보다 자유롭게 되고 부드러워진다.
진언 (眞言=總持, dharani)	산스크리트로 된 짧은 주문(呪文)을 다라니라고 하는데 그를 외어 마음을 한곳으로 집중시킨다.
선정 (禪定, dhyana)	명상을 할 때 이론 전개는 별로 없고 단순히 진리 자체를 정관(靜觀)하는 것이다.
삼매 (三昧, samadhi)	모든 의식적(意識的)인 소견(所見), 욕망, 생각 등이 마음에서 사라져 무심(無心)의 경지에 도달하게 된다. 의식의 대상을 동반하지 않고 또한 대상에 속박되는 일도 없을 뿐 아니라 마음의 작용도 그의 여력(餘力)이 없어졌기 때문에 순수 정신은 관조자(觀照者) 그 자체로 안주하게 된다. 그래서 무상 삼매(無想三昧)는 정신이 물질로부터 완전히 분리되어 있는 경지가 된다는 것이다

『바가바드 기따』는 브라만에 대한 가르침이자 요가를 설파하는 경전이다. 궁극적 실재에 관한 지식에 뿌리를 두고 있으므로 영혼을 단련하는 수행 방법을 깊이 있게 다룬다. 요가는 목샤가 목표이다. 그것은 비극적 윤회의 고리에서 벗어나는 일이다. 요가는 우리 마음을 미혹에서 벗어나

게 하며 궁극적 실재로 향하게 만들어준다. 이때 궁극자로 향하는 다양한 방법으로서 요가는 크게 세 가지로 분류된다. '행위의 길'과 '지식의 길'과 '믿음의 길'이다.

첫 번째는 지식의 길이다. 이는 '갸냐 요가'라고도 하는데, 덧없는 것과 영원한 것을 구별함으로써 인간 본성으로 돌아가야 함을 의미한다. 지식의 길은 자아실현을 목표로 한다. 이를 위해서는 참된 자아가 자기의 감각을 초월함을 깨닫고 자신의 오만함을 버려야 한다.

두 번째는 행위의 길이다. 이는 '카르마 요가'라고도 하는데, 결과에 집착하지 않은 채 행동하라는 의미이다. 목적을 잊는 것일 뿐, 방황하는 것이 아니다. 일상적 삶과 의무를 다하는 일은 점진적 해탈을 위해 필수불가결한 요소이다. 행위를 포기하거나 의무를 져버린다면 궁극적 실재에 가까워질 수 없다.

세번째는 믿음의 길이다. 이는 '박띠 요가'라고도 하는데, 인격신에 대한 믿음과 사랑이다. 위의 다른 두 길을 포섭하며 신의 은총으로 해탈함을 의미한다. 신앙이 있는 자는 자신을 신에게 온전히 맡기고, 신 안에서 모든 것을 보고 모든 것에서 신을 본다.

이렇게 세 가지 길은 배타적으로 보이지만, 지·정·의(知·情·意)를 포괄하면서도, 모두 인간 본성의 근원으로서 상호보완적 관계임을 간과해서는 안 된다. 『바가바드 기따』는 통합적 입장에서 욕망을 없애고 해탈에 이르는 인간의 자아실현을 도모하기 때문이다. 최종적 목표를 추구해 나갈 때, 하나의 길만을 강요하는 것이 아니라 자신의 내적 본성에 가장 부합하는 수행 방법을 선택한다. 이러한 요가 단계를 거쳐 정신이 물질로부터 완전히 분리될 때, 자신을 통제하는 경지에 이를 수 있다.

라. 산야사(sainnyasa): 득도기

득도기는 세속적 대상과 욕망을 완전히 포기하는 단계이다. 세 번째 자기통제기의 시기를 보낸 다음, 가장 혹독한 고행을 통해 자신의 다르마를 확립시키고 집착을 버린 상태에서 득도기에 접어든다. 득도기 교육의 목표는 번뇌의 속박에서 벗어나 영적 자유에 도달하는 것이다. 이는 궁극적으로는 해탈을 이루는 일이다.

숲에서 인생의 세 번째 주기를 보내고 나면, 그는 모든 것에 대한 집착을 버리고 인생의 네 번째 주기로 나아가야 한다. 법도에 따라 베다를 학습하고, 다르마를 지켜 자식을 낳고 능력껏 아그니에 제사를 치른 후에 이제 마음을 해탈로 향하게 해야 한다(『마누법전』6.33/6.36).

세상은 물론, 심지어 죽은 후 재생하기 전까지 머무는 최고의 장소인 천상의 삶까지도 버리려는 감정이 일어나면, 이제 득도기로 접어들었다. 산야신은 생명체를 해치는 일이 없도록 정결한 땅만을 밟고, 물은 헝겊에 걸러 마시며, 스스로 진실하다 여기는 말을 하고, 양심에 따라 행동해야 한다(류경희, 2016: 288). 교육의 궁극이자 최종 단계인 득도기에, 수행자가 행해야 할 의무는 육체적·정신적 통제에 이어 나오는 '영혼의 완성'이다.

성물들을 가지고 떠난 은자는 길에서 접하게 되는 욕망에 대해 무감함을 지녀야 한다. 깨달음을 얻으려는 자는 동반자 없이 홀로 다녀야 한다. 홀로 깨달음을 얻은 자는 누구를 버리지도 않고 누구로부터 버려지지도 않는다. 생물을 보호하기 위해서는 밤이든 낮이든 몸에 고통이 있을지라도 항상 땅을 살피면서 걸어야 한다. (『마누법전』

6.41/6.42/6.68).

힌두인들은 윤회의 굴레에서 해방되어 완전히 자유로운 상태에 이르는 해탈을 삶의 궁극적 이념으로 추구해 왔다. 『마누법전』에서 말했듯이, 해탈을 얻기 위해서는 가족이나 친구도 없이 언제나 홀로 성지를 유랑해야 하며 머무를 곳도 없어야 한다. 만물에 무관심해야 하고, 확고한 목적을 지녀야 하며, 브라만에 대해 명상하고 집중해야 한다. "스스로 기뻐하고, 명상을 위해 앉으며, 기대하는 것 없이, 욕망도 없이 자신만을 의지하여 이 세상에서 해탈에 대한 행복의 소망을 위해 움직여야 한다."(『마누법전』6.49).

산야신은 한적하지만 안전한 곳에서 머물러야 한다. 나[신]에 대한 사랑과 헌신[박띠]으로 마음을 정결히 하는 성자는 자신의 자아가 나와 하나임을 깊이 명상해야만 한다. 또 『우빠니샤드』를 공부하여 추상적이고 형이상학적인 삶의 목적과 이상을 학습한다. 그리고는 영적 지식을 사용하여 영혼 해방의 본질을 살피고, 감각의 통제가 목샤이자 해탈임을 깨달아야 한다.

2. 카스트에 따른 계층별 사회교육

가. 브라만(brahman)

카스트 제도의 최상층에 있는 브라만은 성직자나 학자들로 구성되어 있으며 신에 대한 제사를 관장한다. 『리그베다』의 말기에 속하는 뿌루샤

찬가에는 창조설이 등장하는데, 여기에는 바르나 제도를 만들고 유지한 것을 브라만으로 기술하고 있다. 뿌루샤의 각 부분으로부터 만물이 전개된다. 브라만은 입에서 나오고, 신의 의견을 대신하는 계급으로 신들과 동등한 위치에 있는 존재로 규정된다. 앞에서 브라만은 '제례 및 경전 등의 지혜를 얻어, 이를 제공하고 실천하는 일'을 삶과 교육의 목표로 삼는다고 하였다. 『마누법전』(1.88)에 따르면, 브라만에게는 베다를 배우고 가르치는 일, 제사를 치르고 주관하는 일, 증물을 주고받는 일 등을 실천하라고 정해 주었다.

> 교육, 학습, 제사, 타인 제사의 집행, 증물을 하는 일, 증물을 받는 일이 브라만들의 여섯 가지 까르마[일]이다. 브라만에 비해 크샤트리아가 할 수 없도록 되어 있는 다르마가 세 가지 있다. 교육, 타인 제사의 집행, 그리고 세 번째는 증물을 받는 일이다(『마누법전』10.77/10.77).

브라만, 크샤트리아, 바이샤, 이 세 계급은 재생을 할 수 있는 계층을 의미한다. 상층부를 이루고 있는 카스트로 기본적으로 『베다』를 학습하고 집안의 제사를 집행한다. 그러나 교육과 타인 제사의 집행, 그리고 증물을 받는 일은 브라만에게만 허용된다. 브라만은 여러 계급 가운데 가장 신성시되고 존경받는 계급이기 때문이다. 앞에서 개인적 다르마를 실천하는 일로 아슈라마를 살펴보았다. 아슈라마는 엄밀하게 말하면 전통적으로는 브라만에게 한정되는 것이다. 따라서 아슈라마의 인생 네 단계에 따른 교육 내용 및 방법은 다름 아닌 브라만의 교육 내용 및 방법이라 할 수 있다. 이를 다시 정리하면, 학습기에는 『베다』의 내용을 반복 암송하고 '스승-제자' 사이에 상호의존적 도제방법을 통해 수행하였고, 가정생활기에는 제사 및 가족 공동체 생활 등의 경험을 통한 체득을 교육 내용 및 방법으로 삼았다. 자기통제기에는 극심한 고행과 요가가 이루어졌고, 득도기에는 성지 순례와 명상이 교육 내용 및 방법으로 제시되었다.

하지만 브라만에게도 신중해야 할 부분이 있다. 사위뜨리 구절의 핵심을 알고 스스로를 통제할 수 있는 브라만은 훌륭하다. 그러나 스스로를 통제하지 못하는 자, 모든 것을 먹는 자, 모든 것을 파는 자, 이러한 자들은 설사 『베다』를 학습한 자라고 할지라도 결코 훌륭하다 할 수 없다(『마누법전』2.118). 따라서 브라만은 자신이 알고 있는 지식과 지혜를 아는 것에 그치지 않고 항상 일상생활에서 실천에 옮기는 자세를 중요하게 간직해야 한다.

나. 크샤트리아(ksatriya)

크샤트리아는 왕족이나 귀족, 법관, 무사 등 사회의 안정을 위해 활동하는 계급이다. 이들의 삶과 교육의 목표는 '용기와 건강한 신체를 가지고 사회 및 사람들을 다스리고 보호하는 일'로 규정된다. 크샤트리아는 전통적으로 자신의 공동체를 지키고 관리하는 일을 주로 한다. 따라서 전투에서의 용기와 싸움의 기술을 터득하고 갖추기를 요구하는 것이다.

『바가바드 기따』(18.43)에 따르면, 크샤트리아에게는 '영웅다움·힘·결단력·지략·무용·관대함·지도력' 같은 자질이 있다. 그러므로 크샤트리아는 전쟁에 나갔을 때 결코 도망치지 않는다. 전쟁에 직면하여 용기와 전투의 기술을 드러내 보이고, 기사도 정신이나 인내심을 보여준다. 이런 점에서 보면, 그만큼 높은 진리와 의무를 실행하는 일은 그만큼 자연스럽게 좋은 사안이 따라오기도 한다는 점을 역설하고 있다.

> 또한 너의 마땅히 할 의무를 생각해서도 네가 겁을 내는 것은 옳지 않다. 왜 그러냐
> 하면 크샤트리아 족으로서는 의무인 싸움을 하는 것에서 더한 선행은 있을 수 없기 때
> 문이다. 그러한 싸움이 구함 없이 오는 것을 만나 크샤트리아는 행복하다(『바가바드
> 기따』31~32).

또한 사회에 대한 기부와 민중을 보호하는 일은 크샤트리아의 다르마에 해당한다. 크샤트리아는 시민 및 약자 보호, 제식 거행, 자선 집행, 『베다』학습, 법률 수호 등의 그에게 부여된 의무를 실천한다. 『베다』(1.89)에 따르면 신은 크샤트리아에게 민중을 지키는 일, 증물, 제사, 『베다』학습 그리고 감각적 대상에 현혹되지 말 것을 정해 주었다. 크샤트리아는 그 위의 계급인 브라만과 공통되는 『베다』학습과 제사 수행을 해야 하고, 또한 행정·제도·군사력 등을 통해 공동체를 통치하고 다스리는 사회질서를 유지하는 임무를 부여받았다. 그런 점에서 민중을 보호하고 다스리는 종류의 일이 크샤트리아의 교육 내용이자 방법이 된다.

다. 바이샤(vaisya)

바이샤라는 말은 전기 베다시대에 아리아인의 씨족, 부족을 의미한 '비슈(viś)'에서 유래한다. 후기 베다시대에 들어서면서 부족 내부의 계층 분화가 이루어졌다. 이에 사제[브라만]와 왕후·무사[크샤트리아]의 두 바르나가 성립하였다. 그리고 농업이나 목축, 상업에 종사하였던 부족의 일반민은 바이샤로서 위치 지어졌고, 위에 있는 두 바르나를 공납을 통해

지지하는 의무를 지게 되었다(종교학사전편찬위원회, 1998). 이에 바이샤는 '절제하며, 재물을 많이 생산하고 분배하는 일'로 자신의 삶이 규정되었다. 그것은 경전에도 잘 드러난다. 힌두교의 경전에서는 목축업, 농업, 상업의 역할을 바이샤에게 부여하였다.

> 바이샤는 가축을 사육하지 않을 생각을 품어서는 안 된다. 바이샤가 원하는 한 다른 신분은 절대 가축을 사육할 수 없다. 바이샤는 보석, 진주, 산호, 쇠, 옷감, 향, 향신료의 등급을 알고 있어야 한다. 씨를 심는 법, 밭의 좋고 나쁨, 도량형을 사용하는 방법을 알고 있어야 한다. 물건들이 상품인지의 여부, 지방의 좋은 물건과 나쁜 물건의 여부, 판매시 이득의 여부, 그리고 가축을 불리는 방법들을 알고 있어야 한다. 다르마에 따라 재산을 불리기 위해 최고의 노력을 기울여야 한다. 가능한 한 만물에 먹을 것을 공급해 주어야 한다(『마누법전』9.328~9.333).

『마누법전』에서 바이샤는 농업, 목축, 상업에 종사할 의무가 있고, 재산을 늘리는 데 노력해야 한다고 서술된다. 다시 말해, 바이샤는 사회의 기틀이자 토대가 되는 농업·상업·공업에 종사하며 재화의 생산을 담당하는 것이다. 시간이 지남에 따라 바이샤는 토지 소유자, 상인 및 돈을 빌려주는 사람들이 되었다. 동시에 더 높은 계급의 사람들에게 생계를 제공하는 일이 그들의 책임으로 부과되었다. 이외에도 증물, 제사, 『베다』의 학습을 바이샤에게 정해 주었다. 따라서 바이샤는 재생족의 일원으로 베다의 제식에 참가할 자격이 주어지지만, 그들의 주된 교육내용 및 방법은 농업, 목축, 상업에 종사하며 공납하는 일에 초점이 맞추어져 있었다.

라. 수드라(sudra)

수드라는 인도의 네 바르나 가운데 가장 아래 계층에 놓인 예속민이다. 수드라는 주로 갠지스 강 상류에 진출한 아리아인의 지배하에 들어온 선주민이었다. 그들은 에카쟈(ekaja, 일생족)라고 하여 브라만이 지도하는 베다의 종교에서 제외되었다. 브라만, 크샤트리아, 바이샤의 세 바르나에 비해 사회생활의 모든 면에서 차별을 받았다. 힌두법전의 규정에 의하면, 수드라의 의무는 예속적 노동자나 직인으로서 상위의 세 바르나에 봉사하는 일이라고 되어 있다(종교학사전편찬위원회, 1998). 따라서 앞에서도 수드라의 삶과 교육의 목표를 '봉사의 마음으로 각종 서비스를 제공하는 일'로 정돈하였던 것이다. 수드라의 다르마에 대해 『마누법전』은 이렇게 말하고 있다.

> 수드라의 다르마이며 최고의 기쁨이 되는 것은, 베다를 잘 아는 브라만으로서 가주기에 있는 자, 명예를 가진 자들을 받들어 모시는 것이다. 항상 정결하고, 모시는 데 뛰어나며, 언어가 부드러운 자, 브라만에게 의지하는 자는 상위 신분에 태어난다(『마누법전』9.334~9.335).

이렇게 수드라는 어떠한 질투도 없이 위의 세 계층에 봉사해야 한다. 수드라는 육체노동을 통해 농부, 어부, 직물공 등의 생업에 종사하며, 위의 세 계층의 사람들을 위해 봉사하는 것을 사명으로 삼는다. 그러므로 수드라의 삶은 일종의 육체노동을 통한 지원이다.

이 외에도 잘 알려지지 않은, 이 네 계급에 들지도 못하는 최하층민이 있다. 이들은 제5계급이라 할 수 있는 '불가촉천민'이라 한다. 이 불가촉천민은 카스트 시스템에도 들지 못한다. 산 속에서 고립되어 살던 부족들도 이 제5계급에 속한다. 공식적으로 이들을 명명할 때, '불가촉천민'의 경우에는 '지정 카스트(Scheduled Caste: SC)'라 하고, 고립된 산속 부족들의 경우에는 '지정 부족(Scheduled Tribe: ST)'으로 지칭한다(홍재호, 2010: 5). 정의와 부정의 사상에 의해 강하게 지배당하고, 인간이나 직업도 그런 관점을 적용했던 힌두교 사회에서 천민제는 복잡하게 발달하였다.

기원전 6~5세기의 문헌에 이미 '챤다라'라는 불가촉민이 나타났다. 그후 고대사회와 중세시대를 거치면서 농경사회의 주변에서 수렵과 채집생활을 했던 부족민의 일부와 천하게 여겨지던 직업에 종사한 집단을 불가촉민으로 보았다. 그들은 자연스럽게 최하 계층에 자리매김 되었고, 또 다수의 카스트로 나누어졌다. 각 카스트는 피혁 가공, 오물 청소, 세탁, 도살과 같은 천한 일을 맡게 되었다. 불가촉민 카스트의 성원은 이러한 천한 직업을 세습하며, 가끔 농업노동자나 촌락의 잡역인이 되었다(종교학사전편찬위원회, 1998).

이상에서 힌두교의 전통적 교육 전반에 대해 간략하게 살펴보았다. 힌두교의 교육이념인 목샤는 힌두교의 궁극적 지향점이자 포괄적 개념으로 정신적 해방이자 해탈이다. 이러한 목샤를 이루기 위한 교육의 목적은 각자의 상황과 지위에 주어진 다르마를 인식하는 일이었다. 이 때 다르마는 해탈이 지향하는 기본 방향을 제시해 주는 것으로 해탈로 나아가기 위한 다양한 방면들의 방법 및 속성을 지녔다. 개인적 다르마를 실천하기 위한 삶은 교육의 목표와 상통하며, 인생의 네 주기이자 단계인 아슈라마를 통해 구체적으로 제시되었다. 나아가 사회적 다르마의 실천은 카스트에 따

른 네 계급을 통해 규정되었다. 이를 전체적으로 구조화하면 다음 그림과
같다.

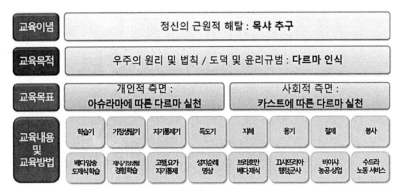

[그림 3-3] 힌두교의 교육 체계

IV. 결어

힌두교가 지향하는 삶의 이념은 정신의 근원적 해방인 목샤의 추구였다. 이에 이르는 길은 즈냐나, 까르마, 박띠의 세 가지 방법이다. 그 삶의 교육은 우주 질서이자 개인적·사회적 윤리 및 법칙인 다르마를 인식하는 일이었다. 이때 다르마는 규범, 선업, 성질 및 속성 등 다양한 측면으로 정돈할 수 있었다. 그에 따른 구체적 목표는 주어진 각각의 다르마를 실천하는 일이다.

어떤 측면에서 힌두교는 종교나 교육이라기보다 힌두인들에게는 삶 자체이다. 이를 교육이념에서 목적, 목표와 내용 및 방법 등으로 인위적으로 재단한 것은 일종의 모험이다. 교육 내용 및 방법에서 아슈라마 각 단계의 주된 과업을 제시하였지만, 이는 특정 시기에만 해당하는 것은 결코 아니다. 엄밀하게 말하면, 학습기에 익힌 『베다』의 내용은 모든 시기에 반복해서 암송해야 할 부분이다. 경험학습, 명상, 요가 등의 수행 방법도 특정한 상황이나 단계에서만 이루어지는 것은 아니다. 해당 시기나 단계에 보다 두드러지고 강조되어야 할 영역일 뿐이다.

개인적 차원의 다르마 실천에서 아슈라마의 각 단계별 교육체계는 인도문화의 종교·철학에 기초하여 각 세대에게 교육을 통해 전수되었다. 힌두인은 그들의 전통을 지속하고 공동체의 삶을 안내하기 위한 이념들과 가치들을 구체화하면서, 개인적 측면에서 진정한 힌두인의 삶에 이를 수 있는 교육적 장치를 마련한 것이다. 하지만 여기에는 그들의 사회문화적 한계가 존재한다.

힌두교가 지향하는 인생의 수행, 즉 아슈라마의 네 단계는 브라만의 입장이다. 때문에 그 이하의 계층에 속하는 일반 대중에게 기대되는 것은 아니다. 이 교육의 과정은 브라만의 이상향(理想鄕)으로 어쩌면 일반 서민의 보통교육 현실과 동떨어졌다는 비판의 소지가 있다. 그러나 힌두 사회의 카스트를 고려하면서도, 아슈라마의 단계별 교육 추구를 개인의 보통교육의 차원으로 전환하여 이해한다면, 현대 교육적 차원에서도 시사점이 크다. 특히 단계별로 각자의 성정과 역량에 맞게 자신의 단계를 설정하여 구체적 학습을 실행해 나가는 차원은 의미심장하다.

힌두교의 전통적 카스트 제도를 개혁하고 있는 현 시점에서, 이러한 전통적 힌두교 교육을 논하는 작업이 과연 의미가 있을지 반문할 수도 있다. 하지만 인도인들의 삶 그 자체라 할 수 있는 힌두교를 오늘날 시각에서 단순하게 가치를 판단하고 평가절하해서는 안 된다. 대신, 수천 년을 전해 내려져 온 힌두교의 사상과 전통을 면밀하게 살펴 이해하고, 재해석하고 변용하는 작업이 중요하다. 그런 점에서 힌두교의 전통적 교육 과정은 다음과 같은 시사점과 의의를 부여할 수 있다.

첫째, 힌두교의 포용성과 다양성을 통해 상생(相生)을 배우는 교육적 차원을 고려할 수 있다. 계급이나 신분상에 차이가 있어도, 그 관계가 단순히 상하수직이 아니라 유기체적이다. 힌두교의 철학 세계관에서는 모든 것의 출발은 하나로 규정한다. 그 뿌리에서 만물이 발생하는데, 이 속에서 '나'와 '너'의 구분이 사라지고, 하나의 유기적 공동체가 되는 것이다.

둘째, 힌두교의 다르마 인식과 실천은 삶과 교육의 관련성을 고민하게 만든다. 힌두인은 깨달음을 의미하는 목샤를 이루기 위한 삶의 과정 가운데 지켜야 할 다르마를 강조한다. 사회적 책무가 바탕이 되며, 자기에게 주어진 과업 및 책임을 강조하는 힌두교의 다르마는 개인적 측면에서 나아가 사회적, 세계 우주적 측면까지 포함하고 있다. 자신의 다르마인 본분을 인식하고 이를 실천하는 과정에서 우리 모두가 이바지해야 한다는 공동체 의식을 생각하게 만든다.

셋째, 힌두교의 아슈라마에 따른 교육 단계를 통해 하나의 평생학습 모델을 제시하고 구체적 학습내용 및 방법을 사유할 수 있다. 아슈라마는 일생 동안 진행되는 개인적 측면의 점진적 교육단계이다. 따라서 단순하게 학령기를 중심으로 특정 시기에 이루어지는 학교교육을 넘어, 인생의 진로를 원대하게 고민하는 평생교육의 측면에서 이해할 필요가 있다. 이는 학습사회를 실천하는 데 하나의 아이디어를 제시한다.

참고문헌

Manusmrti

Srimad bhagavad gita

Upanishad

Veda

고홍근·권선홍·최자영·김영일·황영주(2014). 『국제사회의 규범과 원리』. 경기: 이담.

길희성 역(2010). 『바가바드 기따』. 서울; 서울대학교 출판문화원.

김경순·박태수(2004). 「바가바드 기따와 인간이 추구해야 할 의식」. 『동서정신과학』 7-1.

김관영(2004). 「만트라 요가와 심신수련」. 『宗敎硏究』 34.

김관영(2006). 「홀리스틱 교육론의 관점에서 본 Kriya Yoga」. 『홀리스틱융합교육연구』 10-2.

김규아(2017). 「요가명상의 인성교육 범례연구」. 『원불교사상과 종교문화』 71.

김동진(2013). 「종교의 평화적 가치 발견하기: 간디와 88선언」 『신학사상』 160.

김순금(2011). 「힌두교에 나타난 상생(相生)의 철학」. 『남아시아연구』 17-2.

김진영(2006). 「『바가바드 기따』에 보이는 지혜와 행위의 관련성: 간디의 sthitaprajña 개념을 중심으로. 『인도연구』 11-2.

김진영(2007). 「『바가바드 기따』에 보이는 믿음과 행위의 관련성」. 『남아시아연구』 13-1.

김진영(2013). 「베다 초기에 나타난 죽음(mrtyu) 개념의 기원과 전개 양상」. 『인도철학』 37.

김진영(2014). 「힌두 죽음의례의 신성화 구조와 그 기능: 베다 텍스트의 슈라다제(śrāddha祭)를 중심으로」. 『남아시아연구』 19.

나혜숙(2015). 「마음이 교만한 제자를 다루는 스승의 교육법」. 『원불교사상과종교문화』 63.

나혜숙(2016). 「가르침을 받기 위한 제자의 능동적 자세 고찰」. 『종교연구』 76-1.

노영희·홍현진(2011). 『교육관련 국제기구 지식정보원』. 한국학술정보.

류경희(1997). 「印度 宗敎文化와 性」. 『종교와 문화』 3.

류경희(2003). 「현대 힌두교의 이해」. 『남아시아연구』 3.

류경희(2006). 「인도의 여신신화와 여성정체성: 여성정체성의 이중구조와 그 인도 문
　　　화적 의미」. 『한국종교학회』 45.

류경희(2008). 「인도 신화의 특성과 주요 주제들」. 『동아시아문화학회』 5.

류경희(2009). 「힌두 종교문헌의 역사적 전개와 그 종교사적 의의」. 『남아시아 연구』
　　　15-1.

류경희(2014). 「힌두교와 정서」. 『종교연구』 74-1.

류경희(2016). 『인도 힌두신화와 문화』. 서울: 서울대학교출판문화원.

류경희(2018). 「요가, 힌두교의 수행 체계」. 『기독교사상』 710.

박금표(2017). 「사랄라 데비(Sarala Devi)의 비전과 여성운동」. 『인도철학』 50.

박양운(1997). 『그리스도교와 힌두교·불교-비교 종교 연구』. 서울: 가톨릭출판사.

박지명·이서경(2010). 『베다』. 서울: 동문선.

박홍규(2013). 「함석헌과 간디의 종교관 비교-『바가바드 기따』에 대한 해석을 중심으
　　　로」. 『석당논총』 56.

박효엽(2009). 「『바가와드 기따』에 나타난 끄르슈나의 논증과 그 평가」. 『印度哲學』
　　　27.

박효엽(2010). 「[브라흐마 수뜨라 주석]에 나타난 오류 논증」. 『동서철학연구』 57.

베르너 숄츠/황선상 역(2007). 『힌두교』. 서울: 예경.

서행정(2010). 『인도철학 이야기』. 서울: 한국외국어대학교 출판부.

스가누마 아키라/문을식 역(2003). 『힌두교 입문』. 서울: 여래.

심재관(2011). 「거품, 어스름, 그리고 해변 -인도 신화 속에 나타난 신들의 속임수와
　　　경계성」. 『인도철학회』 31.

우버들·강민아·손동인·신창호(2018). 「힌두교의 아슈라마(ashrama)에 관한 교육적
　　　고찰: 교육이념·목적·목표와 내용 및 방법을 중심으로」. 안암교육학회. 『한국
　　　교육학연구』 24-4.

유성욱(2011). 「박띠(Bhakti) 사상의 기원에 관한 연구」. 『인도연구』 16-2.

이거룡(2007). 「요가(yoga)전통에서 영성(靈性)교육의 현대적 의미에 대한 고찰」.

『남아시아연구』13-1.

이광수(1993). 「힌두교에서의 사랑의 의미: 박띠(bhakti)와 고대 인도 사회와의 관계를 중심으로」. 『석당논총』19.

이병욱(2004). 『인도철학사』. 서울: 운주사.

이재숙·이광수 역(1999). 『마누법전』. 서울: 한길사.

이지은(2014). 「힌두 전통에 대한 남인도 비(非)브라민적 인식론」. 『印度研究』19-2.

이지은(2016). 「『인도 센서스』와 식민 지식의 구축 : 19세기 인도 사회와 정립되지 않은 카스트」. 『역사문화연구』59.

이현정(2017). 「경제개발과 종교: 인도의 힌두교를 중심으로」. 『지역발전연구』26-3.

임근동(2015). 「『바가바드 기따』에 나타난 지혜의 요가」. 『남아시아연구』. 20-3.

임승택(2004). 「위빠사나 수행의 원리와 실제」. 『佛教研究』20.

임승택(2009). 「사띠(念, sati) 개념의 현대적 해석 양상에 대한 재검토」. 『명상치료연구』3.

임형백(2017). 「힌두교와 카스트 제도로 인한 인도인의 해외 이민의 특징」. 『아시아연구』20-3.

장성모(2010). 「우빠니샤드의 지혜: 힌두문화와 도덕교육」. 『도덕교육연구』21.

정승석(2001). 「힌두교의 세계관-힌두교의 차별성과 공통성」. 『정신과학』8.

정승석(2015). 「요가수행의 식생활」. 『佛教研究』43.

정재걸(2017). 「『요가수트라』의 교육적 의미─붇디의 기능을 중심으로」. 『사회사상과 문화』20-4.

정한진(2008). 『왜 그 음식은 먹지 않을까: 세계의 금기음식 이야기』. 파주: 살림지식총서.

존 M. 콜러/허우성 역(1993). 『인도인의 길』. 서울: 소명출판.

中村 元/김용식·박재권 역(1998). 『인도사상사』. 서울: 서광사.

최원진(2013). 「인도 힌두교 선교전략: 공동체의식의 이해를 통한 접근」. 『복음과 실천』51-1.

최종찬·고홍근·구하원·김형준·박금표·이명무·이은구·이춘호(2010). 『인도인의 공동체 의식』. 대외경제정책연구원.

플러드 가빈/이기연 역(2008). 『힌두교 사상에서 실천까지』. 부산: 산지니.

한면희(2010). 「힌두교와 자연관, 그리고 생태윤리」. 『환경철학』9.

함석헌(1996). 『바가바드 기따』. 서울: 한길사.

함형석(2016a). 「바르뜨르하리(Bhartṛhari)의 '말' 개념에 담긴 세 가지 함의」. 『印度哲學』 48.

함형석(2016b). 「청변의 베다 비판과 미맘사학파에 대항한 불교-상캬 연합」. 『불교학리뷰』 19.

현경미(2015). 『인도, 신화로 말하다』. 서울: 도래.

홍재호(2010). 「카스트와 교육불평등의 문제」. 『교육연구』 24.

황인찬(2010). 「Elenctics 입장에서의 힌두교 연구」. 『국제신학』 12.

Donald Walters. J.(1998). *The Hindu Way of Awakening: Its Revelation, Its Symbol, an Essential View of Religion.* NV: Crystal Clarity Publishers.

Kinsley David R.(1993). *Hinduism. A cultural perspective. Englewood Cliffs.* N.J. : Prentice Hall.

Patrick Olivelle(1993). *THE ASRAMA SYSTEM.* N.Y : OXFORD UNIVERSITY PRESS.

Reddy(2005). *General Studies History 4 Upsc.* Tata McGraw-Hill Education.

Shinha. J. (1993). "Bhagavata Religion: The Cult of Bhakti". H. Bhattacharyya, ed., *The Cultural heritage of India.* vol. 4

제4장

유대교: 지혜(智慧)의 현세지향성

I. 서언

유대교 또는 유대인의 삶은 세계사적으로 독특한 양식을 지니고 있다. 유대교는 다윗 왕조가 멸망한 이후 1948년 유대인의 국가인 이스라엘이 새로 독립국가로 확립되기 이전까지는 온전한 국가가 아니었다.[1] 유대인들은 전 세계에 흩어져 살았지만 하나님에게 '선택된' 민족이라는 확고한 신념과 신앙심으로 오늘날까지 역동적인 역사를 기록해 왔다. 나치의 유대인 학살을 비롯하여 수많은 고난과 시련을 겪었음에도 유대인들은 자신들의 종교 신앙을 버리지 않고 온전히 살아남았다는 것은 놀라운 일이다.

유대인 가운데는 철학자 스피노자, 칼 마르크스, 과학자 아인슈타인, 미국의 영화계 거장 스티븐 스필버그와 같은 세계적으로 위대한 인물들이 배출되었으며 세계 경제가 유대인에 의해 좌우된다고 해도 과언이 아닐 정도로 지대한 영향을 미치고 있다.[2] 이런 측면에서 유대인들의 지혜

---

1 유대교는 히브리어로 '야하둣(תודהי, Yahadut), 또는 '이디시어(יׅׅׅ)라고 하고, 영어로는 '쥬다이즘(Judaism)'이라고 한다. 다른 표현으로는 '유태교(猶太敎)' 또는 '유다교'라고도 한다. 유대교는 유대인의 종교이다. 유대인(히브리어: ידוהי 유대인; Yehudim) 또는 유태인(猶太人), 유다인은 고대 근동의 이스라엘 민족에게서 기원한 민족적·종교적·문화적 집단이다. 유대인이라는 용어는 로마 시대에 유다의 지명이었던 '유다아(Judea)'에서 온 것이고, 남유다 왕국 출신의 사람을 의미한다. 기원전 587년에는 신바빌로니아의 왕이었던 네부카드네자르 2세가 예루살렘을 포위하고 제1차 성전을 파괴하였으며 유다의 지배층을 추방하였다. 기원전 586년에는 유다가 신바빌로니아의 일부가 되었으며 유다에 남은 유대인들은 나라를 잃게 되었다(https://ko.wikipedia.org/wiki/유대교). 1948년 5월 14일, 세계 시오니즘 단체 경영이사, 그리고 팔레스타인 유대인 기구의 대통령 다비드 벤 구리온은 "에레츠 이스라엘에 유대 국가를 수립하고 이스라엘 국가로 한다"고 선언하였다. 1948년 5월 15일, 영국의 위임통치 종료와 함께 독립되었다(https://ko.wikipedia.org/wiki/이스라엘).
2 「시사저널」, 2009.02.03. 김회권의 글 「미국을 움직이는 2%유대인들의 '파워 네트워크」,에서는 "백악관도 안팎으로 유대인에게 둘러싸여 있다. 오바마 대통령을 만든 일등 공신 중에 유대인을 빼놓을 수 없다. '유대인의 돈과 인맥'은

는 그들의 종교적 이념에서 비롯된 교육의 결과로 보인다.

유대교는 나라가 없는 종교로 존재해왔지만, 처음부터 나라가 없었던 것은 아니다. 유대교는 다윗 왕이 세운 이스라엘의 수도 예루살렘에 있는 성전을 중심으로 발전해왔다. 그러나 이 나라는 기원전 933년에 북방의 이스라엘 왕국과 남방의 유다 왕국으로 분열되었고, 기원전 722년과 기원전 586년에 차례로 멸망한다. 이때 아시리아인(Assyria)에 의해 멸망한 이스라엘의 종교적 전통은 사라지고, 단지 바빌로니아 군대에 의해 멸망한 유다 왕국의 종교만이 바빌로니아에 추방된 유대인들을 중심으로 그곳에서 유지되었다. 따라서 이 시기에 대부분의 이스라엘인들이 흩어지는 '디아스포라(Diaspora)'³가 시작되었다(모니카 그뤼벨, 2007: 27).

그러나 다윗 왕조의 종말이 이스라엘 민족의 종말은 아니었다. 유대인들은 오히려 자신들을 예언자가 예고한 '거룩한 남은 자들'로서 바빌론의 사람들과 어울리지 않고 폐쇄된 작은 지역에 함께 머물면서 내면적 독립성을 확립하고 결속력을 다지는 계기를 만들었다(한스 큉, 2015: 158). 포로 기간 50년이 지나 귀환의 가능성이 보이자 유대인들은 바빌론을 떠나 예루살렘으로 돌아와 그동안 황폐해진 예루살렘을 재건하고 120명의 현자들이 모여 의결하는 기관인 '대의회'를 형성하였다(조철수, 2005: 13). 이 시기, 국가가 없는 새로운 환경에서 유대교의 전통을 바르게 지키기 위해 '모세오경'의 율법을 연구하고 새롭게 해석하여 일상생활에 적용할 성서해석 방법을 개발하기 시작하였다. 이를 전문으로 하는 사람들을 '랍비'라고 한다. 이로써 랍비들의 활약은 유대교의 독특한 종교적 전통문

이미 미국 각계각층에 뻗어 있다."고 적고 있다(http://www.sisapress.com/journal/article/125305).

3 '디아스포라(Diaspora)'는 '분산(分散)'이라는 뜻의 그리스어로, 이스라엘 외부 지역에 사는 유대인 공동체를 가리킨다.

화로 정착되기 시작하였다. 이러한 유대교의 생명력은 어디에서 왔을까? 그것은 종교의 힘도 있겠지만, 사회문화의 지속을 가능하게 만드는 교육의 역할도 컸을 것으로 판단된다. 이에 여기에서는 유대교가 빚어내는 교육적 특징을 개괄적으로 탐구해 본다.

유대교의 교육과 관련한 국내의 연구는 활발하지 않지만, 최근에 몇몇 연구자들의 글이 흥미를 끈다. 계홍규(2017: 73)는 교회 교육의 새로운 패러다임으로 랍비들의 성서 해석 책인 '미드라쉬(שרדמ, Midrash)'[4]를 고찰함으로써, 살아있는 하나님의 말씀이 단순히 재미없고 따분한 말씀으로 전락해 버린 안타까운 현실, 즉 지식 위주의 성경 공부와 교사가 학생들에게 일방적으로 가르치는 주입식 교육의 문제점을 지적하고 대안을 제시하고자 하였다. 또한 박은경(2013: 1)도 종교교육이 지식적 수준에 머물러 삶의 여러 고민과 직결시키지 못하고 있다는 문제점을 꼬집으면서 '현실성'을 잃어가고 있는 오늘의 젊은 세대를 위한 대안으로 랍비들의 미드라쉬를 통한 교회교육 방법에 대해 고찰하였다. 그러나 두 연구는 엄밀하게 말하면, 유대교 자체에 대한 연구라기보다 기독교의 종교교육을 위해 논의된 것이다. 이런 점에서 볼 때, 유대교 교육 자체를 심도 있게 정돈한 연구는 거의 찾아보기 힘들다.

스위스의 로마 가톨릭교회 사제이자 저명한 기독교 신학자인 한스 큉(Hans Kung, 2015: 157~201)은 유대교의 역사를 기원전 12세기부터 1945년까지 모두 여섯 개의 패러다임으로 나누었다. 그것은 ①국가 이전 시대의 부족 패러다임(모세), ②왕조 시대의 왕국패러다임(다윗, 솔로

---

4 미드라쉬는 성서를 해석한 책을 말한다. 3~9세기에 걸쳐 유대교 랍비들은 히브리 성서를 이해하는 방편으로 방대한 분량의 성서 해석 책들을 편찬하였는데, 이때 성서 해석 방법론의 기반을 구축하였다.

세계 종교의 교육적 독해

론), ③포로기 이후 유대교의 선정 패러다임(느헤미아, 에스라), ④중세 랍비-회당 패러다임, ⑤근대의 동화 패러다임, ⑥근대 이후의 패러다임이다.

여기에서는 이 패러다임에 근거하여 '③포로기 이후 유대교'를 역사적 배경의 측면에서 고찰하고, '④중세 랍비-회당'을 중심으로 고찰한다. 왜냐하면, 랍비문화가 활발하게 발전한 시기가 기원전 586~538년 바빌론 포로기 이후에 시작되었으며, 70년 성전 파괴와 135년 예루살렘 파괴 이후에 중세의 랍비 문화, 즉 유대교의 교육 문화가 집중적으로 반영되어 있기 때문이다. 특히, '모세오경[토라]'에 반영된 유대교의 종교이념을 고찰하고 이로부터 비롯된 교육이념과 교육내용, 교육방법을, '모세오경'에 대한 랍비들의 해석과 613개의 율법, 그리고 랍비들이 집성한 『탈무드』를 중심으로 탐구해 본다.

II. 기본 이념

1. 유대교의 시초와 파생: 기독교와 이슬람교

유대교의 기본 이념을 고찰하기 위해서는, 유대교가 어떤 종교이며 어떻게 형성되고 발전해 왔는지를 간략하게 살펴볼 필요가 있다. 유대교 형성의 근본적 계기는 『구약성서』의 「출애굽기」이다. 주지하다시피 모세가 이스라엘 사람들을 데리고 애굽[이집트]을 탈출한 데서 출발한다.

이집트 탈출은 이집트에서의 노예생활을 청산하고 자유인이 되었음을 상징한다. 그들은 이집트 탈출 이후 한 지역에 정착하지 못한 채 40여 년을 광야에서 생활하였다. 이 시기 중요한 사건은 모세가 시나이 산에서 하나님으로부터 율법을 받은 것이다. 당시에는 아직 믿음이 형성되지 않은 상태였다. 광야에서 생활하는 이스라엘 사람들의 믿음은 갈등을 겪고 있었으나, 이 사건을 통해 이스라엘 사람들은 종교 집단으로서의 결속력을 강화해 나갔다. 때문에 이집트 탈출 사건은 이스라엘 민족의 정체성 확립과 종교적 삶의 역사를 열어준 계기로 작용하였다.

이런 점에서 모세가 시아니 산에서 하나님으로부터 받은 〈십계명〉과 모세가 기록하였다고 하는 〈토라(율법)〉에 주목할 필요가 있다. 토라는 신이 모세와 맺은 계약에 따라 모세를 통해 고대 이스라엘 민족에게 준 율법으로 『모세오경』[5]이라고도 하며 유대교의 종교적 토대를 이룬다. 한스 큉(2015: 157)은 "유대 민족이 국가적 기구를 빼앗겼을 때도 스스로 살아남았다는 사실은 놀랍다." "유대 민족의 생존은 유대인 종교의 생존, 곧 하나님에 대한 이 민족의 신앙과 관계가 있다"고 하면서, 유대교의 시초는 포로기의 시련 속에 다져진 것으로 보았다.

이 지점에서 이해를 돕기 위해, 유대교와 기독교[이하 "가톨릭교"와 "개신교"를 포괄하여 씀], 그리고 이슬람교의 관계를 짚어놓는 것이 의미가 있다. 유대교는 이후에 등장하는 기독교와 이슬람교의 모태 종교이다. 기독교와 이슬람교는 유대교에서 파생된 종교라는 말이다. 그 대체적인 윤곽을 구분하기 위해 핵심내용을 표로 정돈하면 다음과 같다.

〈표 4-1〉 세 종교의 공통점과 차이점 (홍익희, 2014: 215, 379~380)

공통점			
개념구분	유대교	기독교	이슬람교
신	유일신		
성지	예루살렘		
시조	아브라함		

---

5 '율법', '토라', '모세오경'은 표현상으로는 말이 다르지만, 그 내용은 같다. 〈율법〉은 신과 맺은 계약으로 지켜야할 법을 의미한다. '모세 율법(Mosaic law)'은 『모세오경』에서 추출해낸 법으로 모두 613개 조목으로 되어 있다. 『탈무드』 율법(Talmudic law)'은 『탈무드』 시대(1~500)의 현자들 또는 랍비들인 탄나임과 아모라임의 가르침에 근거하여 『탈무드』로부터 추출해낸 법이다. 『탈무드』는 220년경에 형성된 미슈나와 500년경에 형성된 게마라로 구성되어 있다(https://ko.wikipedia.org/wiki/유대교). 모니카 그뤼벨(2007)에 의하면, 정통 『탈무드』로 인정받고 있는 바빌로니아 『탈무드』는 1520년부터 1523년까지 처음으로 다니엘 봄베르크에 의해 베네치아에서 인쇄되었으나 『탈무드』는 내용이 방대하여 국내에서는 일부의 내용만 확인 가능하다.

차이점			
개념구분	유대교	기독교	이슬람교
유일신 호칭	아도나이(나의 주님)	야훼, 여호와	알라
주요인물	B. C. 13세기~모세	1세기~예수	6세기~무함마드
성경	모세오경(토라), 탈무드	모세오경(구약), 신약성경	모세오경, 코란
모세	절대적인 율법 교사	예수 그리스도의 원형	무함마드의 본보기
메시아	아직 오지 않음	예수	무함마드
최후심판의 날	야훼의 날 (마지막 날)	그리스도 재림 후 죽은 자 산 자 모두	죽은 뒤 4일 개개인
부활	인정(개혁파 부정)	인정	인정
안식일	토요일	일요일	금요일
사제/평신도	랍비(Rabbinic)	신부, 목사 - 사제	이맘(imam) - 평신도[6]

　　유대교·기독교·이슬람교, 이 세 종교는 유일신을 섬기지만 그 호칭은 다르다. 유대교는 히브리 『성경』에서 신의 이름을 '야훼(YHWH)'라고 적고 있는데 유대인들은 신의 이름을 감히 읽지 못하고 '아도나이(나의 주

6　유대교에 '랍비'가 있고 이슬람교에 '이맘'이 있으나 이들은 사제[성직자]가 아니라 평신도이다. 이슬람교에서는 누구나 이맘이 될 수 있고, 이슬람교를 믿는 사람은 모두 신 앞에 평등하다. 이슬람교는 누구나 신 앞에서 절대 복종해야 한다. 신 앞에서는 동등한 지위인 만큼 평등주의를 내세운다. 유대교에는 원래 사제가 없었던 것은 아니다. 모세의 형 아론에서 시작된 제사장 혈통이 있었는데, 예수가 십자가에 처형되고 40년 뒤 로마인들이 예루살렘 성전을 파괴할 당시에 사두개파가 멸족되면서 사제직 혈통이 없어져 버렸다. 그 뒤 지금까지 2천 년 동안 평신도들이 유대교를 지켜왔다. 이슬람교는 이러한 유대교에서 파생되었으므로 사제가 없다. 반면 기독교의 『신약성경』에 의하면, 사제는 천상의 예수 하나 뿐이라고 말한다. 하지만 예수는 베드로에게 "네가 무엇이든지 땅에서 매이면 하늘에서도 매일 것이요, 땅에서 풀리면 하늘에서도 풀릴 것이라(마태복음 16:19)"고 하였다. 때문에 베드로가 기독교의 초석이자 가톨릭에서 초대 교황으로 추앙받은 것이다. 가톨릭에서는 신부를 사제라 부르며 사제는 '신과 인간의 중개인'을 의미한다.

님)'라고 한다. 기독교에서는 '야훼' 또는 '여호와'라 하고, 이슬람교에서는 '알라'라고 한다. 그러나 이 세 종교는 유일신[야훼, 하나님, 알라], 성지[예루살렘], 시조[아브라함]를 공통으로 한다. 또 『모세오경』을 성경으로 인정하고 부활과 최후심판도 동일하게 인식한다.

이 같이 세 종교가 많은 유사점을 보이는 이유는 유대교를 모체로 기독교(1세기 예수)와 이슬람교(6세기 무함마드)가 파생되었기 때문이다. 세 종교의 차이점 가운데 결정적인 요소들은 그 종교의 형성과 발전과정에서 달라진다. 특히, 하나님과 모세와의 언약, 하나님과 아브라함과의 언약이 유대교의 형성에서 핵심이므로 이 부분을 간략하게 살펴본다.

『구약성서』「창세기」에는 하나님이 아브라함에게 가나안 땅을 언약하며 다음과 같이 말하였다. "내가 너와 네 후손에게 너의 우거하는 이 땅 곧 가나안 일경으로 주어 영원한 기업이 되게 하고 나는 그들의 하나님이 되리라."[7] 가나안은 아브라함 시기 하나님께서 약속한 땅이며 세 종교 모두 이를 믿고 아브라함을 시조로 본다.

그러나 유대교 초기의 핵심 인물인 모세에 대해 세 종교는 관점을 함께하는 부분도 있고 달리하는 부분도 있다. 관점을 함께하는 부분은 "모세는 아브라함 종교의 두 번째 위대한 지도자이며, 예언자의 원형이며, 광야 유랑 시기의 정치적 지도자, 야훼 계시의 수여자"라는 점이다. 달리하는 관점의 경우, 유대교에서 "모세는 유대교의 중심인물이며 절대적인 율법 교사"라 하고, 기독교에서 모세는 "예수 그리스도의 원형으로 모세를

---

7 "내가 너와 네 후손에게 너의 우거하는 이 땅 곧 가나안 일경으로 주어 영원한 기업이 되게 하고 나는 그들의 하나님이 되리라. …… 너희는 양피를 베어라. 이것이 나와 너희 사이의 언약의 징표니라(창17:8, 11)." ; "하나님이 가라사대 아니라. 네 아내 사라가 정녕 네게 아들을 낳으리니 너는 그 이름을 이삭이라 하라. 내가 그와 내 언약을 세우리니 그의 후손에게 영원한 언약이 되리라. …… 그가 열두 방백을 낳으리니 내가 그로 큰 나라가 되게 하려니와 내 언약은 내가 명년 이 기한에 사라가 네게 낳을 이삭과 세우리라(창17:19~21)."

통해 율법이 왔지만, 예수를 통해 복음이 왔다"라고 한다. 이슬람교에서 모세는 "한 권의 책-계시의 첫 수여자이자 예언자이고, 백성의 인도자, 율법 선포자인 예언자 무함마드의 본보기"라고 보았다. 때문에 이슬람교에서는 무함마드를 가장 위대한 마지막 예언자로 본다.

세 종교가 지닌 불변의 신앙은 ①하나님이 선택한 백성, ②하나님이 약속한 땅, ③앞의 두 가지가 하나님과 결속시키고 그의 계명을 지킬 의무를 부여하는 언약을 통해 확증되었다는 점이다. 이와 같은 관점은 유대교에서 가장 두드러지게 드러난다. 왜냐하면 유대교 형성 시초의 핵심적 인물과 사건은 모세가 이끈 이집트 탈출 사건이고, 모세가 시나이 산에서 하나님으로부터 받은 언약과 율법이며, 그것을 하나님께서 약속한 땅에서 살아가면서 받드는 일이었기 때문이다. 따라서 다윗 왕은 유대교의 첫 왕국의 수도를 이 땅의 예루살렘에 세우고, 그의 아들 솔로몬(Solomon)이 왕위를 계승한 이후 여기에 성전을 지었다.

이 예루살렘은 기독교인들에게 예수 그리스도가 설교하고 활동했던 장소이다. 무슬림에게는 무함마드의 거룩한 도시이며 무슬림의 도시가 되기 이전에 1,700년 동안 유대인과 기독교인의 도시였다(한스 큉, 2015). 그러나 유대인에게 예루살렘은 하나님이 약속한 땅으로 중요한 의미가 부여되어 있다. 이 땅은 1,500년 동안 기독교인과 무슬림의 통치 아래에 빼앗긴 땅으로, 그들의 성전이 있는 도시로 인식되었으며, 여러 차례 외래의 침입에 의한 예루살렘 성전 파괴를 재건하는 행보가 역사적으로 시도되곤 하였다.[8]

---

8 간략하게 보면, 기원전 586년 바빌로니아 군대에 의한 제1차 성전파괴가 있었고, 기원전 515 성전 재건, 기원전 332년 유다에 의해 자치적인 '성전 국가'로 되었다. 기원전 187년~기원전 175년에는 그리스 문화가 유다 땅에 많이 퍼졌고, 기원전 175년 예루살렘에서 김나시온의 설립되었다. 기원전 164년에 예후다(유다) 마카비가 예루살렘을 점

한스 큉의 언급처럼, 유대교의 역사는 독특하고 바꿀 수 없는 결과를 낳았다. 그것은 항구적인 중심과 영속의 기초, 야훼와 이스라엘[백성과 땅]이라는 두 실재를 빼놓고 이스라엘 사회를 이해할 수 없다는 의미이다. 한 마디로 말하면, 유대교의 특징은 '한 분의 하나님-한 백성-한 땅'이라는 구조로 나타난다. 그리고 유대교의 역사는 '이집트 탈출 사건으로 인한 선택받은 민족-시나이 산에서 받은 언약과 율법-가나안 땅과 약속'이라는 세 가지를 중심으로 논의된다.

2. 종교적 이념의 특징

가. 경건함

유대교는 히브리 『성경』에서 신의 이름을 '야훼(YHWH)'라고 적고 있는데, 유대인들은 신의 이름을 감히 읽지 못하고 '아도나이(나의 주님)'라고 한다(홍익희, 2014: 363). 유대교가 '신의 이름을 감히 읽지 못한다'는 말은 신에 대한 경건한 태도를 보여 준다. 물론 신을 대하는 태도에서 경건함은 유대교뿐만 아니라 대부분의 종교가 지니는 공통된 특징이라고 할 수 있다. 그러나 유대교 형성 초기에 시나이 산에서 한 언약은 경건한 삶으로의 새로운 출발이며, 거룩한 삶을 통한 구원은 유대인의 종교가 지

령하고 그리스인들의 신상을 제거하였고, 유대교 관습에 따른 제사의식을 거행하였다. 유대인 마카베오가 무장폭동을 일으켜 승전하였고, 그의 동생 요나탄은 기원전 152년에 유다 땅에 독립을 선포하였다. 기원전 63년 로마군이 예루살렘을 점령하였고, 8년부터 예루살렘 성전에서는 로마 황제를 위해 매일 번제를 올렸다. 로마의 우상숭배 강요에 반발한 유대인들이 로마 황제 네로(서기 54~68년)의 폭정에 항거하여 반란을 일으켰다. 이것이 첫 번째 유대인 항쟁이라고 한다. 70년에는 예루살렘이 로마군에 의해 함락되고 성전이 파괴되었다. 이러한 사건으로 점철된 것이 유대교와 유대교 국가의 역사이다.

닌 하나의 특징이다(송병현, 2015: 191).

유대교에서의 경건함은 율법의 내용에서도 확인할 수 있다. 율법에서 "그의 율법을 지키며 여호와 하나님을 경외하라(신6: 12~13, 25)." "여호와의 성소에서 여호와 하나님을 경외하라(레19: 30)." "우상의 이름으로 가르치는 자를 경외하지 말라(신18: 22)"라고 기록하고 있다. 율법의 내용에 의하면, 유대교는 그들이 경외하는 하나님을 섬기고, 그 이름으로 맹세하며, 하나님의 길로 나아가며, 그 이름을 거룩하게 하기 위하여 율법 책을 읽고 공부하며 자녀들에게 가르친다[9]고 하였다. 유대인들은 율법의 말씀을 손목에 매어 몸에 지니고 마음에 새김으로써[10] 환난의 시기를 극복하는 정신적 지주로 삼았다. 그들에게 율법을 공부하고 몸에 지니는 것은 종교적 삶의 실천이었다.[11]

경건함의 이념은 그들이 율법 봉독을 위해 '시나고게(Synagoge, 회당)'라는 건물을 따로 마련하였다는 점에서도 알 수 있다. 회당은 성전 곁에 세워진 건물인데, 이곳은 제물을 불에 태우거나 제물을 바치는 제의를 행하는 곳이 아니다. 성전의 보완 역할을 하는 건물이 아니라 성전과 나란히 위치해 있는 건물로, 회당의 기능은 처음부터 강론 예배, 즉 율법과 선지자에 대한 봉독, 성서 해석(드라샤)과 기도를 위한 장소였다. 회당이 성전만큼이나 중요한 건물인 이유는 여기에서 하나님의 말씀을 담고 있는 율법을 봉독하기 때문이다.

---

9 <율법>5~11의 기록에는 다음과 같이 되어 있다. "5.여호와 하나님을 섬기라(출23:25)/6.여호와 하나님을 온전히 붙잡으라(신10:20)/7.여호와 하나님의 이름으로 맹세하라(신6:13)/8.여호와 하나님의 길로 행하라(신28:9)/9.여호와 하나님의 이름을 거룩하게 여기라(레 22:32)/10.율법책을 읽고 공부하고 묵상하라(신6:7)/11.자녀에게 율법책을 가르치라(신 6:7)."

10 <율법>12~13의 기록에는 다음과 같이 되어 있다. "12.율법의 말씀을 네 손목에 매어라(신6:8)/13.율법의 말씀을 네 마음에 새기라(선6:8)."

11 <율법>19의 기록에는 다음과 같이 되어 있다."19.환난의 시기 동안에 우리는 여호와의 율법에 따라 행해야 한다(신 20:11~12)."

세계 종교의 교육적 독해

회당에서 행해지는 봉독은 아주 작은 규모로도 가능하였다. 회당에서는 일반인에 의한 강론 예배가 이루어졌는데, 강론과 예배를 위해 랍비가 반드시 필요한 것도 아니었다. 13세 이상의 유대인 남자 10명이 모이면 온전한 예배를 올릴 수 있었다(모니카 그뤼벨, 2007: 47). 회당은 그야말로 성경이 소장되어 있는 일종의 도서관이었다. 당시에는 책이 귀중했기 때문에 회당에는 성경 전체를 소장하지 못하고 부분적으로 소장하였다고 한다. 성경을 읽기 전과 읽은 후에는 반드시 축복이 선포되었고, 토라와 선지서만 낭독하되 한 번에 최소한 10절을 낭독하여 3년 정도에 걸쳐 전체를 낭독하였다. 특히, 신분에 결함이 있는 서자나 여자와 아이들은 성경을 읽을 수 없었다. 토라를 읽을 때는 하나님의 말씀에 대해 온전함을 보존하기 위하여 『모세오경』이 적힌 두루마리를 자르거나 나누는 것을 금지하였다.

회당이 아닌 가정의 경우, 성경이 있는 방에서는 나체로 성경을 만져서는 안 되었고, 그 방에서 성관계를 가져서도 안 된다고 하였다. 낡아서 폐기해야 할 성경책은 '게니자(genizah)'에 보관해야지 땅에 묻거나 태워서는 안 된다고 하는 등, 그들의 경건한 태도는 일상생활에서도 유지되었다(송병현, 2015: 40~41). 위에서 언급한 내용뿐만 아니라 다양한 측면에서도 종교적 경건함이 이루어졌다. 이와 같은 경건함은 하나님의 이름을 거룩하게 하고, 하나님을 본받는 거룩한 삶을 살기 위한 유대인들의 종교적 이념이 담겨 있었다.

이 경건함의 특징은 18세기에 동유럽의 '하시디즘(Hasidism)'의 핵심 이념으로 등장한다. 동유럽의 하시디즘은 1648년 이후 랍비의 학식 수준 하락으로 발생한 종교 사상이자 운동이다. 그 창시자는 이스라엘 벤 엘리에저인데, 그는 의료 봉사와 부적을 통해 악마를 퇴치하는 것으로 유명하였다. 엘리에저는 기도가 인간 내면의 신앙심을 준다고 주장하였다. 그는 기도가 의식적으로 말을 통해 드러나야 한다고 주장했고, 이는 예배를 할 때 높은 외침소리와 무아경의 동작으로 표현되었다. 때문에 하시디즘은 정통파 랍비들의 반대 의견에 부딪히게 되었다. 이들은 신에 대한 숭배가 주는 기쁨을 강조했다. 개인을 기쁘게 만들고 그것이 신을 위하는 행위인 한 모든 활동은 계율을 이행하는 것이었다. 그래서 먹고 마시고 씻고 춤 추고 노래하고 성생활을 하는 것과 같은 단순한 삶의 행위들이 예배 행위로 간주될 수 있다고 여겼지만, 이는 정통 랍비들의 반감을 샀다.

이러한 견해는 '짜딕(ṣaddiq, 의로운 자)'이라는 새로운 유형의 종교 지도자를 낳았다. 짜딕은 금욕과 은둔을 통해 정신적 고양에 이르는 사람이 아니라, 인간들 사이에 섞여 자신의 지역을 이끌어가는 사람이다. 민중과 멀어져 있으면 정신적 발전에 좋지 않다. 민중은 짜딕이 정한 기준에 미치지 못하면 벌을 받을 수도 있다(모니카 그뤼벨, 2007: 82~84). 그런데 짜딕이 민중과 섞여 행하는 종교 활동은 이후 부버(Martin Buber, 1878~1965)에 의해 '나-그것', '나-너'라는 현세 지향적인 만남과 대화의 철학으로 새롭게 탄생한다.

나. 선민의식

유대교를 중심으로 발전한 기독교와 이슬람교에서 불변의 신앙은 '하나님이 선택한 백성, 하나님이 약속한 땅'이었다. 이 두 가지는 선민의식(選民意識)이 지닌 특징이며, 유대교로부터 비롯되는 선민의식의 이면에

는 당시의 시대정신이 반영되어 있다.[12]

유대교가 창시되던 아브라함으로부터 모세에 이르기까지, 당시는 다신교(多神敎)가 지배적이었고, 우상이 숭배되던 사회로 무질서한 삶이 이어졌다. 이에 하나님은 유대인을 선택하여 그들에게 올바른 삶을 위한 질서를 가르쳐 주었는데, 그것이 바로 613개의 성문 율법과 구전 율법이었다.

정통파 유대인들은 이집트 탈출 사건을 통해 이미 구원되었고, 메시아[13]가 오심으로 그 구원이 완성된다고 보았다. 그러나 기독교와 이슬람교는 약간 달랐다. 기독교는 예수를 믿음으로써 구원된다고 보았고, 이슬람교는 착하고 바른 행동을 하면 구원된다고 하였다. 그러나 유대교는 하나님이 준 율법과 선행을 이행하면, 메시아가 오는 그날 구원된다고 본다.[14] 다시 말해, 정통파 유대교에서는 여전히 메시아를 기다리고 있으며 『성경』에서 약속된 메시아는 아직 오지 않았다.

유대교에서 말하는 구원은 시공간을 초월한 '올람 하바(Olam Ha~Ba: the world to come)'의 개념[15]으로, 유대인에게 과거와 현재와 미래가 동

---

12 선민의식과 관련하여 신앙생활백과편찬위원회(1993: 80)의 『신앙생활백과』에서는 유대인들이 유목민 시대에 가나안에 정착하고 왕국을 건립하고 또 왕국의 분열, 그리고 예루살렘의 멸망에 이르기까지의 민족적 변화와 큰 위기 속에서, 외적 환경의 격심한 변화 속에서도 하나로 결속될 수 있었던 것은 이집트 탈출 사건에서 나타난 하나님의 선택과 약속이 그들의 삶의 중심이 되는 선민(選民)으로서의 인식 때문이었고 보았다. 그리고 그들은 공동체의 구성원들을 하나님과의 계약자로 바르게 교육할 책임이 있다고 생각하였다. 현용수(2006: 43~46)는 유대인들의 선민의식은 이방인과 섞이지 않으려는 모습에서 나타나는데, 그 이유는 첫째, 자신들의 신앙적 순결을 유지하기 위함이고, 둘째, 원칙적으로 이방인에게 그들의 생활 율법인 토라나 『탈무드』를 가르치는 것을 법으로 금지되었기 때문이다. 물론 이방인이 배움을 요청할 때 허락하는 경우가 있었는데, 이러한 것들 모두 선민사상에서 연유된 것으로 보았다.

13 메시아에 대한 기독교와 이슬람교, 유대교의 견해는 약간의 차이가 있다. 메시아 자체에 대한 의견은 일치하지만 메시아의 특성이나 메시아의 존재에 대한 세부 내용은 각기 다르다. 예수에 대한 관점을 보면, 기독교에서는 예수를 하나님의 아들이자 신적인 존재로 믿는 반면, 유대교와 이슬람교는 예수를 하나님이 보낸 선지자 가운데 한 사람으로 본다. 이슬람교의 경우, 참 선지자는 무함마드이지만, 예수도 위대한 선지자로 인정한다. 그러나 유대교는 예수를 순교한 선지자로는 인정하지만, 신의 아들이나 삼위일체 하나님의 한 지체로는 보지 않는다.

14 유대교는 부활과 구원에 관한 종말론을 믿는다. 그러나 초기 유대교는 '야훼의 날[마지막 날]'에 메시아가 도래할 것이라고 믿지만, 후기의 개혁파는 죽은 후 육체의 부활을 인정하지 않는다. 개혁파를 제외하고 대체로 하나님이 이스라엘과 모든 민족을 심판하는 날 비로소 하나님의 나라가 시작된다는 것이다.

15 '지금 시대'는 히브리어로 '올람 하제(Olam Ha~Zeh: this world)'이며 '장차 다가올 세상'은 '올람 하바(Olam Ha~Ba: the world to come)'이다.

일한 선상에 있는 것이다. 이는 그들이 과거의 역사, 즉 모세가 시나이 산에서 하나님으로부터 율법을 받고 있을 때, 그들의 영혼이 모두 모세와 같이 있었다는 믿음을 유발하는 내적 원인이다. 이는 유대인들에게 보이는 선민의식의 근본적 발로이기도 하다. 따라서 원죄(原罪)에 대한 견해에서도 기독교는 '믿음에 의한 구원'을, 이슬람교는 '행위에 의한 구원'을 강조하였지만, 유대교는 '율법에 의한 구원'을 강조하였다(홍익희, 2014: 365~372). 이 율법에 의한 구원이 유대교 교육의 실천으로 이어진다.

다. 현세 지향성

유대교는 대체로 형이상학적이라기보다는 현세 지향적 행위를 강조하는 종교이다. 그것은 '현세의 삶은 내세 못지않게 중요하다'라는 관점에서 분명하게 드러난다. 부버는 성스러운 뜻, "땅에 충만 하라. 땅을 정복하라(창 1:27~28)"는 하나님의 말씀이 유대인에게 인식된 메시지, 즉 "현세에서 인간이 행하는 모든 일은 내세(來世)의 삶 못지않게 중요하다!"라고 하였다(마르틴 부버, 1994: 145).

유대교의 가르침은 인간이 현세에서 성스러운 뜻을 가지고 행하는 모든 일은 내세(來世)의 삶 못지않게 중요하고, 그것은 진실한 일임을 강조한다. 왜냐하면 생활은 지상에서 이루어지지만 사실에 입각해 있고, 신적인 생활과 연관 지어져 있기 때문이다. 이 가르침은 하시디즘을 통해 완전하게 그 모습을 드러냈다. 여러 종교에서는 사후 세계와 현세의 존재에 대해 단절되어 있는 것으로 보는 경우가 많다. 그러나 유대교를 신앙으로 믿는 이스라엘 사람들은 두 개의 세계는 본질상 하나라고 여겼다.

이런 인식은 종교적 삶의 기쁨 또한 내세에 하나님 나라에서 이뤄지는

세계 종교의 교육적 독해

것이 아니라고 이해하게 만들었다. 그것은 현세에서 하나님을 사랑하는 자신에게 있고, 종교적 삶 그 자체에 담보되어 있다고 본다. 이는 랍비 아키바의 삶에서 찾아 볼 수 있다. 마빈 토카이어가 쓴 『탈무드』에 랍비 아키바에 관한 다음과 같은 이야기가 보인다. 랍비 아키바는 "진정으로 하나님을 믿고 있는 내가 아침 기도를 빠뜨릴 수는 없다. 지금 이렇게 죽어가는 순간까지 기도를 드릴 수 있는 스스로를 통해 진실 되게 그 분을 사랑하고 있는 나의 모습을 발견하게 되어 오히려 참된 기쁨마저 느껴진다." 이렇게 조용히 대답하고 나서 랍비는 생명의 불을 거두었다(마빈 토카이어, 1990: 26).

랍비 아키바는 하나님을 믿는 삶을 아침 기도를 통해 실천해 나아가고 있었고, 현실 속에서 그 경건한 기도를 올리는 순간순간을 진실한 삶, 종교적 기쁨 속에서 살았다고 믿었다. 그러므로 죽으면서도 그는 기뻐할 수 있었던 것이다. 그러나 지극히 고요해 보이는 기도의 순간순간들, 그리고 그 속에서 이루어낸 마음의 기쁨, 이러한 것들이 만약 일반에게 일어났다면 불가능 했을 것이다.

아키바의 언표는 지극히 아름다워 보인다. 하지만 사실 당시의 상황은 매우 심각하였다. 이 글은 132년 '바르 코크바 봉기'가 실패한 이후 아키바가 연루되어 죽임을 당하는 장면을 시적으로 표현한 글이기 때문이다. 아키바는 이런 삶이야말로 그가 추구하는 거룩한 삶이라고 여겼을 것이다. 『탈무드』의 내용 또한 이러한 랍비들의 종교적 이상을 간접적으로 드러내 주고 있다.

'올람 하바'는 시·공간을 초월한 개념이다. 이전시대·현시대·미래시대, 즉 과거-현재-미래라는 시·공간의 개념을 파기하고, 이전시대와 현시대를 하나의 시공간으로 보는 독특한 인식 방법이다. 이는 부버의 사유에서도 엿볼 수 있다. 부버는 말한다. "인간은 두 세계를 하나로 통일시킬 임무를 가지고 현세에 창조되었기에 두 세계와 관계를 가질 때 거룩한 삶을 사는 것이다"(마르틴 부버, 1994: 145). 물론 부버의 문제의식은 현세에서 횡행하는 비인간적 삶의 양상을 바꾸려는 데 있었다). 부버가 두 세계를 하나로 통일시킬 임무를 가지고 태어났다는 말은 위에서 언급한 '올람 하바'의 개념에서 비롯된 것으로 추정된다. 유대교는 구원을 시공간을 초월한 '올람 하바'의 개념에서 해석하였고, 부버는 이 거룩한 삶을 현실 세계에서 실현되고 추구되는 '나와 너'의 관계에서 찾으려 하였다. '올람 하바'의 개념에 근거한다면, 유대인에게 '과거~현재~미래'는 동일한 시공간에 존재하는 것이다. 이와 같은 구상은 독실한 기독교 신자인 코메니우스(John Amos Comenius, 1592~1670)와는 다른 사유이다. 즉 현세의 삶은 영원을 위한 준비, 현재의 삶은 과도기일 뿐, 다음에 오는 세상을 위한 준비라는 관점과는 차이가 있다. 현세의 삶이 내세의 삶 못지않게 중요하다고 생각하는 유대교의 현세 지향적 이념은 그들의 종교적 사유와 지혜가 집적된 『탈무드』에 수시로 드러난다.

III. 교육이념 및 목적

1. 교육이념

가. 단초: '토라'의 가르침

종교의 교육이념은 그 종교가 지닌 정신의 구현일 수도 있고, 또 그 종교의 정신을 실현하는 방법이나 도구일 수도 있다. 유대교의 교육이념도 마찬가지이다. 유대교라는 종교가 발생할 시기에 이미 그 교육 이념이 배태되었다.

유대교의 교육이념을 고찰하기 위해서는 우선 유대교의 경전인 『모세오경』과 『탈무드』가 어떤 것인지를 살펴보아야 한다. 『모세오경』은 히브리어로 〈토라(הַתּוֹרָה)〉이며 모세가 시나이 산에서 하나님으로부터 받은 것이라 한다. 그런데 〈토라〉와 〈율법〉은 동일한 말이지만 번역의 과정에서 약간씩 달라졌을 뿐이다. 〈토라〉를 〈율법〉이라고 한 것은 그리스어 70인 역본[16]에서 '노모스(νόμος, nomos)'라 하였고, 라틴어 번역에 '랙스(lex)'로 번역한 사례를 따른 것이다. 명사 '토라'의 동사 어근 '야

---

16 70인 역본은 『구약성서』의 헬라어 번역본으로, 기원전 250년~기원전 150년에 이집트의 알렉산드리아에서 번역되었다. 그만큼 『구약성서』 연구에 중요한 비중을 차지한다. 전하는 바에 의하면, 72명의 장로가 72일 동안 완성한 것이라고 한다. 로마 숫자 표기법으로 70을 뜻하는 'LXX'로 표기한다. 70인 번역본은 가장 오래된 번역본으로 예수님 시대 이전부터 있었다.

라(הרה)'는 '화살을 쏘다, 돌을 쌓다, 던지다' 등을 뜻하며 사역형은 '가리키다', '보여주다', '가르치다' 등을 뜻한다(조철수, 2005: 21). 그러므로 〈토라〉에 나오는 말씀과 교훈은 하나님이 인간에게 가르친 삶의 바른 도리 또는 행동규범으로 인식되었으므로, '토라'라는 용어는 율법(律法)이라는 뜻으로 번역되었다(신앙생활백과편찬위원회, 1993: 42).

〈토라〉가 '가르침'을 의미한 것은 모세가 시나이 산에서 하나님에게 율법을 받을 때부터였다. 즉 "너는 산에 올라 내게로 와서 거기에 있으라. 네가 그들을 가르치도록 내가 율법과 계명을 친히 기록한 돌 판을 네게 주리라(출24:12)"고 말한 것에서 기인된다. 또 율법에 "율법 책을 읽고 공부하고 묵상하라(신6:7)." "자녀에게 율법 책을 가르치라(신6:7)."라는 기록을 보아도, '토라의 가르침'(신앙생활백과편찬위원회, 1993: 44)[17]에서 핵심은 하나님의 말씀을 배우고 그 말씀을 실천하고 생활화하는 일이다. 이는 유대교가 생겨나면서 교육의 단초를 던지는 사유이자 이념임을 알 수 있게 하는 대목이다.

나. 교육적 발전: 『모세오경』의 해석

유대교에서 '토라의 가르침'은 종교생활 가운데 지속적으로 전승되었다. 특히 역사적 환경의 변화에 따라 교육이념도 발전되어갔다. 그것은 '랍비'시대의 형성과 특징을 살펴보면 이해하기 쉽다. 기원전 586년, 바빌로니아 군대가 예루살렘을 정복하였다. 왕궁과 솔로몬의 성전은 파괴되었고 유다 왕조는 멸망하였다. 북쪽의 이슬람 왕조를 정복한 아시리아인

---

17 '토라의 가르침'은 흔히 '하나님의 교육'으로 명명된다. 현대 교육학의 차원에서 이해하면, 『구약성서』를 '하나님의 교육(educatio Dei)'으로 볼 수 있고, 선교의 개념인 '하나님의 선교(Missio Dei)'사상과 연관 짓는다. 때문에 '하나님의 교육'은 『구약성서』에 나타난 교육 사상의 핵심적 표현이다.

들과 달리, 남쪽의 유다 왕조를 정복한 바빌로니아인들은 유대인들을 하나의 공동체로 정착시켰다. 그래서 유대인들은 이방인들 사이에서 유일신의 전통과 신앙을 지켜갈 수 있었다. 추방된 자들은 이런 환경을 이용하여 오히려 자신들의 종교적 신념을 회복하였다. 여기서 그들에게 삶의 중심이 된 것이 율법과 학문이었다. 추방된 지 50년이 지나 귀환의 가능성이 보였을 때, 수 천 명의 유대인들은 바빌론을 떠나 예루살렘을 향해 출발했고, 그 곳에서 나라와 종교의 재건을 꿈꾸었다.

이는 유대교 교육의 단초를 열었던 '토라의 가르침'이, 유대 왕조의 패망을 맞이하면서 오히려 다시 종교적 삶의 길을 모색하는 '토라의 연구', 이른 바 '랍비시대'를 여는 기반을 제공해 주었다. 한스 큉(2015: 159)에 의하면, 바빌론 포로 시기 유대교의 율법 학교는 곧 율법 신앙의 시작이며, 이는 유대민족의 정체성을 유지하는 데 중요성을 더하였다. 나라는 멸망했고, 더 이상 존재하지 않는 성전과 성전 제의를 마주하면서, 사람들이 의지할 수 있는 것은 구전(口傳)된 하나님의 말씀과 문자로 전달된 율법의 전승이었다. 때문에 일상생활에서 토라를 해석한 서기관과 율법 교사의 신분이 크게 부상되기 시작하였다.

언제부터인지 짐작하기는 어렵지만, 한편으로는 백성의 정체성을 실증하는 이야기가 있었고, 다른 한편으로는 백성의 행동을 규정하는 율법이 있었다. 어떤 시대 어떤 민족에게도, 이스라엘 민족처럼, 나라가 존재하지 않음에도 불구하고 기록된 전승이 자신의 정체성을 보존하는 일에 그렇게 애를 썼던 적은 없었을 것이다. 교육을 받은 바빌론 포로의 집단 안에서 이미 사람들은 남은 전승을 수집하고 기록하고 편집하였다. 포로로 잡혀온 그들을 정신적으로 단결시킨 것은 아마도 '이방인들'과 거리를 두게 하는 '율법 준수'와 이제는 배타적으로 이해된, 그리고 예루살렘에 집중되었다고 이해된 '야훼 제의'였을 것이다. 여기서 새로운 패러다임 전환을 위한 전제가 만들어졌다. 이러한 현상은 기원전 5세기 말 120명의 현자들이 세운 대의회의 후예임을 자처하여 〈토라〉의 바른 해석과 응용을 연구하는 오랜 전통, 즉 〈율법〉을 연구하고 새롭게 해석하여 일상생활에 적용하려고 했던 랍비문화의 형성에 결정적 작용을 하였다(조철수, 2005: 17).

나라의 패망은 종교 신앙의 박탈로 이어졌고, 강력한 종교 탄압은 더욱 강력한 반항을 이끌어 냈다. 그 가운데 한 사례가 132년에 일어난 '바르 코크바 봉기'이다. 이 봉기는 유대인이 로마의 속박에서 벗어나려는 시도였다. 초기에 봉기는 성공했다. 그러나 강력한 로마군에 의해 봉기는 실패로 돌아갔다. 봉기를 이끌었던 바르 코크바는 전사했고, 랍비 아키바를 포함한 수많은 유명한 학자들이 고문당하고 살해되었다. 유다는 완전히 황폐해졌다. 때문에 유대인의 중심지는 아직 훼손이 적은 갈릴리로 옮기게 되었고, 3세기 후반 이곳에는 많은 시나고게들이 생겼다(모니카 그뤼벨, 2007: 42~44). 이 시기 바빌로니아의 유대교 공동체가 당시 종교의 전통문화를 이끌게 되었는데, 랍비들의 문헌연구가 계기였다.

사실, 랍비문화의 시초는 이미 바빌론 포로 시대(기원전 586~기원전 538)부터 성전 제의 없이 민족적·종교적 공동체를 유지하려는 노력에서 시작되었다. 그 이후 긴 세월을 거쳐, 결국은 제2성전 시대에 예배와 율법연구를 위해 안식일마다 각 거주지의 성원이 모이는 회당(시나고게)이 발달했고, 제2반란(132~135)에 의해 야브네가 파괴되자 유대인 공동체의 중심은 갈릴리로 옮겨 지속적으로 발전해 갔던 것이다.

세계 종교의 교육적 독해

'랍비(רבי, rabbi)'는 '나의 주인'이라는 뜻이다. 거기에서 율법을 가르치는 교사이자 공동체의 영적 지도자라는 의미를 확장했고, 신자들의 생활 상담과 어려운 문제를 해결해주는 역할을 담당하였다. 따라서 랍비들은 연구자, 교육자, 가정법원의 민원해결사 등 생활과 밀접하게 연관되는 다양한 역할을 맡았다. 랍비라는 용어는 『구약성서』에는 보이지 않고, 『신약성서』에만 보인다. 70년에 예루살렘 성전이 파괴될 때, 성전을 빠져나와 야브네 학교를 세운 '요하난 벤 자카이'가 최초의 랍비이다. 유명한 랍비로는 힐렐(Hillel, Hillel the Elder, 기원전 60~20),[18] 샴마이(Shammai Ha~Zaken, 기원전 50~30)[19] 등이 있는데, 이들은 1세기 랍비문화의 선구자들이다(유미정, 2018: 7~32).

이처럼 유대교 교육은 랍비문화의 형성 과정에서 획기적으로 발전하였다. 랍비시대의 특징은 랍비의 가르침에 있었다. 독특한 랍비문화의 형성은 유대교의 이념이 교육적 발전으로 거듭나는 결과이다. 그들의 굳센 신념은 하나님에 대한 경외심, 그의 말씀을 경건하게 받드는 공부와 실천, 그 자체가 종교적 행위였다. 유대교의 이념으로서 경건함, 하나님에 대한 경외심은 교육 실천으로 이어졌으며, 이러한 종교적 이념은 그들의 삶에

18 힐렐은 바빌로니아에서 태어났고, 그곳에서 초등 및 중등 교육을 받았는데, 40세에 성서를 배우기 위해 예루살렘으로 이주하였다. 팔레스타인에서 성서 및 구전 율법의 주요 교사들에게서 진보적 학문을 공부하였고, 당대 최고의 법률 해석가인 쉐마이어와 아브탈리온 문하에서 이스라엘 율법을 연구하였다. 당시, 바리새파 내에서도 율법 해석의 특성에 따라 바빌로니아 출신 힐렐학파와 예루살렘의 샴마이학파, 두 학파가 존재하였다. 에스라~느헤미야 시대로부터 『구약성서』에 관한 재해석이 실시되었는데, 점차 깊이 있는 연구를 위해 '해설'이라는 의미의 미드라쉬 성서학이 발달하기 시작하였다. 이러한 미드라쉬 해석학은 기원전 200년경에 이르러 '반복'이라는 의미의 미슈나 성서학으로 발달하게 되었고, 기원전 35년경에는 유대교 내에 힐렐학파와 샴마이학파라는 두 개의 미슈나학파가 형성되었다.
19 당시 팔레스타인의 바리새파 가운데 힐렐학파와 샴마이학파가 있었는데, 샴마이는 샴마이학파의 창시자이다. 샴마이는 이방인들과 일체 접촉하지 않았고, 모세 율법에 대한 엄격한 해석과 로마 정부에 대항할 것을 주장하였다. 초기 산헤드린의 의장은 대제사장이었으나 기원전 1세기 후반부터 특출한 율법학자들인 힐렐과 샴마이 그리고 그 제자들이 서서히 중심 세력으로 떠올랐다. 샴마이와 힐렐은 당시에 내려오던 <오경>과 구전 전승의 법률적 해석에 독보적 스승들이었고, 그들 문하에서 수학하기 위해 이스라엘 전역과 세계에 흩어진 유대인들이 몰려왔다. 이 가운데 힐렐학파, 그의 손자인 가말리엘의 문하생 중에서 수제자가 바로 사도 바울이다.

서 버팀목이 되었다. 이렇게 유대교의 근원적 이념과 역사적 환경의 복합적 작용으로 탄생한 랍비문화는 중세의 '랍비'회당이라는 패러다임을 이뤄냈으며, 랍비문화는 곧 유대교의 중세 교육문화를 대변할 수 있었다.

다. 성서 해석학: 랍비문화

서기 70년부터 팔레스타인이 아라비아를 정복하는 7세기까지의 기간은 '랍비' 또는 『탈무드』의 시대로 표현된다. 이 시기의 특징이 다름 아닌 '랍비의 가르침'이다. 예를 들어, '미슈나'와 『탈무드』로 이루어진 이 시기의 문헌을 랍비 문헌이라 부른다. 이 문헌을 통해 다음 세대를 위한 유대문화의 전수, 유대교육의 기초가 다져졌다(모니카 그뤼벨, 2007: 44).

랍비들의 성서 해석은 현실에 당면한 문제를 합리적으로 또는 문학적으로 해석함으로써 유대인들의 정체성과 신앙의 필요성을 확고히 해 주었다. 현실적 고난과 어려움을 이겨내는 정신적 버팀목이 되어 주었고, 믿음의 형성과 현실적 교육시스템의 구축으로 유대교를 생활화 하였다. 그것은 견고한 교육문화인 랍비들의 독특한 문화를 창출하였다. 이로 인해 유대교는 유대인들의 신앙생활을 더욱 끈끈한 유대 관계로 이끌어 냈고, 유대교의 정통을 지속적으로 계승 발전해 나아갈 수 있게 만들었다.

『성서』를 의례적인 핵심 부분으로 본다면, 『탈무드』는 일상생활의 지도서라 할 수 있다. 『탈무드』(דומלת, Talmud)'는 히브리어로 '가르침'을 뜻한다. 그 내용은 율법학자에 의해 구전으로 전승된 것으로, 본문인 '미슈나(Mischna)'와 주석 또는 해설로서의 '게마라(Gemara)'로 되어 있다. 미슈나는 200년경에 랍비 예후다 하나시에 의해 구전되어 오던 '가르침'의 말씀을 정리하여 기록한 것이다(모니카 그뤼벨, 2007: 45). 이후 『탈무드』의 판본은 크게 두 가지로 나누어 볼 수 있다. 하나는 4세기 말기에 편집된 팔레스타인(예루살렘)본 『탈무드』이고 다른 하나는 6세기경에 편성된 바빌론본 『탈무드』이다. 두 판본은 예후다 하나시가 정리한 미슈나 부분은 동일하지만, 게마라 부분은 다르다(마르틴 부버, 1994: 52, 남정길의 주석 14 재인용).[20] 『탈무드』의 전래는 다음과 같이 설명된다.

> 유대인의 전래 문헌에 따르면 모세는 시나이 산에서 '글로 쓴 가르침'(〈토라〉/ 〈율법〉)뿐만 아니라 '말을 통한 가르침'도 행하였다. 이는 세대에서 세대로 전해졌다. '말을 통한 가르침'은 두 부분으로 되어 있는데 '할라카('가다'라는 뜻)'와 '아가다('말하다', '이야기하다'라는 뜻)'가 그것이다. '할라카'는 종교법전으로 법을 잘 지키는 유대인이 걸어가야 할 유대인의 삶의 법률적·윤리적·종교적 규정을 정해놓은 것이다. '아가다'는 규정으로서의 권위는 없다. 다만 그 이야기와 전설, 비유에 유대인의 윤리학이 반영되어 있다. 아가다에 나타난 과장, 환상, 풍자, 그리고 교육적 의도는 간과될 수 없다. …… 미슈나는 팔레스타인과 바빌로니아의 율법학교에서 연구·토론되고 주해가 붙여졌다. 이 토론 내용에 대해 쓴 글을 모아, 게마라('완성'이란 뜻)가 탄생하였고, 미슈나와 게마라를 한데 모아 『탈무드』가 완성되었다(모니카 그뤼벨, 2007: 45).

현재의 바빌로니아본 『탈무드』는 모세가 시나이 산에서 하나님으로부터 〈토라〉만 받은 것이 아니라 '말씀을 통한 가르침'을 받았는데, 이 '말씀'의 내용은 윤리와 법률에 관한 '할라카'와 이야기에 관한 '아가다'였다.

---

20 여기에서 '미슈나(Mischna)' 부분은 부버의 『하시디즘과 현대인』에서 역자인 남정길이 붙인 주석이다. "본문인 미슈나(Mischna, 반복), 그리고 주석 또는 해설로서의 게마라(Gemara, 완결)로 되어 있다"라고 하면서 '미슈나'를 '반복'의 뜻으로 해석하였다. 『유대교: 한눈에 보는 유대교의 세계』에서는 '미슈나'라고 하였으며(마르틴 부버, 1994: 52), '암송', '연구'의 뜻이라고 주석을 붙이었다(모니카 그뤼벨, 2007: 45). 여기에서는 '미슈나'로 통일하였다.

이것이 세대를 걸쳐 구전되다가 200년경에 랍비 예후다 하나시가 최초로 정리하여 문자로 기록하였고, 그 이후 지속적으로 본문인 미슈나에 해석인 게마라가 추가되어 왔다. 『탈무드』는 현재 20권으로 1만 2천 페이지에, 250만 단어로 구성되어 있으며, 기원전 500년경부터 서기 500년까지 약 1천년 동안 구전되어 오던 내용을 수천 명의 학자들이 10년 동안 편찬한 책이다(옥장흠, 2011: 95). 이후, 바빌로니아본『탈무드』가 보다 인정을 받으며 팔레스타인본『탈무드』를 완전히 밀어냈고, 1520년부터 1523년까지 바빌로니아본『탈무드』는 처음으로 다니엘 봄베르크에 의해 베네치아에서 인쇄되었다. 이 판본이 오늘날까지도 통용된다고 한다(모니카 그뤼벨, 2007: 45~46).

『탈무드』의 지혜에 대해, 기독교 교육사상가인 코메니우스는 "솔로몬의 놀라운 지혜는 하나님의 율법을 가정생활, 학교교육, 그리고 공적 사회생활에 연결시킨 것"이라고 평가하였다(코메니우스, 2007: 263). 이처럼『탈무드』가 지혜서로 인정되는 이유는 오랜 세월 성인의 말씀에 랍비들의 지혜가 더해졌기 때문이다. 그만큼 유대인의 종교가 실용주의적 삶을 지향하며, 삶의 지혜를 위한 학습으로 실현되었음을 보여 준다. 따라서 유대인은 '책의 민족'이라 일컬어졌다.

마빈 토카이어(1990: 148)는『탈무드』에 대해, 유대인들은 '들고 다닐 수 있는 조국'을 가졌다고 하였다.『탈무드』는 그야말로 '무한한 지혜를 풍부하게 실은 책'이다. 한 구절마다 위대한 진리가 숨겨져 있는 보고(寶庫)이므로, 다른 책과 달리 그저 읽기만 하면 되는 성격의 책이 아니다. 오로지 무한한 정열과 애정을 가지고 그 내용에 담긴 진리를 깨달으면서 읽어야만 이해가 가능하다.

그런 맥락에서 랍비들의 성서 해석의 한 사례를 보자. 성서에서 하나님의 은혜가 교육의 의미로 해석되는 경우, 이는 유대교 교육이념의 단초였던 '하나님의 가르침'이 바로 교육으로 해석되는 실례이다. 이와 같은 사례는 「민수기」에 대한 재해석에서 보인다. 「민수기」의 글은 다음과 같다.

　　여호와는 네게 복을 주시고 너를 지키시기를 원하며, 여호와는 그 얼굴로 네게 비추사 은혜 베푸시기를 원하며, 여호와는 그 얼굴을 네게로 향하여 드사 평강 주시기를 원하노라 할지니라(민6:24~26).

이 구절에서 "은혜 베푸시기를 원하며"는 히브리어로 '비프네카'라고 한다. 이는 아주 다양한 의미를 지니고 있지만, 그들은 이 말을 '교육'이라는 뜻으로 해석하였다. 그들이 생각하기에 교육을 받는 것 자체가 바로 큰 은혜라는 말이다. 이 같은 사고방식은 유대교 교육이념의 단초였던 '하나님의 가르침'이 바로 교육으로 해석되는 사례 가운데 하나이기 때문에, 이미 1천 년보다 오래전부터 이런 사고방식을 갖고 있었다고 평가된다.

「민수기」의 이 글은 중요시되어 기독교[가톨릭교]에서도 축복의 기도문으로, 미국의 대통령 취임식에서도 사용된다고 한다(마빈 토카이어, 2007: 246~249). 이는 모세가 시나이 산에서 율법을 받을 때부터 하나님의 은혜를 받았고, 그것은 바로 하나님의 가르침이라는 은혜와 직결되는 이념으로 드러난 인식이다. 유대교의 종교가 현실적인 교육으로 드러난 사안으로, 『모세오경』의 경전 해석을 통한 종교 이념의 교육적 전환을 나타낸다. 때문에 <토라> 연구는 하나님의 지혜와 그의 방식에 도달하기 위한 탁월한 수단으로 간주되었다(박은경, 2013: 7). 그 결과 유대교는 랍비문화를 통해 현실 속에서 지혜를 승화시킬 수 있었다. 종교가 현실과 결부되어 지혜를 창출한 결과물이 다름 아닌 유대교의 『탈무드』이다.

라. 현세 지향적 인식

중세 이후, 철학의 역사는 이성과 지성의 역사이다. 그러나 『탈무드』에서 말하는 지혜는 이성적인 차원과 달리 삶 속에서 체험으로 깨달은 지혜를 담고 있다. 때문에 그들은 책상에서만 행해지는 공부를 인정하지 않는다. 이러한 관점은 '나실인(Nazirite)'의 개념에서 알 수 있다. '나실'이란 히브리어로 '나지르(נזיר)'인데 '거룩하게 되는' 또는 '분리된'이란 의미이다.

나실인의 대표적 인물로는 '삼손(Samson)'이다. 삼손은 성서의 판관기에 나오는 이스라엘의 전사이자 판관이며, 이스라엘 역사상 최고의 역사(力士)이기도 하다. 이런 나실인은 제도로 존재하였다. 이스라엘 민족이 광야에서 유목하던 시절, 경건주의 이상을 보존하려는 제도였다. 특히 레위인이 아닌 사람이 성직자로 살 수 있는 제도이다. 〈율법〉에는 나실인에 관한 조항이 10개나 보이는데, 예를 들면, "나실인은 포도로 만들어진 어떤 음료도 마시지 말라/나실인은 신선한 포도를 먹지 말라/나실인은 건포도를 먹지 말라(민6:3)"와 같은 조항이다. 나실인으로는 삼손, 사무엘, 세례 요한, 사도 바울 등이 있다.

〈율법〉에 기록되어 있듯이, "나실인은 포도로 만들어진 어떤 음료도 마시지 말라"와 같은 내용은 『모세오경』「창세기」에는 노아가 포도주를 마시고 만취한 사건에서 기인한다.

노아가 농사를 시작하여 포도나무를 심었더니, 포도주를 마시고 취하여 그 장막 안에서 벌거벗은지라. 가나안의 아버지 함이 그의 아버지의 하체를 보고 밖으로 나가서 그의 두 형제에게 알리매 셈과 야벳이 옷을 가져다가 자기들의 어깨에 메고 뒷걸음쳐 들어가서 그들의 아버지의 하체를 덮었으며 그들이 얼굴을 돌이키고 그들의 아버지의 하체를 보지 아니하였더라(창9:20~23).

포도는 하나님을 향한 경건성을 파괴하는 행위를 유발하는 근원으로 인식되었다. 포도주를 마시고 만취하는 일은 가나안 족속에게는 그 하체를 드러내는 사건이었다. 이는 가나안의 타락한 문화에 정신과 몸을 팔아 넘기는 행위라는 경고가 들어 있다(김회권, 2017: 858~861).

그런데 이러한 삶을 살려는 사람에 대한 인식은 마빈 토카이어의 『탈무드』에서는 부정적으로 평가되었다. 나실인으로서 생활을 끝내고 나면, 그 기간이 1년이었든 10년이었든 상관없이 하나님께 용서를 빌지 않으면 안 된다. 그 이유는 자진해서 사회로부터 고립하여 삶의 기쁨을 거부한 일 자체가 죄이기 때문이다. 토카이어는 유대인은 삶의 기쁨을 부정하지 않으므로 스스로를 부정하고 고립된 생활을 하는 것은 유대인의 시각에서는 죄가 된다. 더구나 '나실인'은 유대 사회 전체로부터 떨어져 나가는 죄를 범한 것이다. 따라서 용서를 빌지 않으면 안 된다(마빈 토카이어, 2007: 244~245).

사회와 자신을 격리시킨 나실인에 대한 비판은 마르틴 부버의 『하시디즘과 현대인』에서도 언급하고 있다.

가르침과 섬김에만 매달리기 위해 은둔 생활로 들어가서 세상의 온갖 것으로부터 자신을 격리시키려고 한 어떤 구도자 이야기가 있다. 학문과 기도에 열중하고 안식일에서 다음 안식일까지 단식하면서 그는 홀로 앉아 있었다. 그러나 모든 의식적 목적을 벗어나게 된 그의 마음은 그의 행위에 대한 자부심으로 채워졌다. 그의 마음은 그의 눈앞에서 빛났고, 그의 손가락은 기름 부어 세움을 받은 왕의 왕관과 같이 그의 이마에 그 마음이 부착되기를 열망하였다. …… 그 결과 사실상 악마들이 판치고 있는 그의 타락한 상태를 알지 못한 채 지나게 되었으며, 그런데도 그는 전적으로 신에게 사로잡혀 있다고 상상하였다(마르틴 부버/남정길, 1994: 97~98).

"그의 마음은 그의 눈앞에서 빛났고" 부분에서, 그는 영혼의 황홀경을 경험하였다고 자신하고 있었다. 그러나 이는 결국 타락한 현실 세계를 파악하지 못한 채 신에게 사로잡힌 꼴이 되어 버렸다. 현실 세계에서 자신이 해야 할 의무를 저버린 죄를 지은 상황으로 인식되는 것이다. 이 같은 인식은 유대인의 삶에 그대로 적용되었다. 그래서 죽은 글을 읽는 행위 또한 나실인의 죄와 같다.

어떤 유대인이 세상의 모든 것으로부터 자기를 단절시킨 채 30년 동안 공부만을 계속하였다면, 30년 후 신에게 희생을 바치며 용서를 빌어야만 한다. 제 아무리 훌륭한 공부를 하였더라도 사회로부터 자신을 단절시키는 행위는 죄가 되기 때문이다. 그만큼 유대 민족 가운데 은둔자는 거의 없다(마빈 토카이어, 1990: 52).

'나실인'의 개념으로 볼 때, 유대교 초기에는 몸과 마음을 깨끗이 하고 더러운 세상과 멀리하여 순결한 몸을 만들고자 하였다. 그런 '나실인'의 개념이 바뀌었다. 이유는 간단하다. 삶 속에서 체험으로 깨달은 지혜를 인정하기 때문이다. 그런 사정으로 『탈무드』는 고정 불변의 텍스트를 고수하지 않는다. 항상 변화하는 시대의 현실에 적응하려는 현실 지향적인 이념을 반영한다.

2. 교육의 목적

유대교의 교육은 하나님에 대한 경외심과 선민의식을 바탕으로 유대 민족의 공동체적 삶을 강조한다. 따라서 유대인들의 교육 목적은 '하나님의 뜻을 바탕으로 한 공동체 유지'에 있다고 할 수 있다. 구체적으로 말하면, 예로부터 율법을 전해 받은 하나님에 대한 신앙에 깊이를 더하여, 그 은혜를 내재화하는 과정이 교육이라면, 교육 목적은 바로 하나님의 소리를 자신들의 지혜로 승화하여 공동체의 유지에 기여하는 데 있다.

전지전능한 하나님과 달리 유대인들은 조금만 경계심을 품으면 곧 하나님의 지혜를 잃어버릴 것이라 생각하였다. 따라서 유대인들은 항상 하나님께 질문을 던지며 자신의 행동기준을 바로잡았다. 그 대표적 상징이 "모세가 그 하나님 여호와께 구하여 가로되 여호와여 어찌하여 그 큰 권능과 강한 손으로 애굽 땅에서 인도하여 내신 주의 백성에게 진노하시나이까(출32:11)"이다.

인용한 성경구절은 애굽에서 탈출한 모세가 산에서 하나님의 율법을 받는 동안, 산 밑에서 백성들은 저마다 금덩이를 모아 금송아지를 만들어 제사를 지내는 장면이다. 하나님은 이를 보고 크게 노하여 그들을 죽이려 하였다. 그러면서 모세에게 모른 척 하산을 지시하자, 모세는 도리어 그대로는 하산할 수 없다는 뜻을 밝혔다. 그토록 아끼던 이스라엘 백성들이 다른 우상을 섬겼다고 하여 순식간에 그들을 처벌하려던 하나님의 뜻을 모세는 이해하지 못했던 것이다.

이 구절은 이스라엘 백성들이 실수를 범해 유일신인 하나님을 항상 섬기지 못하고 대신할 우상을 찾는 모습에 빗대어, 인간이 언제든지 하나님의 은혜를 저버릴 가능성이 내재되어 있음을 상징한다. 따라서 유대인들은 조금의 방심도 없이 매일 충실하게 자신의 삶 속에서 하나님의 뜻을 찾는 행위, 즉 교육을 통해 전지전능한 유일신의 목소리를 담고 자신의 행동 기준으로 삼는 것을 최고의 의무이자 사명으로 여겼다.

유대인들의 역사를 통틀어 살펴보면, 그들의 중심에는 항상 하나님이 있었다. 하나님의 말씀인 〈율법〉이 항상 행동 규범의 기준이자 교육 텍스트가 되었다. 물론 율법에는 선악과 이해득실을 구별할 수 있는 능력을 길러주는 윤리적 차원의 지식도 포함되어 있다. 하지만 그들의 지식은 더욱 관념적인 차원으로 구체화 되어 '지혜'로 승화한다. 유대교의 지혜는 하나님을 근본으로 삼기 때문에 하나님을 사랑함으로 인해 지혜를 얻을 수 있다. 그들에게 지혜는 하나님을 떠나서 존재할 수 없다. 오로지 하나님에 대한 선민의식이 기반이 되어야만 성립 가능하다. 따라서 유대교의 교육은 지혜를 토대로 올바른 신앙을 강조하는 영적 교육이었다.

유대인들의 신앙에 따르면, 뱃속에 잉태한 태아조차도 하나님의 필요에 의해 잉태된 것이다. 때문에 그들 또한 하나님의 백성이 되기에 충분한 자질이 있으며, 설령 모세처럼 하나님께 질의를 품는다 하더라도, 누구이건 솔선하여 하나님을 경외하면, 그의 목소리를 듣고 자신의 '지혜'로 삼을 수 있다.

그렇다면 하나님의 목소리를 어떻게 지혜로 흡수할 수 있을까? 유대인

세계 종교의 교육적 독해

들은 바로 〈율법〉인 〈토라〉에 기초하여 모든 문제의 해답을 찾는다. 이것이 유대인들이 그토록 율법을 연구하고 또 암송하는 이유이다. 그들은 애굽에서 탈출해 살아남은 하나님의 백성이자 자신들의 공동체를 유익하게 하는 길은 오로지 하나님에 대한 믿음뿐이라 확신하였다. 따라서 이를 조상 대대로 걸쳐 자녀들에게 강조하여 언제나 영적(靈的)인 삶 속에서 살기를 기원하고 있다. 이런 점에서 유대인들이 지닌 선민의식의 색깔은 매우 짙다. 그들은 오랜 포로생활과 어려운 환경에서 하나님의 백성으로 민족 공동체를 유지하는 일을 삶의 최우선 목표로 삼았다. 오직 노아의 일족이자 모세의 민족만이 하나님께 선택받아 살아남았다는 자부심으로 생애를 일관 하였다. 그만큼 그들은 결단코 개인이 아닌 여럿이 참여하는 공동체 의식이 강하다.

현대적 의미의 교육은 크게 두 가지로 분류해 볼 수 있다. 하나는 학습자가 지닌 잠재능력이나 소질을 끌어올리는 작업이고, 다른 하나는 불완전한 상태에 있는 인간을 완전한 상태로 발달시켜 그의 본성을 실현하는 일이다(신창호, 2012: 29). 이러한 교육은 학습자 본인이 스스로 깨우쳐 이루어낼 수도 있고, 또는 교수자의 도움을 받을 수도 있다. 뛰어난 선지자가 아닌 이상, 일반적으로 학습자는 교수자의 존재에 상관없이 '배움-익힘-실천'의 세 단계를 겪는다. 유대인들의 교육 또한 이와 같은 맥락에서 진행되었고, 유사한 과정을 거쳤다. 유대인들은 믿었다. 공동체로부터 〈율법〉을 배우고 내재화한 후, 하나님을 향한 경외심으로 드러나야만 비로소 공동체의 존속에 기여할 수 있다.

유대인들에게 지혜를 풍부하게 하는 일은 바로 진리이자 섭리이다. 유대인들은 자녀들을 빠르게는 뱃속에 있을 때부터 성전에서 하나님의 말씀을 배우게 하고 또 가르쳐 주었다(신명기11:18~20). 따라서 지혜로운 삶은 진리에 따른 생활이자 하나님의 섭리이다. 또한 이들은 교육을 통해 하나님의 은혜에 대한 확신을 공고히 하고 영적 성장을 꾀한다. 시종일관 종교적 체험과 신앙생활을 지속하고, 자신의 열과 성의를 다하여 하나님을 마음에 모시고 사랑한다. 그것만이 구원의 확신과 영적 성장을 담보하는 근거이기 때문이다.

Ⅳ. 교육의 형식과 내용 및 방법

1. 교육의 형식; 가정~회당~학교

유대교의 교육 목적은 하나님의 뜻을 바르게 깨닫는 데 있다. 유대인들의 교육은 부모의 가정교육, 제사장과 예언자들을 통해서도 이루어졌다. 이때 교육은 단순하게 인간의 개인적 능력 신장이나 본성 발현을 위한 학습이 주된 내용이 아니다. 잠재력의 발현이나 기술의 연마 등을 위한 지혜는 모두 하나님으로부터 비롯된 것으로, 오직 하나님을 경외하는 신민(神民)이 되는 것만이 그들의 삶의 지혜이자 교육 목적 그 자체이다. 그렇다면 모태 신앙에서 이어지는 하나님에 대한 경외심은 어디서부터 먼저 깨닫게 되는 것일까? 인간은 사회적 동물이다. 탄생과 동시에 필연적으로 가족이라는 가장 작은 사회에 속하게 된다. 따라서 유대교는 무엇보다도 교육의 시작점인 가정교육을 매우 중시한다.

가. 가정교육

일반적으로 유대인 부모들에게는 세 가지 의무가 부여되어 있다. 첫째, 부모는 자녀에게 〈율법〉을 가르쳐야 한다. 둘째, 자녀를 잘 양육해서 '결혼'시켜야 한다. 셋째, 자녀에게 삶의 '기술'을 가르쳐야 한다. 이 가운데 첫째는 율법을 가르치는 일로, 그 임무는 매우 중요하였다. 그것은 하나님이 유대인들에게 명하신 명령이다. 부모가 자녀를 잘 훈련시켜 그로 인해 얻어지는 기쁨과 그와 반대로 가정에서 부모의 훈련과 훈계를 무시하는 자녀로 인해 슬픔에 잠기는 부모의 모습은 「잠언」에서도 드러난다.

지혜로운 아들은 아비를 기쁘게 하거니와 미련한 아들은 어미의 근심이라(잠 10:1)/내 아들아 네 아비의 훈계를 들으며 네 어미의 법을 떠나지 말라(잠1:8)/내 아들 아 네 아비의 명령을 지키며 네 어미의 법을 떠나지 말고 그것을 항상 네 마음에 새기 며 네 목에 매라 …… 대저 명령은 등불이요, 법은 빛이요, 훈계의 책망은 곧 생명의 길이라(잠6:20~23).

「잠언」의 여러 구절은 자녀의 순종적 모습을 강조하는 것처럼 보이지만, 사실은 그 순종의 배경에는 부모의 교육이 있다. 즉 부모의 훈계와 법이 선행되어야만 자녀가 부모의 뜻이자 하나님의 뜻을 지킬 수 있다. 여기서 중요한 점은 아버지의 역할보다 어머니의 역할이 크다는 점이다. 유대인들에게 무엇보다 중요한 것은 율법, 즉 유대의 법을 지키는 일이다.

마빈 토카이어(2010: 198~199)에 따르면, 유대교의 최고 율법인 십계(十戒)의 기본적 구상은 처음에는 여자들에게만 주어지고, 다음에 남자들에게 주어졌다. 왜냐하면 여자들은 최초의 교육자들이기 때문이다. 즉 어린이를 가르치는 일은 여자의 몫이다. 유대인의 격언에 "여자를 가르치는 일은 가정을 가르치는 일이다"라는 말이 있다. 그래서 '십계명(十誡命)'도 처음에는 여자에게 주어지고 그 다음에 남자에게 주어졌던 것이다.

이스라엘아 들으라. 우리 주 하나님은 오직 하나인 하나님이시니, 너는 마음을 다하고 성품을 다하고 힘을 다하여 네 주 하나님을 사랑하라. 오늘날 내가 네게 명하는 이 말씀을 너는 마음에 새기고 네 자녀에게 부지런히 가르치며 집에 앉았을 때든지 길에 행할 때든지 누웠을 때든지 일어날 때든지 이 말씀을 강론할 것이다(신6:4~7).

유대인들의 가정교육은 크게 두 단계로 나뉠 수 있다. 첫 번째 단계에서는 우선 하나님을 사랑해야 한다. 하나님에게 귀를 기울여, 그의 말씀을 들어야만 비로소 자녀가 진정한 유대인이 되도록 교육할 수 있는 자격을 얻는다. 그들은 이집트의 압박으로부터 그들을 해방시켜 주고 언약을 맺으신 하나님의 구원 행위와 의지를 자녀들에게 상기시키고 가르쳐야 한다고 믿었다. 두 번째 단계는 언제 어디서든 자녀에게 자신이 들은 하나님의 말씀을 전하고 가르쳐야 한다. "우리 하나님 여호와의 명하신 증거와 말씀과 규례와 법도가 무슨 뜻이냐(신6:20)"에 대해 물었을 때, 부모들은 항상 이에 대한 대답을 준비해야 하였다. 늘 자신의 삶 속에 하나님의 말씀과 그와의 언약을 내재화해야 한다는 뜻이다.

유대인들에게 가정은 하나님의 뜻이 생활 속에서 구체적으로 나타나는 장(場, field)이다. 가정은 모든 인간관계의 근본 단위를 형성하는 공동체이다. 때문에 여기서부터 부모와 자녀 사이의 관계에 하나님의 계시와 뜻이 전달되고 또 생활화되는 매개 역할을 한다. 가정을 통하여 자녀들은 하나님의 계시와 뜻을 알 수 있고, 나아가 종교 교육도 받게 된다.

그렇다면 하나님을 사랑하고 항상 그에게 봉사하는 마음을 갖기 위해, 가정에서 구체적으로 어떤 방법을 택해야 하는가? 유대인들은 그들의 자녀에게 어떠한 방식으로 자신들의 지혜를 전달하는가? 유대인들의 교육

방법은 절대적인 상명하달(上命下達)의 형식으로 이루어진다. 교수자인 부모가 주체가 되고 자녀는 초기 단계에서는 일방적으로 그들의 가르침을 수용해야 한다. 이러한 수직적 구조는 본래 하나님이 이스라엘의 백성들에게 말씀을 내리는 형태와 매우 흡사하다. 이는 조금이라도 하나님의 존재에 가까운 사람들이 미숙한 존재들을 주체적으로 이끌어주는 형태이다.

그러기 위해, 유대인들은 먼저 자녀를 가업(家業) 활동에 직접 참여시켰다. 이집트 땅에서 벗어난 유대인들에게 가장 중요한 것은 의식주 문제를 포함한 생존(生存)이었다. 이런 차원에서 보면, 소규모 공동체인 가정에서 대규모 공동체인 이스라엘이라는 나라를 유지하기 위해, 모든 구성원들은 우선적으로 가업에 종사해야만 하였다. 자녀들은 어릴 때부터 가사(家事)에 참여함으로써 공동체 의식을 기르고 공동체에 헌신하며 자신의 역할을 확인할 수 있다.

동서고금을 막론하고 고대의 인류는 성별에 따라 자신의 역할이 정해져 있었다. 예컨대 남성은 수렵과 사냥, 여성은 채집 등을 담당하였다. 이러한 모습은 유대인들에게도 자연스럽게 나타난다. 유대인 가정에서 아들은 아버지로부터 양치기와 사냥을 익혔고, 딸은 어머니로부터 길쌈이나 요리를 배웠다. 이러한 직업교육을 통해 자녀들은 직접적으로 하나님의 땅과 백성을 지키는 데 참여할 수 있었다. 또한 획득한 모든 식량이나 자산은 하나님께서 허락하신 하사품임을 항상 각인시키기 위해, 부모들은 자녀에게 율법교육도 실시하였다. 잠시라도 하나님께 경배 드리는 행위를 게을리 한다면, 결국 이집트 땅의 백성들처럼 자신들도 버려질 것이라 믿었기 때문이다.

다음으로 유대인들은 공동체의 철저한 존속을 위해 또한 자녀들의 행

세계 종교의 교육적 독해

위를 통제하였다. 특히 「잠언」과 「전도서」에는 자녀들이 무조건적으로 부모의 통제를 받을 것을 자주 언급하고 있다.

> 아들아 아비의 훈계를 들으며 명철을 얻기에 주의하라 …… 나도 내 아버지에게 아이였으며 내 어머니 보기에 유약한 외아들이었노라. 아버지가 내게 가르쳐 이르기를 내 말을 네 마음에 두라 내 명령을 지키라 그리하면 살리라(잠4:1~4)/지혜자의 말씀은 찌르는 채찍 같고 회중의 스승의 말씀은 잘 박힌 못 같으니 다 한 목자의 주신 바니라(전12:11).

부모들은 이 같은 법전이나 율법을 갖고 교육하는 '지혜자'이기 때문에, 자녀들의 행동을 조정하고 통제할 수 있다. 유대인들에게 부모의 말은 곧 하나님의 말씀이자 율법이었기 때문에, 자녀들은 그들에게 순종하고 자신들의 행동을 조심하였다. 유대인들의 통제 방식은 주로 가정에서 전통적으로 내려오던 구전(口傳)이라는 형식을 통해 구현한다. 아브라함을 비롯한 신앙의 선조들 이야기는 이 〈역사〉의 중심 내용이 되었고, 율법의 쉐마(shema)는 율법 구전의 중심이 되었다(신앙생활백과편찬위원회, 1993: 81).

나. 회당교육

앞에서 다루었듯이, 유대인들은 가정을 통해 자녀들이 하나님의 계시와 뜻을 알 수 있게 하며, 이후에 더욱 성숙한 차원의 종교교육을 받게 하였다. 이러한 종교교육이 이루어지는 곳이 바로 회당이다. 따라서 유대인들은 회당에서 종교의식에 참여하여 하나님의 뜻과 계시를 받들고, 계속해서 하나님의 지혜를 추구하였다.

이 율법을 낭독하여 온 이스라엘로 듣게 할지니 …… 그들로 듣고 배우고 네 하나

님 여호와를 경외하며 이 율법의 모든 말씀을 지켜 행하게 하고 …… (신31:11~12)

유대인들은 무엇보다도 자녀들의 흥미(興味)를 촉발하여, 그들의 신앙심을 고취시키는 일을 우선순위로 삼았다. 가정에서 지속적인 직접 참여의 형태로 자녀들이 경험하고 체험하게 함으로써 그들의 흥미와 호기심(好奇心)을 환기시켰다. 자녀들의 신앙심이 어느 정도 확고해졌다면, 그 뒤에는 종교의식에 담긴 상징을 읊어주어, 구성원으로서 책임감을 불어넣었다. 이집트 땅에서 핍박을 받으며, 문화와 종교가 다른 이민족의 속박을 계속 받으며 살았던 그들에게 가장 중요한 문제는, 그들의 종교적 신앙과 생활, 이른 바 전통적 공동체가 위협을 받는 일이었다. 이러한 민족적 위기 상황에서 유대인들은 비형식교육에서 발전된, 더욱 체계적인 형식교육을 필요로 하게 되었다. 그것이 다름 아닌 '회당(會堂, synagogue)' 교육이다.

회당의 본래 뜻은 '회중', 또는 '집회'이다. 그러나 시대가 흐르면서 '집회 장소', '예배와 교육의 집', '교육의 집', '경건의 모임터', '종교교육의 중심지' 등의 의미도 포함하게 되었다. 이집트 땅에서 포로가 된 유대인들은, 오랫 동안 그들만의 성전을 갖지 못하였다. 이에 그들은 차츰차츰 자신들의 신앙과 도덕 생활을 지속하고, 서로를 안위해주기 위한 모임을 구성하기 시작하였다. 이것이 바로 회당의 초기 형태이다. 이러한 회당은 가정교육에서 어느 정도 길러온 신앙심을 공고히 하고, 공동체를 위해 기

세계 종교의 교육적 독해

여하도록 만드는 주축이 되었다. 회당은 일견 포로의 신분으로 전락한 유대인들이 회합하는 모임으로 보였으나 실상은 주로 율법을 강해(講解)하고 예배를 드려 자신들의 신앙심을 다잡고 결속력을 높이는 중요한 교육의 장이 되었다.

회당에서는 성서 읽기, 기도, 일상용어로 행하는 성서 해석 등 예배를 주축으로 하는 교육이 행해졌다. 회당의 교육방식은 가정교육과 마찬가지로 별도의 도구가 필요 없이 구전으로만 행해졌는데, 계율 암송이 주된 학습 내용이었다. 가정교육과 마찬가지로 회당교육에서도 상명하달의 수직적 교육 구조를 보인다. 하잔(Hazzan)이라 불리는 회당 전속 전문가가 의식(儀式)을 보좌하고, 수많은 유대인과 어린이들을 가르쳤다. 다시 말하면, 기존 성전에서 소수의 제사장과 예언자가 주축이었던 종교교육과는 달리, 회당교육은 민중을 주축으로 삼은 교육의 장소이자 유대인들의 삶의 기둥이 되었다. 이렇게 가정에서는 스스로 하나님의 신앙심을 공고히 다지고, 밖에서는 회당을 중심으로 다 같이 공동체 의식에 참여하여 하나님의 백성이라는 정체성을 확인하고, 자신들의 민족성을 유지할 수 있었다.

다. 학교교육

유대인들의 형식교육은 회당뿐만 아니라 학교에서도 이루어졌다. 학교교육은 가정이나 회당과는 달리 독립된 건물에서 조직을 갖춘 공식교육의 양상으로 시작되었다. 오랜 동안의 포로생활과 어려운 환경 속에서 하나님의 백성으로서 민족 공동체를 유지하는 일이 유대인들의 근본적인 교육 목적이자 의무였기 때문에, 그들은 자녀를 학교에 보내는 일을 무엇보다도 중시하였다. 따라서 모든 학생들은 강제적으로 출석해야 했다. 서기 64년 대제사장 가말라엘(Gamaliel) 때 이르러 취학 연령이 6~7세로 정해졌다(신앙생활백과편찬위원회, 1993: 82).

유대인들의 학교는 교육수준에 따라 네 가지로 나뉘었다. 가장 낮은 단계는 오늘날 '초등교육' 기관과도 비슷한 '베드 하세퍼(Beth-Hassepher)'는 일명 '책의 집'으로 알려져 있다. 원칙적으로는 6세가량의 남자 어린이만이 입학할 수 있었고, 학생 수는 20~50명으로 한정되어 있었다. 당시 회당의 예배 전문가인 하잔이 교수자의 역할을 맡았다. 교육방법은 주로 성경 구절들을 암기시키는 일이었다. 수업시간은 이른 아침부터 밤늦게까지 지속되었다.

초등교육 기관보다 높은 단계로는 오늘날 '중등교육' 기관과 비슷한 기관이 있다. 이는 두 가지 단계로 나뉘는데, 초기 중등교육 기관인 '베드 『탈무드』(Beth-Talmud)'와 후기 중등교육 기관인 '베드 하미드라쉬(Beth-Hamidrash)'이다. '베드 『탈무드』'는 일명 '설명의 집'이라 불렸으며, 중등교육의 첫 단계였다. 의무적으로 학교에 가야만 했던 초등교육 기관과는 달리, 이 학교는 교사가 스스로 제자와 학생을 모았다. 또한 일반적인 암송보다는 일상생활과 관련된 모든 율법을 해석하여 강론하였다. 한편 '연구의 집'이라 불리는 '베드 하미드라쉬'는 오늘날 고등학교나 전문학교에 해당된다. 앞의 '베드 『탈무드』'에서 배운 율법을 바탕으로 이 단계에서는 더욱 전문적이고 높은 수준의 율법을 가르쳤다. 또한 〈토라(Torah)〉 연구뿐만 아니라 수학, 천문학, 지리학, 생물학 등을 교과과정에 포함시켜 종교교육뿐만 아니라 일반교육에서도 더욱 체계적으로 발전된 형태의 교육을 시행하였다. 이러한 과목을 교과과정에 포함시킨 이유는 직접적으

세계 종교의 교육적 독해

로 공동체의 생존과 관련되었기 때문이다. 수학을 통해 세상의 논리를 파악할 수 있고, 천문학을 통해 별의 움직임을 파악하여 날씨를 예측할 수 있으며, 지리학을 통해 지형을 파악해 적의 습격에도 대비할 수 있고, 또 농경과도 직결되며, 생물학 또한 공동체의 생존을 위해 필수적으로 익혀야 한다. 이 단계에서는 일방적인 수직 구조에서 벗어나 스승과 제자 사이의 질문과 응답의 상호작용이 다소 이루어졌다.

마지막 단계인 '아카데미(Academy)'는 오늘날 고등교육 기관에 비유할 수 있는 유대인들의 공식 교육기관이다. 아카데미에서 랍비 후보생들을 교육시켰던 사실로 미루어 보았을 때, 후기 중등교육 기관인 '베드 하미드라쉬'에서도 우수한 학생만이 아카데미에 진학할 수 있었던 것으로 보인다. 주로 〈토라〉를 교육하였고, 또한 『구약성서』의 경전화 작업과 기도문 등을 연구하였다.

라. 평생교육

유대인들이 내세우는 교육의 목적이 유대교에 입각한 '공동체를 유지하기 위해 하나님의 지혜를 내재화 하는 작업'이라면, 이들에게 가장 위대한 사람은 바로 '지혜로운 사람'이자 '현명한 사람'이다. 아무리 높은 교육 수준의 학교를 다닌다 하더라도, 자신의 생활에서 조금이라도 나태해진다면, 그 사람은 더 이상 지혜로운 사람이 아니다. 그 순간 하나님의 목소리를 놓칠 수 있기 때문이다. 물론 『신약성서』의 예수처럼 '태어나면서 모든 것을 아는 전지전능한' 현자도 존재할 수 있겠지만, 대부분은 하나님을 향한 경외심과 꾸준한 율법 연구를 통해 지혜로운 사람이 되며, 설사 선지자인 예수라 해도 지혜로운 사람은 조금이라도 율법 공부를 게을리 해서는 안 된다. 공부를 중단한 순간, 지금까지 자신이 쌓아온 것들은 모두 잊게 되고, 이는 하나님을 향한 불충(不忠)이다. 유대인들에게 하나님을 향한 경외심과 충성심은 곧 하나님의 지혜를 배우는 행위와 같다. 회당에서 이루어진 예배란 단지 하나님에게 기도하는 일일 뿐만 아니라, 율법을 배울 수 있는 중요한 교육 형식이었다. 이렇게 날마다 배움에 힘써야만 비로소 부모는 자녀를 가르칠 수 있는 자격이 생긴다.

주지하다시피 유대인은 예로부터 '책의 민족'이라 일컬어진다.『탈무드』의 율법이 가르치는 것처럼, 책은 누구나 볼 수 있고 누구나 공유 가능하며, 또한 누구나 배움의 의무를 갖고 있다. 이들에게 책만 읽을 수 있다면 어디든 사실상 교육의 장소가 될 수 있다. 출근하는 길 위에서도, 점심시간에 잠깐 갖는 휴식시간에도, 잠자기 직전 이불 속에서도, 유대인들은 언제든지『탈무드』를 읽는다. 사실『탈무드』의 양은 너무나도 방대하다. 따라서『탈무드』의 모든 내용을 읽는다는 것은 유대인들에게 평생의 교육 목표이자 기쁨이 된다. 한시라도 하나님의 말씀이 담긴 책이나 율법을 손에서 떼어내지 않아야만 비로소 하나님의 지혜를 습득할 수 있다. 그것은 유대인들의 교육이 생활 속에서 일생에 걸쳐 있음을 보여준다.

결국 유대인들의 교육에서, 공동체의 존속을 위한 잠재력의 발현이나 기술의 연마 등을 위한 지혜는 모두 하나님으로부터 비롯된 것으로, 오직 하나님을 경외하는 신민(神民)이 되는 일만이 그들에게서 삶의 지혜이자 교육 목적이 된다. 형식교육이던 비형식교육이던 관계없이, 또는 다양한 교육형식과 교육내용과 상관없이 오로지 하나님을 향한 경외심, 하나님의 소리를 흡수해 자신의 지혜로 습득하여 전하는 일만이 유대인들의 교육이자 의무이자 사명이라 할 수 있다.

2. 교육 내용

유대교에서 '가르침'이란 말은 하나님의 사람이 되도록 하기 위한 신앙이자 교육 행위이다. 그것은 유대 민족의 역사에서 오래 전부터 교육을 강조하고 있었다는 의미이다. 이는 「신명기」에 잘 나타나 있다. 뿐만 아니라 이스라엘 민족은 "하나님의 모든 말씀을 우리가 준행하리라(신 30:11~20)"는 언약을 맺었고, 여기에는 이를 자손 대대로 전수하겠다는 맹세도 포함된다. 따라서 하나님의 말씀을 전수하는 일은 당연한 의무이고, 이를 행하는 방법으로 '쉐마'와 '토라'와 『탈무드』를 교육하는 것이다.

가. 하나님의 말씀: 쉐마

유대교의 교육이 지향하는 근본 지침은 '쉐마'에서 시작된다. 쉐마를 이야기하지 않고 교육을 말할 수 없고, 오늘날의 유대인도 존재할 수 없다. 쉐마는 『구약성서』 「신명기」(6:4~9, 11:13~21), 「민수기」(15:37~41)를 말한다. 이는 기원전 1세기경부터 쉐마라 불렀다고 한다. 쉐마의 원래 의미는 「신명기」(6:4)의 "이스라엘아, 들으라. 우리 하나님 여호와는 오직 하나인 여호와이시니"의 첫 단어인 '들으라'는 단어이다. 이 말에는 '순종하다(obey)'라는 뜻도 있다. 이는 여호와 하나님의 말씀을 듣고 순종하여 지켜 행하라는 하나님의 명령으로, 이스라엘 백성에게 하나님의 말씀에 대한 교육을 강조하는 내용들이다. 쉐마는 이스라엘 교육의 중심을 이룬다. 모든 남자들이 매일 두 번씩 신앙고백을 해야 했고, 어린이의 초기 언어발달의 방법으로 외우게 하는 것이며, 임종 시 안식일에 외우는 기도이기도 하다. 이처럼 쉐마는 유대 민족의 의식에 깊이 자리 잡고 있는 신앙

고백이며, 하나님께 향하는 충성의 선포로, 신앙 고백적 의미와 함께 교육적 의미를 지닌다.

쉐마를 자녀들에게 가르치는 방법으로 '테필린(tefillin)'과 '메주자(mezuzah)'라는 기구가 만들어졌다.

'테필린'은 필락테리아(phylacteries)와 같은 뜻으로 사용되는데, 가죽으로 만들어진 두 개의 작은 통이다. 이 속에는 「출애굽기」(13:1~10, 11~16)/「신명기」(6:4~9, 11:13~21) 등의 성경 말씀이 기록된 양피지가 들어 있다. 성경이 든 두 개의 통에 가죽 끈을 달아서 하나는 이마에, 하나는 왼쪽 손목에 메었다. 이는 「신명기」(6:8) 말씀에 의지하여 "네 손의 기호와 미간에 붙이라"는 말씀의 문자적 해석에서 시작되었다.

'메주자'는 문설주라는 뜻으로 금속으로 된 갑 속에 성경 말씀 「신명기」(6:4~9, 11:13~21)를 넣어 세탁장과 창고를 제외한 모든 방 문설주에 부착한다. 모든 사람은 문을 통과할 때마다 입을 맞추고 「시편」(121:8)의 말씀인 "여호와께서 나의 출입을 지금부터 영원까지 지키리로다"라고 말을 한다.

부모들과 자녀들은 이 기구들을 사용하여 반복과 강화를 실천한다. 이런 교육이 반복되면서 쉐마 교육은 이스라엘 민족에게 필수적인 교육 내용으로 잡았다. 쉐마는 끊임없이 정규적으로 반복을 명시하고 있기에, 때와 장소를 가리지 않고 유대인들에게 대화의 주제가 되었다(박수연, 2011: 10~13).

나. 율법서: 토라

'토라(Torah)'란 말은 『구약성서』나 유대교에서 가장 중요한 말 가운데 하나이다. 간략하게 표현하면, '교육한다'는 뜻이다. '토라'는 종종 특별한 율법을 의미하기도 하였다. 축제나 안식이 그 주요한 사례가 될 수 있다. 또한 〈율법〉의 규범서가 되기도 한다. 토라의 〈율법〉 책은 『성경』의 앞부분에 있는 다섯 책들 안에 있다. 예를 들어 십계명을 요약하면 하나님과 관계된 인간의 의무와 인간관계에 대한 것이다(출20:1~7/신5:6~21). 또한 의식 규범(출34:10~26)의 관계에 대한 내용도 있고, 사회적 규범(신27:15~26)과 관련된 사항도 있다. 또 다른 법은 민법과 의식법에 대해서도 구체적으로 기록하고 있다(장종철, 2014: 40~41).

토라는 좁은 의미로는 『모세오경』(「창세기」, 「출애굽기」, 「레위기」, 「민수기」, 「신명기」)을 뜻하며, 넓은 의미로는 『모세오경』을 포함한 하나님의 모든 말씀을 뜻한다. 토라의 주요 내용은 하나님에 관한 이야기이다. 인간을 창조하고, 부계사회와 모계사회를 세우시며, 이집트에서 노예를 해방시키시고, 유대 민족을 인도해 사막을 넘고 요단강을 가로질러 가나안에 정착하여 승리를 쟁취시킨 하나님에 관한 이야기이다.

토라는 기본적으로 하나님과 이스라엘 백성들 사이의 모든 계약적 개념인 유대주의를 의미한다. 고대 이스라엘이 그들의 종교와 국가의 상징이었던 땅과 성소를 모두 잃었을 때, 토라의 개념은 파괴되지 않았다. 그러기에 어디에나 옮겨 갈 수 있었다. 이런 점에서 토라는 유대인의 복음이라고 할 수 있다. 그들이 어디에 있든지 계속 전진하는 유대교의 신앙 공동체와 대화를 통하여, 유대인들에게 정체성과 순종에 대한 기본적 이해를 가져다준다(조경자, 2001: 53~54).

『구약성서』에서 토라가 유대 신앙 공동체의 경전으로 읽히던 역사는 포로 후기 시대이다. 이스라엘 백성이 페르시아의 지배를 받던 시절 토라는 모세의 〈율법〉 책이라는 오경으로 부상하였다. 오경의 편집과 구성에 대해서는 학자들 사이에 추론이 엇갈리지만, 한 가지 분명한 것은 오경이 페르시아 통치 기간 유대인들의 내적 욕구와 페르시아의 식민지 정책에 의해 모세의 토라라는 경전으로 읽혀졌다는 사실이다.

오경이 토라로 읽혀지면서 토라는 페르시아 정부로부터 법률적·종교적·신학적·윤리적 가르침을 담은 법전이라는 지위를 얻게 되었다. 토라의 시각으로 오경을 살필 때, 거기에는 법률 형성에 관한 두 개의 큰 흐름이 존재한다. 하나는 이스라엘 신앙의 제의를 중심으로 한 종교적 법규이고 다른 하나는 이스라엘 사회의 도덕을 중심으로 한 일상적 법규이다. 전자의 관심사가 정결과 거룩함에 있다면 후자의 관심사는 정의와 공평에 있다. 전자에는 시나이 산 전승 단락을 '말의 자리'로 삼은 법률들이 집대성되어 있고, 후자에는 「신명기」를 '책의 자리'로 삼은 법전이 세심하게 배열되어 있다. 그렇지만 현존하는 오경은 이 두 흐름을 하나의 책으로 구성해 놓았다(왕대일, 2011: 21~27).

토라는 유대인이 이집트를 탈출한 뒤에 시나이 산에 올라갔을 때 처음으로 출현하였다. 오늘날 유대인이 살아남는데 필요한 강인한 의지는 토라를 학습함으로서 얻어진 것이다. 유대인이 이집트에 종살이하던 시대에는 두루마리가 있었다. 유대인들은 언제나 그것을 몸에 지니고 다니면서 하나님의 말을 확인하였다. 이 두루마리는 토라의 전신이라 할 수 있다.

약 2천 년 전에 시리아와 그리스 사람들은 토라를 배우지 못하도록 금지하였다. 유대인에게서 토라를 빼앗은 것은 그들의 정신적 기둥을 뽑아 유대인들을 소멸시키겠다는 뜻이나 다름없었고, 토라를 소지하거나 배우는 일이 적발될 때는 사형을 시킬 수도 있었다. 유대인들은 자신의 목숨을 지키기 위해 예언자들의 언어록을 토라 대신 읽고 공부하였다. 시리아 제국의 멸망 이후 토라가 해방됨에 따라 유대인들은 일상생활에서 토라를 읽고 배우는 관습을 부활시켰다. 토라는 유대인이 살아남는 열쇠로서 오랜 동안 생명력을 유지하였다. 토라를 소유하거나 배우는 일을 금지당하면, 어떤 방법을 써서라도 그 관습을 지속시켰다(마빈 토카이어, 1993: 246~247).

다. 지혜의 가르침:『탈무드』

유대인은 어려서부터 교육이라는 문화에 둘러 싸여 성장한다. 아이가 세 살이 되면 〈토라〉와 『탈무드』를 공부한다. 아이에게 『탈무드』를 처음 읽힐 때 부모는 반드시 꿀 한 방울을 책장에 떨어뜨려 아이에게 입을 맞추게 하여 『탈무드』에 대한 애착을 키운다.

『탈무드』는 수만 명의 랍비들이 토론한 과정과 결론을 잇달아 편찬한 계율서이자 성전이다. 기원전 500년에서 500년 사이에 편집된 2백 5십만 단어 이상을 방대하게 집대성해 놓은 책이다. 내용은 율법과 유대교에 대해서뿐만 아니라 인간 생활에 대해서도 전반적으로 말하고 있다. 주제는 인간이 체험하는 온갖 분야에 걸치고 있으며 천문학, 해부학, 보건 위생, 과학의 각 분야, 법률, 윤리, 생활 등 그야말로 백과사전처럼 구성되었다. 이 책을 배움으로서 유대인은 어려서부터 어떤 문제를 다루고 짜 맞추는 방법을 찾는다.

『탈무드』는 지식을 일방적으로 가르치기만 하는 것이 아니라 두뇌를 날카롭게 해주는 효과가 있다. 유대인의 전통에서 『탈무드』 연구는 일상생활에 정착되어 있어 유대인에게 정신적으로 귀족이 되게 한다(마빈 토카이어, 1993: 245~246). 『탈무드』의 저자들은 그들의 가르침을 극히 소수의 사람들에게만 전수하는 것을 교훈으로 생각하지 않았다. 그들은 자기들의 교훈을 전문 학자뿐만 아니라 일반 사람들에게도 전하려고 하였다.

유대인의 전통적 교육 체제에 따르면 초등학교 중급 학년에서 『탈무드』 연구를 시작하여 점차 깊은 분석 수준을 거쳐 최고 수준의 학문적 연구 단계로 나아간다. 이런 교육 체제의 목표 가운데 한 가지는 학생의 내면에 『탈무드』의 맛을 느끼게 해 줌으로써 『탈무드』 연구를 평생의 부업으로 삼게 하는 것이다. 『탈무드』라는 용어는 지식과 탐구의 풍요롭고도 비옥한 장을 가리키는 용어로 쓰였고, 성경적 유대주의에 대한 보완자로 등장하였다. 『탈무드』는 유대인들이 새롭게 만들어낸 작품으로 성경과 삶의 간극을 연결하는 다리 기능을 맡았고, 변화하는 세상에 반응하고 대처하기 위해 『탈무드』를 만들어낸 것이다.

『탈무드』가 처음으로 다룬 것은 법률이었다. 그 이유는 유대인들이 『성경』에 기록된 법률 조항을 『성경』의 가장 중요한 부분으로 간주했기 때문이다. 또한 종교, 윤리, 사회 제도, 역사, 민간전승, 과학 분야에서도 풍부한 화제들을 담고 있다. 때문에 『탈무드』를 유대 문화의 백과사전이라고 정의한다. 형태로 보면 『성경』에 대한 부록이요, 내용으로 보면 수천 년에 걸친 유대인들의 지적·종교적 그리고 사회적 업적을 수록한 백과사전이다. 또한 『탈무드』는 10세기에 걸쳐 유대인들 속에서 살아 꿈틀거리면서, 그들에게 『성경』의 메시지를 살아 있도록 만들어 주었던 종교적 인물들을 망라해 놓은 하나의 도서관이다. 『탈무드』의 문학은 그 자체로서 신

세계 종교의 교육적 독해

비롭고 심오한 사상을 지닌 것으로 지혜와 건전한 상식, 재치와 통찰력이 담겨있다. 이에 가장 미천한 사람조차도 그 의미를 깨닫고 이해할 수 있는 말들로 기록되어 있다. 수백 년에 걸쳐『탈무드』를 만들어 낸 랍비들과 선생들의 삶의 배경, 가문, 경험, 기질 등이 다양하게 나타난다. 그들의 이름에 따라 묶여 있기 때문에 그 내용과 관점이 서로 크게 차이가 나기도 한다.

『탈무드』를 가르치는 랍비들과 선생들은 손으로 하는 노동을 존중했고, 실제로 그들 중 많은 수가 수공업으로 생계를 유지하고 살았다. 그들이 그렇게 산 이유는 학문과 육체노동이 서로 행복한 동반자라고 믿었기 때문이다. 어떤 랍비는 통나무를 나르는 사람이었고, 어떤 이는 대장장이였다. 이와 같이 랍비들은 '물건을 파는 일과 공부하는 일을 동시에 습득하라'는 자신들의 경구를 직접 실천에 옮겼다.

『탈무드』는 완성된 적이 없다. 더 이상 덧붙여질 필요가 없다거나 완료되었다고 공식적으로 선언된 적이 한 번도 없었다.『탈무드』의 최종판은 마치 한 그루의 나무처럼 살아 있는 유기체가 다 자란 상태에 비견될 수 있을 것이다. 본질에는 더 이상 변화가 일어나지 않은 상태로 형태가 완전히 자리 잡히고, 그럼에도 불구하고 살아가며 성장하고 증식하기를 계속하는, 그런 단계에 이를 것이다.

『탈무드』가 완성되지 않았다는 원리는 그것을 창조하는 일이 계속되어 끊임없는 변화가 일어나야 한다는 의미이기도 하다. 유대교의 한가운데는 전통이 있고, 책이 있다. 유대교는 책이 중심 자리를 차지함으로서,『성경』에서 싹튼 방대한 문학 작품을 탄생시켰다. 그 가운데 가장 중요한 사례가『탈무드』이다(마빈 토카이어, 2010: 162~172).

유대인들에게 가장 핵심적인 경전은 두 개의 〈토라〉로 구성되어 있다. 하나는 '성문' 토라이고 다른 하나는 '구전' 토라이다. 성문 토라는 모세가 시나이 산에서 받은 십계명을 중심으로 하는 『구약성서』의 토라이고, 구전 토라는 미슈나(Mishnah)이다. 미슈나는 구전된 율법들을 '연구하다'라는 의미에서 유래되었다. 특별히 구전으로 내려오는 내용들을 공부한다는 뜻이다. 이 미슈나에 주석과 해설을 붙이기 시작하였는데, 이것이 게마라(Gemara)이다. 후대에 이 미슈나와 게마라에 랍비들이 주석을 달아 완성한 것이 『탈무드』이다. 『탈무드』에는 첫 페이지와 마지막 페이지가 비워져 있다. 이는 『탈무드』를 연구하는데 '처음이 없다'는 의미와 『탈무드』 연구를 통한 각자 인생의 경험과 지식을 '마지막 페이지에 넣을 수 있다'는 점을 상기시켜, 누구나 『탈무드』의 연구자가 될 수 있음을 일깨운다.

3. 교육 방법

유대교의 교육방법에 가장 중요한 것은 '표면적 지식'보다 '지혜'를 가르치는 일이다. 지혜는 일반적으로 선악을 구별하고, 이로운 것과 해로운 것을 구별할 수 있는 능력을 의미한다. 유대교의 교육은 '지성의 계발'이 아니라 '전인적 지혜'의 계발에 두었다. 지혜란 하나님을 떠나서 존재할 수 없으며, 오로지 하나님을 경외함에 기초가 있다. 또한 생활의 지혜를 함양하여 세상을 현명하게 살아갈 수 있는 기능을 육성하는데 주력하였다. 유대교가 삶 자체에서 실천하는 교육의 방법으로는 다음과 같은 것

세계 종교의 교육적 독해

이 있다(민대훈, 2005: 230~231).

가. 절기 및 예식 교육

유대교는 절기와 예식을 통한 상징적 교육으로, 가정 안팎에서 행해지는 모든 의식에 참여함으로 배우는 것이 특징이다. 유대교의 종교적 예식은 그들의 역사를 가르치는 일이자 하나님의 능력을 가르치는 작업이기 때문에, 신앙 교육의 중요한 기회이며 방법이다.

유대인의 가정에서 이루어지는 종교 교육은 어린이가 태어나면서부터 시작되는 예식을 통해 이루어진다. 먼저 남자 아이가 태어나면 삼나무를 심고 여자 아이가 태어나면 소나무를 심는다. 이 나무는 아이가 성장하여 결혼할 때 결혼식장을 장식하고 잔치를 베푸는데 사용된다. 이는 아기의 출생에 대한 기쁨과 성장하는 동안의 기쁨을 함께 기념하는 의미를 갖고 있는데, 구약 시대에는 그 흔적을 찾기가 어렵다(김성혜, 1988: 39).

생후 8일째 되었을 때, 남자 아이는 할례[21]라는 의식을 갖는다. 이 할례는 유대인에게 중대한 의미이므로 할례 받은 사람만이 공동 축제에 참여할 수 있다(「출애굽기」(12:43~49)). 종교적 의미로는 하나님과 이스라엘이 맺은 삶에 대한 언약이다(「창세기」(17:13)). 교육적 의미로는 부모가 그의 자녀를 하나님의 백성이 되도록 키우겠다는 서약 의식이다(전천혜, 1980: 84~85).

---

21 남성 성기의 포피를 잘라 내는 것을 할례라 한다. 고대 이스라엘의 남자 아이는 태어난 지 8일째 되는 날에 할례를 받아야만 하였다. 할례를 받던 날 이름도 함께 받은 것으로 보인다. 구약 성경에 따르면 히브리인들의 할례는 하나님께서 아브라함 그리고 그 후손들과 계약을 맺으시는 방법들 가운데 하나였다. 이스라엘에게 할례는 무엇보다도 하나님과 맺은 계약을 눈으로 볼 수 있게 해 주는 물리적 상징이었다. 그것은 이스라엘 민족을 다른 민족과 구별하는 아주 결정적이고 특징적인 표시이기도 하였다. 이스라엘인들에게 이방인들은 할례 받지 않은 자들로 여겨졌다. 할례 받지 않은 자들이란 표현은 경멸적인 용도로 사용되면서 그들이 하나님의 사랑에서 제외된 사람들이라는 뜻을 내포하고 있었다.(안병철, 신약성경용어사전, 2008)

유대인의 삶은 '가정-종교-교육'이 삼위일체를 이룬다. 전 생활 영역에서 종교 교육적 활동은 유대인들의 독특한 달력과 그 달력 속에 연속적으로 나타나는 각종 명절들에서 그 절정을 이룬다. 한국의 경우, 어린이뿐만 아니라 모든 사람들이 설날이나 추석을 기대하듯이, 일 년 내내 지속되는 각종 종교적 명절의 연속은 유대인을 유대인답게 만드는 강력한 응집력을 지닌다(박영철, 1989: 134~135).

절기를 통하여 신앙 교육을 도모한 유대인들은 각 절기마다 수많은 상징들을 만들고 프로그램화하여 교육하였다. 뿐만 아니라 이들에게 절기 행사는 곧 공동체를 묶어 주는 끈이었다. 절기에는 정규 안식일, 월삭, 안식년, 회년이 있고, 순례 절기로는 3대 유월절과 무교절, 칠칠절, 초막절이 있다. 비정규적인 것으로 수전절, 부림절, 율법기념일, 그 외 금식, 즉 국가의 재앙을 주기적으로 회고하고 공동으로 참회하는 절기들이 있다

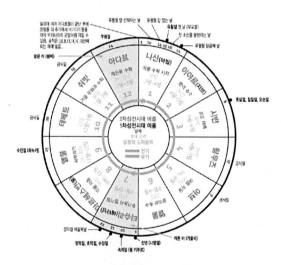

[그림 4-1] 유대력 (이일호, 2016: 45)

세계 종교의 교육적 독해

(김성혜, 1988: 43). 특히 매 7일마다 거행되는 안식일은 하나님과 그 백성 사이의 언약이며 예배와 안식이 그 중심 개념이다. 안식일에는 안식일의 특별한 옷을 입으며 가장 좋은 식사가 준비된다. 간단한 예배와 토라의 낭독이 행해지며 경건한 분위기가 조성된다. 유대인들은 이런 안식일을 통해 하나님에 대한 경외와 신앙심을 내면화시킨다.

유대인들은 또한 경건한 분위기를 조성하는 상징을 통하여 교육을 한다. 이 상징에는 남자의 겉옷(tallit) 단에 청색끈(zizit)을 달아 율법에 대한 그들의 의무를 상기시키는 일과 앞에서 언급한 테필린(tefillin) 또는 필락테리아(phylacteries)와 메주자(mezuzah)가 있다. 테필린(tefillin)은 우리말로 경문갑이라 하는데 원래는 하루종일 매고 다녔으나 후기 유대인 역사에서는 매일 아침 기도회에만 착용하였다(오인탁 외, 1992: 24). 테필린과 메주자는 하나님에 대한 경외하는 마음을 반복하는 형태의 교육 방법으로 결국 자녀들에게 하나님의 말씀을 연상케 하고 반복을 통한 교육을 시켰던 것이다.

나. 랍비에 의한 교육

유대교에서 특징적 교육 방법으로 교사인 랍비들을 통한 교육을 들 수 있다. 랍비는 '나의 스승님', '나의 주인님'을 뜻하는 히브리어이다. 유대교에서는 모세율법에 정통한 사람으로 율법학자 또는 존경받는 선생으로 부르는 말이다. 유대교적 시각에서 볼 때, 예수의 경우에도 유대인의 문화 속에서 랍비로 살면서 모세율법에 정통하였고, 유대인의 토라를 재해석하는 랍비였다.

유대 사회에서 고대로부터 오늘에 이르기까지 랍비의 역할은 교육의 책임자이고 회당의 관리자이며 설교자이다. 또한 이스라엘의 전통을 대신하며 유대인들이 요람에서 무덤에 가기까지 이스라엘 사회에서 문제의 해결사 역할을 담당하였다. 사람이 태어나면 맞아들이고 죽으면 매장하고 결혼할 때도 이혼할 때도 랍비가 입회한다. 좋을 때나 나쁠 때나 항상 얼굴을 내민다. 따라서 랍비는 유대인들에게 최고의 학자이며 교사이다.

유대의 랍비는 이교도의 성직자처럼 종교의 문제만을 다루는 것이 아니다. 유대인의 생활 문제도 골고루 지도한다. 유대인이 어떤 고통과 핍박에서도 살아남은 비밀이 이런 랍비들이 있었기 때문은 아닐까? 오랜 세월에 걸쳐 랍비는 유대 사회가 살아남도록 다음 세대를 교육하는 교사로서 절대적 역할을 담당하였다.

랍비는 유대교의 살아있는 상징이기도 하다. 다른 민족들은 그들의 상징으로 깃발, 건물, 경치 같은 국토에서 빼어난 것을 선택하지만, 유대인의 상징은 랍비, 즉 교육자[교사]이다. 여기에서 또 중요한 사안이 있다. 유대교의 랍비는 다른 종교처럼 민중 속에서 태어나고 민중의 모든 삶을 도맡음으로써, 종교적 권위를 앞세우려고 하지 않았다. 랍비들은 교육하는 이유를 수천 가지 이상이나 되는 여러 내용을 정확하게 학생들이 배워서 알도록 하는데 두었다. 그래서 그들은 철저하게 반복하고 그것을 암기하게 만드는 방법을 선택하였다. 이러한 방법이 그들에게 가장 효과적이고 유익했던 것은 바로 구전(口傳)으로 전승(傳承)되는 내용들이었기 때문이다. 랍비들의 교육 방법은 끈질긴 암기식 방법이 중심을 이루었다. 「신명기」에 보이는 것처럼 철저하게 쉐마를 암송하고 지키도록 교육하였다(유미정, 2017: 7~23).

다. 토론 형식: 하브루타

하브루타는 나이, 계급, 성별에 관계없이 두 명이 짝을 지어 서로 논쟁을 통해 진리를 찾는 교육 방식을 의미한다. 원래는 유대교의 『탈무드』를 공부할 때 사용하는 방법이지만, 이스라엘의 모든 교육 과정에 적용된다. 유대인들만의 독특한 교육 방법으로 볼 수도 있고 특별한 공부 방법으로 이해할 수도 있으나 논쟁을 중심으로 하는 토론 놀이로 이해할 수도 있다.

하브루타의 유대교적 배경은 유대교의 주요 텍스트에서 찾아볼 수 있다. 유대교 텍스트는 하나님이 주신 말씀으로 절대적 진리로 여겨지는 '미슈나'와 이에 대한 다양한 해석인 '게마라'를 통해 학자나 랍비들이 토론하고 논쟁하는데서 유래하였다. 하브루타에는 절대적 지식관과 상대주의적 지식관이 모두 허용된다. 또한 유대인들에게는 하브루타가 교육의 모형이나 방법으로 인식되기보다는 유대교 텍스트로 수행하는 종교문화적 행위로 인식되고 있다(김보경, 2016: 109).

'하브루타'라는 말은 히브리어 '하버(Haver)'라는 말에서 유래되었는데, '친구'라는 뜻이다. 이는 '배움이 교사에게서 나온다'라는 전제를 유보하고, '배움이 학생에게서 이루어진다'는 사실에 기초한다. 학생과 학생 사이의 질문과 대화, 토론과 논쟁의 과정을 통해, 학생의 배움이 이루어진다(김민경, 2016: 14). 다시 말해, 친구가 스승이 되고, 또 내가 나의 스승이 되어, 서로의 생각을 확장시켜주는 전통적 유대인의 논쟁 방식이자 토론법이다.

하브루타를 학습에 적용하면 하나의 책을 깊이 있게 읽은 후 토론을 통해 이야기하고, 나의 생각에 친구의 생각을 더하는 질문하는 공부법으로 볼 수 있다. 유대교 문화의 기반은 바로 이 하브루타에 있다고 보아도 무리가 아니다. 누구나 하브루타의 짝이 될 수 있다. 친구, 부모님, 선생님 등과 짝을 지어 진지하게 질문하고 대답하면서 대화를 이어간다. 대화가 깊게 진행되면 논쟁으로 이어진다(김금선, 2016: 11).

하브루타의 가장 큰 특징은 두 사람이 짝을 지어 주제에 대해 개방성을 가지고 서로가 대화의 길잡이가 되어 주는데 있다. 이러한 과정을 통해 창의적 해결 방안과 지속적 질문과 논쟁거리를 만들어 낸다. 하브루타의 과정은 재미있다. 이는 과정으로서의 의미를 갖는 동시에 문제의 해결이자 또 다른 문제의 시작을 의미한다. 하브루타의 원리를 바탕으로 학습자는 상대방과의 대화 속에서 정답을 찾으려하기보다는 다양한 관점으로 끊임없이 생각하는 과정 자체를 즐겨야 한다. 이는 하브루타를 진행할 때 대화 자체에 집중하기보다는 대화가 나아가는 방향을 파악하고 나아가는 경우의 수 만큼이나 입체적으로 사고를 할 필요성이 있음을 시사한다. 상대방의 의견을 받아드림으로써 패러다임의 전환이 필요하며, 하브루타의 과정에서 스스로 동기부여를 할 수 있도록 도와준다. 뿐만 아니라 학습자의 내적 갈등을 유발함으로써 문제를 다양한 시각에서 볼 수 있도록 돕는다(이수정, 2017: 13~16).

『탈무드』를 가지고 하브루타 방법으로 치열하게 토론하고 논쟁하며 배우는 장소인 도서관을 '예시바(Yeshiva)'라고 한다. 예시바는 우리의 도서관과는 달리 큰 소리로 친구와 함께 격렬하게 토론과 논쟁을 벌이며 학습하는 곳이다. 토론과 논쟁을 중시하는 유대교의 교육 방법을 그대로 반영한 곳으로 유대교의 교육과 그 방법이 어떠한지를 가장 잘 보여주는 공간이라 할 수 있다(정소임, 2017: 30~31).

라. 이야기 형식: 구전

이스라엘 가정의 부모는 자녀가 어렸을 때부터 『구약성서』의 구절인 <토라>를 들려주어야 할 의무를 지닌다. 그것은 아이에게 하나님과 토라의 이미지를 심어주기 위해 이집트 탈출 사건과 하나님에 대한 경외심 등 이스라엘 초기에 있었던 과거 추억을 아이에게 들려주어야 하였다(출12:26~27/신6:7/시78:3~8). 아이들은 어릴 적부터 모세가 이스라엘 백성을 이끌고 이집트를 탈출한 이야기, 넓은 홍해를 지팡이로 갈라 극적으로 탈출한 이야기, 소년 다윗이 골리앗을 돌맹이로 쓰러뜨린 이야기, 맨손으로 사자를 잡는 삼손이야기 등을 통해 민족의 역사를 배운다. 특히, 유대인의 어머니는 자녀들이 잠들기 전에 성경에 나오는 영웅들의 이야기를 들려주고, 그 외에도 위대한 랍비들의 이야기나 유대인의 전기 같은 이야기를 전하기도 한다(민대훈, 2005: 231~232).

종교 교육적 측면에서 유대인 어머니의 이야기 교육은 아이들의 신앙이 태동하는데 절대적 영향을 미친다. 하나님을 경외하는 일이 지식의 근본임을 알게 해준다(잠언서1:7). 일반 교육적 측면에서도 이야기 형식의 구전 교육은 상당한 의미를 지닌다. 구전을 통한 교육은 아이들의 지능지수가 높아지고 분석적 사고력이 발달된다. 수많은 단어를 기억하므로 어휘력과 표현 능력이 높아진다. 정서적 측면에서도 안정감을 주며 자녀의 교육방법으로 대물림 된다. 또한 유대인 부모들은 자녀에게 끊임없는 이야기를 해주기 위해서라도 평생 공부를 하게 된다(박은혜, 2007: 28~29).

유대인들의 교육은 좁게는 가정에서부터 넓게는 종교의식까지도 포함하고 있다. 그것은 선민의식과 경건함을 바탕으로 삼은 유대인들이 공동체적 삶의 유지에 초점을 두는 길로 나아가게 만든다. 이러한 유대인의 교육을 정리하면 다음 표와 같다.

〈표 4-2〉 유대교의 교육양식

구분	가정교육	회당교육	학교교육
교육형식	비형식교육	형식교육	형식교육
교육특징	공동체의식 율법교육 직업교육	종교교욕 공동체교육 율법교육	종교교육 율법교육 지식교육
교육방법	구전, 통제 절기, 예식 교육	구전(계율 암송) 절기, 예식교육	암기, 낭송 토의, 토론
교육내용	쉐마, 토라, 「탈무드」	쉐마, 토라	율법, 「탈무드」 교과
교육의의	공동체의식, 지혜 증진		

VI. 결어

   지금까지 유대교 교육에 관해 교육이념, 교육목적, 교육내용 및 방법으로 나누어 살펴보았다. 유대교 교육에서 가장 큰 특징은 단순한 지식의 습득이 아니라 지혜를 배우고 깨닫는 일이었다. 〈토라〉와 『탈무드』를 중심으로 진행되는 유대교의 교육은 하나님에 대한 경외심과 선민의식을 바탕으로 유대 민족의 공동체적 삶을 강조한다. 가정에서의 절기 교육, 예식 교육, 랍비와 회당 중심의 교육 등은 다른 종교에서는 보기 힘든 교육의 양상이다.

   유대교는 하나님, 회당, 랍비가 중심이 된, 삶의 공동체이다. 또한 하나님, 회당, 랍비가 중심이 된 삶을 살아가는 공동체를 세우는 교육이다. 교육을 통해 가정을 세우고, 민족을 세우고, 하나님의 나라를 세우는 것이 교육의 본질이었다.

   유대교의 교육목적은 하나님 경외사상이 중심이 된 지혜의 교육이었다. 교육의 방법에서도 유대교에서는 질문과 대답, 참여와 훈련을 통한 능동적·주체적 삶을 살아가는 법을 배우는 지혜의 습득을 중시한다.

   교육에 대한 가치는 사회와 시대가 경험하는 과정 속에서 발전하고 변화한다. 교육의 방식 또한 오랜 시간을 지나며 사회 문화적 변화 속에서 다양화를 거친다. 그런 변화에 비해, 유대교를 신앙하는 유대 민족에게는 그들만의 독특한 교육 방식이 지속되고 있다. 역사적으로 오랫동안 고난과 핍박을 받아오면서도, 건전한 생명력을 지속할 수 있었던 요인은 다름 아닌 교육이었다. 하나님을 경외하는 사상과 선민의식을 포함한 교육 이념과 〈토라〉와 『탈무드』를 통한 다양한 지혜의 교육이 그 중심에 자리한다.

이런 유대교 교육이 우리에게 주는 시사점은 다양하게 고려할 수 있겠지만, 간략하게 두 가지만 지적해 본다.

첫째, 유대교 교육의 근본이 '가정에서 이루어진다'는 점이다. 유대인의 부모는 유대교의 율법에 따라 자녀의 교육을 책임지는 교사로서의 역할을 충실히 이행한다. 그만큼 유대교의 종교·교육 이념에 따라 그들 민족이 공동체적 삶을 살아가도록 하는데 성실하다. 그것은 가정교육 단계에서 이미 자연스럽게 유대 민족으로서의 올바른 가치관 형성에 적극적으로 기여한다는 의미이다.

둘째, 유대교 교육은 〈토라〉와 『탈무드』를 통해 현실적 삶의 지혜를 배우고 익힌다는 점이다. 이는 단편적이고 단순한 지식이 아니라 삶의 전 영역에서 지혜를 배우는 융합적 교육이다. 유대교는 종교적 차원도 존재하지만, 선민의식이라는 자부심을 통해 지혜를 배우며 공동체적 가치를 추구하는 생명력을 지니고 있다.

참고문헌

『모세5경』『탈무드』『구약성서』

강영순·위민성·진상훈·신창호(2019). 「종교이념을 통해 본 유대교의 교육문화 고찰」.
　　한국교육사상연구회.『교육사상연구』33-1.

계홍규(2017). 「미드라쉬 전통에 따른 비블리오드라마 연구」. 장로회신학대학교 석사
　　논문.

권성민(2005). 「유대인의 교육방법을 중심으로 본 청소년의 신앙회복을 위한 교회 교
　　육」. 목원대학교 석사논문.

김금선(2016). 「생각의 근육 하브루타 』. 서울: 매일경제신문사.

김민경(2016). 「질문중심 하브루타 STEAM 프로그램이 과학탐구능력에 미치는 효과」.
　　경인교육대학교 석사논문.

김보경(2016). 「유대인 하브루타 학습의 이해와 정착을 위한 과제」.『신앙과 학문』
　　21-1.

김성혜(1998). 「바람직한 기독교 교육방법 모색: 유대인의 자녀교육 방법 고찰을 중심
　　으로」. 안양대학교 석사논문.

김찬국(1974). 「유대교와 현대 이스라엘의 윤리」.『신학논단』12.

김회권(2017).『하나님 나라 신학으로 읽는 모세오경 』. 복 있는 사람.

노먼 솔로몬/최창모 옮김(1999).『유대교란 무엇인가』. 서울: 동문선.

노윤백(1993). 「유대교와 예수님의 교육 관계」.『복음과 실천』16-1.

마르틴 부버/남정길 역(1994).『하시디즘과 현대인: 유대교의 경건주의』. 서울: 대한기
　　독교서회.

마르틴 헹엘/박정수 역(2012).『유대교와 헬레니즘』1. 파주: 나남.

마빈 토카이어(2010). 「『탈무드』: 문명에 끼친 유대인의 공헌」.『인성과 쉐마』2.

마빈 토카이어(1990).『재미있는 탈무드 』. 서울: 문화광장.

마빈 토카이어/신현미 편역(1993).『탈무드』. 서울: 다모아.

마빈 토카이어/현용수 편역(2007).『『탈무드』2: 랍비가 해석한 모세오경』. 서울: 동아
　　일보사.

마이클 카츠·거숀 슈워츠/주원규 옮김(2018). 『원전에 가장 가까운 『탈무드』』. 서울 : 바다출판사.

마이클 카츠·게르숀 슈바르츠/이환진 옮김(2008). 『모세오경 미드라쉬의 랍비들의 설교』. 고양: 한국기독교연구소

모니카 그뤼벨/강명구 역(2007). 『유대교: 한눈에 보는 유대교의 세계』. 서울: 도서출판 예경.

민대훈(2005). 「토라와 유대인 가정교육」. 『기독교 교육정보』 11.

박수연(2011). 「유대인 교육에 근거한 아동을 위한 주말교회학교 프로그램 연구」. 장로교신학대학교 석사논문.

박영철(1989). 「전 생활 영역의 교육 환경화 모델연구: 유대교 교육에 비추어 본 기독교 교육」. 『복음과 실천』 12.

박영철(1990). 「유대인 교육제도의 발전: 바빌론 포로기로부터 주후 70년까지」. 『복음과 실천』 13-1.

박은경(2013). 「미드라쉬를 통한 교회교육 방법론 연구」. 감리교신학대학교 석사논문.

박은혜(2007). 「유대인 가정교육에 비춰본 한국 기독교 가정교육에 관한 연구」. 목원대학교 석사논문.

박정수(2004). 「고대 유대교의 형성」. 『신약논단』 11-1.

배재욱(2012). 「초기 유대교, 예수와 바울의 생명 사상: 신약성경에서의 생명 진술에 나타난 윤리」. 『한국기독교신학논총』 80.

블렌킨숍 조셉/소형근 역(2014). 『유대교의 기원: 에스라와 느헤미야를 중심으로』. 서울: 대한기독교서회.

사이니야 편저/김정자 옮김(2011). 『탈무드 』. 서울: 베이직북스.

손세훈(2012). 「고대 이스라엘의 자녀교육 이해: 구약성서와 외경을 중심으로」. 『기독교교육정보』 34.

송병현(2015). 『모세오경 개론』. 엑스포지멘터리.

신앙생활백과편찬위원회(1993). 『신앙생활백과 10: 기독교 교육은 왜 중요한가』. 서울: 성서교재간행사.

신창호(2012). 『교육이란 무엇인가』. 서울: 동문사.

안병철(2008). 『신약성경용어사전 』. 서울: 가톨릭대학교출판부.

오대영(2014). 「이스라엘 유대인의 창의성의 사회문화적 배경」. 『교육종합연구』 12-2.

오인탁·주선애·정웅섭·은준관·김재은(1992). 『기독교 교육사 』. 서울: 교육목회.

옥장흠(2011). 「유대교의 『탈무드』를 통한 통전적 교육」. 『기독교교육논총』 26.

왕대일(2011). 「토라와 오경: 토라의 구성에 대한 성경적 해석」. 『논앤컬처』 5-1.

원용국(1999). 「유대인들의 교육과 교훈」. 『신학지평』 2.

원용국(2001). 「구약시대 유대인의 가정교육과 한계」. 『신학지평』 14.

유미정(2017). 「역사적 예수의 랍비적 교육에 관한 연구」. 서울신학대학 석사논문.

유화자(1999). 「이스라엘 교육방법에 관한 고찰」. 『성경과신학』 25.

이수정(2017). 「이스라엘 하브루타 방법의 토론 수업 적용에 관한 연구」. 대진대학교 석사논문.

이영훈(2010). 「유대교육과 기독교교육의 관계성: 유대교육이 기독교교육을 대신할 수 있는가?」. 『기독교교육정보』 25.

이일호(2016). 「유대인의 자녀교육」. 『성경과고고학』 88.

이치카와 히로시(2015). 「공적 종교로서의 유대교와 그 현대적 변용」. 『종교연구』 75-1.

임인환(2006). 「신명기에 나타난 유대인의 교육관」. 『성경과 고고학』 여름호.

장종철(2014). 「유대민족과 종교교육」. 『기독교언어문화논집』 17.

장화선(1999). 「이스라엘 교육방법에 관한 고찰에 대한 논평」. 『성경과신학』 25.

전천혜(1980). 「쉐마를 통한 이스라엘의 종교교육」. 장로회신학대학 석사논문.

정소임(2017). 「유대인 '탈무드 하브루타'에 함축된 '존재를 위한 학습'의 의미」. 아주대학교 석사논문.

제이콥 노이너스/서희석·이찬주 편역(1992). 『유대교 입문: 토라의 길』. 서울: 민족사.

조경자(2001). 「구약성서의 교육사상연구」. 고려대학교 교육대학원 석사논문.

조철수 역주(2005). 『선조들의 어록: 초기 유대교 현자들의 금언집』. 서울: 성서와함께.

조철수(2005). 「[초기 유대교 연구] 초기 유대교의 토라 공부와 선생」. 『헤르메네이아 투데이』 30.

코메니우스/정확실 역(2007). 『대교수학』. 서울: 교육과학사.

한국종교문화연구소(2011). 『세계 종교사 입문』. 파주: 청년사.

한스 킹/이신건·이웅봉·박영식 옮김(2015). 『유대교: 현 시대의 종교적 상황』. 서울: 시와진실.

현용수(2006). 「유대인의 선민교육」. 『상담과 선교』 51.

홍익희(2014). 『세 종교 이야기』. 서울: 행성비.

William Barclay(1977). *A Spiritual Autobiography,* William B Eerdmans Publishing
    Company, Grand Rapids

제5장

기독교: 사랑[愛]의 복음 구현

Ⅰ. 서언

　기독교는 사랑의 종교이다. 그만큼 '사랑'은 기독교의 첫째가는 계명이다. 기독교의 3대 근간이라고 할 수 있는 '믿음-소망-사랑', 그중에서도 제일은 사랑이다(「고린도전서」13:13). 사랑에 대한 구체적 기록은 「마태복음」(22:34~40), 「마가복음」(12:28~34), 「누가복음」(10:25~28) 등 『신약성서』 곳곳에서 드러난다. 이중에서도 「마가복음」의 기록은 기독교 교육정신의 핵심을 보여준다(신창호, 2016: 75~76).

　율법학자 한 사람이 와서 그들이 토론하는 것을 듣고 있다가 예수께서 대답을 잘하시는 것을 보고 "모든 계명 중에 어느 것이 첫째가는 계명입니까?"하고 물었다. 예수께서 이렇게 대답하였다. "첫째가는 계명은 이것이다. '이스라엘아 들으라, 우리 하나님은 유일한 주님이시다. 네 마음을 다하고 목숨을 다하고 생각을 다하고 힘을 다하여 주님이신 너의 하나님을 사랑하라.' 또 둘째가는 계명은 '네 이웃을 네 몸같이 사랑하라.'는 것이다. 이 두 계명보다 더 큰 계명은 없다." 이 말씀을 듣고 율법학자는 "그렇습니다, 선생님. '하나님은 한 분이시며 그 밖에 다른 이가 없다.'하신 말씀은 과연 옳습니다. 또 '마음을 다하고 지혜를 다하고 힘을 다하여 하나님을 사랑하는 일'과 '이웃을 제 몸같이 사랑하는 일'이 모든 번제물과 희생제물을 바치는 것보다 훨씬 더 낫습니다."하고 대답하였다. 예수께

세계 종교의 교육적 독해

서는 그가 슬기롭게 대답하는 것을 보시고 "너는 하나님 나라에 가까이 와 있다."하고 말씀하셨다. 그런 일이 있은 뒤에는 감히 예수께 질문하는 사람이 없었다.

사랑에 관한 계명은 두 가지이다. 첫째는 유일신 하나님에 대한 무조건적 사랑이고, 둘째는 이웃에 대한 현실적 사랑이다. 이중에서도 이웃에 대한 사랑은 인간이 현실 속에서 실천할 수 있는 최고의 삶이다. 예수는 인간다운 생활의 본질과 정신을 분리할 수 없는 두 면을 가진 유일한 행위라고 요약한다. 먼저 "자기 자신을 전적으로 바쳐 하나님을 사랑해야 한다." 왜냐하면 참되고 절대적인 하나님은 오직 한 분뿐이시고, 인간은 하나님께 자기 자신을 바침으로써 자신과 타인, 그리고 사물을 절대화하지 않게 되기 때문이다. 나아가 "이웃을 자기 자신처럼 사랑해야 한다." 다시 말해, 인간끼리는 억압하거나 억압당하고 명령하거나 복종하는 관계가 아니라 형제애의 정신으로 서로를 섬기는 관계를 맺어야 한다. 인생의 활력은 사람들 사이에 친밀한 관계를 엮어가는 사랑이다. 온갖 만남과 맞섬과 갈등을 정의롭고 하나님 나라에 더욱 가까운 사회를 건설하는 방향으로 이끄는 사랑이다.

두 가지 사랑 가운데 "네 이웃을 네 몸같이 사랑하라."는 「마가복음」의 구절(12:28~34) 전체에서 가장 까다로운 구절이다(박태식, 2009: 264~266). "네 이웃을 네 몸처럼 사랑하라"는 『구약성서』「레위기」(19:18)에서 따온 구절이다. 이는 사회적 관계에서 사람이 취해야 할 자세를 종교적 차원으로 정의한 계명이다. 사람과 사람 사이의 인간 교육에서 '사랑'을 최고의 덕목으로 규정한 것이다.

고대 그리스어로 '사랑'이란 네 가지의 형태로 나타난다. 첫째, 남녀 간의 사랑을 나타내는 '에로스(ερος)', 둘째, 부모의 핏줄에서 우러나오는 사랑을 나타내는 '스톨게(στολγή)', 셋째, 친구 사이의 사랑을 나타내는 '필레오(φιλεώ)', 넷째, 신의 사랑을 나타내는 '아가페(αγαπη)'가 그것이다. 이 가운데 『성경』에서 예수의 입으로 나온 '사랑'이라는 말은 '신의 사랑'을 나타내는 '아가페(αγαπη)'이다.

이런 개념을 어느 정도 반영했는지 정확하게 알기는 어렵지만, 2세기 초엽에 활동했던 아키바(Ben Joseph Akiba, 50~135)는 "네 이웃을 네 자신처럼 사랑하라. 이것이 율법의 전체를 관통하는 원칙이다."라는 말을 남겼다. 또한 의로운 시몬은 세상을 지탱하는 세 기둥으로 '율법-예배-(이웃)사랑'을 꼽은 바 있다. 이는 유대교 내에서도 이웃 사랑을 최고의 계명으로 간주하는 풍토가 있었다는 의미이다(신창호, 2016: 77~78).

당시 문헌들을 살펴보면, 사랑의 계명이 예수의 독특한 발상은 아님을 알 수 있다. 쿰란 문헌에 보면, "주님을 온 힘으로 사랑하고, 모든 인간을 나의 자식들처럼 사랑하라. 주님을 너의 전 삶으로 사랑하고, 서로를 진심으로 사랑하라"는 가르침이 등장한다. 또한 헬라 유대교의 거목인 알렉산드리아의 필로는 하나님에 대해서는 지극한 '경외심'이 중요하고, 사람에 대해서는 '사랑과 정의'가 중요하다고 하였다. 그런데 예수는 왜 하나님에 대한 사랑과 이웃에 대한 사랑을 이중적으로 제시해 놓았을까?

첫째, 예수는 하나님 사랑을 이웃 사랑으로 환원시켰다. 예수가 대답한 핵심은 "네 이웃을 네 몸같이 사랑하라"에 있다. 하나님에 대한 사랑은 어차피 증명하기 힘들다. 그러나 이웃사랑은 눈에 보이는 대상이 있으므로 훨씬 구체적이다. 이웃 사랑을 하나님 사랑의 구체적 표현으로 보아, 이웃 사랑을 열심히 실천하면 하나님 사랑까지 하게 된다. 눈에 보이는 이웃을 향해 사랑을 실천하는 자가 보이지 않는 하나님을 보이듯이 사랑하는 일과 같다고 강조한 것이다. 이 지점에서 예수가 설파한 사랑의 의미가 이웃에 대한 관심, 나아가 인간에 대한 배려로 이해된다.

둘째, 예수는 사랑의 이중계명을 통해, 『구약성서』의 〈십계명(十誡命)〉을 요약하였다. 하나님 사랑과 이웃 사랑을 통해 십계명의 전반부(1~4계명)와 후반부(5~10계명)가 정리되었다는 뜻이다. 예수가 두 계명을 제시한 듯 보이지만, 실제로는 하나의 계명 체계인 '십계명' 안으로 통합하였다. 따라서 한 가지 계명으로 보아야 마땅하다.

셋째, 이웃 사랑은 하나님 사랑의 보완이다. 유대교의 제사와 의식은 온전히 하나님만 섬기는 예배 행위이다. 그것은 하나님을 사랑하는 예배일뿐이다. 하지만 하나님 사랑이 보다 완벽해지려면 이웃 사랑이 절실히 필요하다.

넷째, 이웃 사랑은 하나님 사랑과 별개의 계명이 아니라 확장된 계명이다. 성서 곳곳에는 율법의 정수를 이웃 사랑이라고 하였다. 이는 하나님 사랑에서 사람 사랑으로 확대되어 나가던 당시 교회의 경향을 보여준다.

이런 설명을 통해 볼 때, 두 계명은 사랑이라는 모티브로 연결된다. 그것은 기독교가 사랑을 실천하는 종교임을 일러 준다. 특히, 이웃이라는 나 이외의 모든 인간을, 사랑의 대상, 배려의 관계에 자리매김해야 함을 확인시켜 준다. 이런 인식에 기초한다면, 기독교는 '믿음-소망-사랑'의 복음을 확장하는 '사랑의 교육학'이다. 여기서는 『구약성서』와 『신약성서』에 나타난 사랑의 의미를 검토하고 '산상수훈(山上垂訓)'을 중심으로 기독교 사랑이 지닌 교육의 의미를 생각해 본다.

II. 『구약성서』의 사랑

『구약성서』에 드러난 사랑은 기독교 교육의 본질을 지시한다. 『구약 성서』에서 사랑은 무엇보다도 사람들 사이의 관계성을 핵심으로 한다. 예를 들면, 헌신이나 충성, 책임 등을 특징으로 드러낸다. 그 바탕에는 사 람 사이의 상호관계가 자리 잡고 있다. 이는 '사랑'이 단지 하나의 개체로 서 단어나 용어, 개념으로서의 의미만을 지칭하는 것이 아님을 보여준다. 함께 살아가는 공동체에서 관계성에 관한 포괄적이고 총체적 특징을 담 보하고 있다는 뜻이다. 사랑이라는 단어는 개인 또는 공동체에서도 널리 쓰였고, 일반적으로 '성적 영역'과 상당한 연관성을 지닌다. 그런데 이것 이 '신적 사랑'을 나타낼 때도 그러한 연관성을 지닌다(기독교대백과사전 편찬위원회(8), 1983: 381~383).

『구약성서』에는 '사랑'이라는 개념이 여러 의미로 쓰였다. 사랑을 처음 으로 언급한 구절은 「창세기」(24:67)의 '아합(אהב)'이란 용어이다. 아합은 200회 이상이나 등장하며 가장 빈번하게 쓰였는데, 상태 동사로 '신의 사 랑'과 '인간적 사랑'이라는 의미를 모두 지니고 있다. '아합'의 명사형인 '아 하바(אהבה)'는 육체적 사랑을 의미한다.

그 다음으로 빈번히 쓰인 용어는 「신명기」(7:12)에 나오는 '헤세드 (חסד)'라는 동사로 '고결한 사랑' 또는 '계약에서의 독특한 사랑'을 뜻한다.

세계 종교의 교육적 독해

헤세드는 '확고한 사랑'으로 번역하기도 하고, 때로는 '친절'이나 '충성', '자비'나 '자애'라는 뜻으로 사용되기도 한다.

그 외에 '하샤크(חשק)'라는 개념도 있는데, 이는 '서로 묶다' 또는 '서로 껴안다'라는 의미를 지니고 있다. 아합이나 헤세드, 하샤크를 포함하여 '사랑'을 함축하는 개념들은 다양한 양상으로 드러난다. 예를 들면, 사랑에 관련되는 개념들로는 '친절한'을 뜻하는 '라아(רעה)'(「잠」22:24)를 비롯하여 '신부'를 뜻하는 '레오야(רעיה)'(「아」1:9), '아저씨'를 의미하는 '도오드(דוד)'(「아」1:13), '사랑을 입었다'는 뜻의 '예디두트(ידדות)'(「렘」12:7), '과도한 욕망'을 의미하는 '오겝(עגב)'(「렘」4:30), '신에 대한 인간의 사랑'인 '라함(רחמ)'(「단」9:23), '백성에 대한 신의 강한 사랑'인 '호베브(חבב)'(「신」33:3) 등이 있다. 인간적 사랑에 대해서는 「창세기」(34:8)에서 언급하고 있고, 신적 사랑에 대해서는 「신명기」(7:7)에서 언급하고 있다. 이처럼 인간과 신의 사랑에 대해, '사랑'을 의미하는 말은 상당히 포괄적으로 사용되었다.

인간의 삶에서 기본적이고 근본적인 사랑은 '성적 사랑'이다. 「창세기」(4:1)에는 이러한 성적인 묘사에 대해 '야다(ידע)'라는 용어를 사용하고 있다. 야다는 원래 '알다'라는 의미로 지식과 연관된 동사이다. 그러나 『성경』 구절에서 확인해 보면, 아담과 하와의 동침 관계를 나타내주는 말로 사용되고 있다.

실제로 「잠언」(7:18)에 나오는 '아하빔(אהבים)'이란 복수형을 보면, 성적 행위를 묘사하고 있다. 사랑이 성적 내용을 포함하고 있지만, 단순히 그런 의미를 지닌 용어로 끝나는 것은 아니다. 오히려 사람 사이의 상호 관계성인 두터운 충성과 헌신적 의미도 함께 들어 있다. 즉, 일반적인 인간의 사랑(「창」29:18/20/32)이 기록된 것 이외에 충성(「창」20:13; 「삿」

14:16/16:4~5; 「겔」16:8/23:17; 「호」3:1), 상호관계(「창」24:67), 책임(「삼하」13:1/4/15), 헌신(「아」2:16/3:1~8/7:10/8:6~7)에 관한 기록도 있다. 때문에 『구약성서』에서 나오는 성적인 묘사들을 단순히 육체적인 측면으로만 보아서는 안 된다. 그것을 넘어 상호관계성 속에서 보아야 한다.

한편, 이스라엘 족속들에게서 지파(支派)나 가족적 결속은 상당히 중요하였다. 가족과 친족 간의 사랑에 대해 「룻」(3:10)에서는 '하세드(חסד)'라고 하였다. 이 용어는 성적인 표현과 함께 충성을 나타내는 뜻을 모두 포함하고 있다. 가족 단위의 사랑 표현은 아버지와 아들의 관계에서 또는 부모와 자녀들의 관계에서 빈번하게 나타난다(「창」22:2/37:3/44:20/47:29; 「잠」13:24/15:17). 이러한 사랑은 상호관계 가운데 헌신적이고 책임져야 하는 사안으로 표현된다. 때때로 '하세드(חסד)'라는 용어는 가족과 친족 사이의 관계성을 나타나는 사랑을 넘어, 공동체에서 사랑과 우정으로 승화되기도 한다. 나아가 인간에 대한 관심이나 친구 사이의 사랑과 충성, 주인에 대한 하인의 헌신적 사랑, 개인과 사회 속에서의 사랑을 나타내기도 한다.

한편, 『구약성서』에서 신의 사랑이란 신이 단순히 사랑의 대상에 대해 인간적 애정이나 호의 같은 것을 보이는 일이 아니라, 인간의 역사 속에서 구속(救贖)의 행위를 보이는 사안으로 나타난다. 「호세아」(3:1)에는 "여호와께서 내게 이르시되 이스라엘 자손이 다른 신을 섬기고 건포도 떡을 즐길지라도 여호와가 저희를 사랑하나니 너는 또 가서 타인에게 연애를 받아 음부된 그 여인을 사랑하라."라고 하여, 인간에 대한 신의 사랑인 '아합(אהב)'의 개념이 등장한다. 이러한 사랑은 신이 이스라엘을 선택하시고 구속하시는 계약적 사랑이다. 이러한 신의 선택과 구속에 대한 계약적 사랑은 단순한 사랑의 관계를 넘어, 신과 인간 사이의 관계성을 만들어낸다.

세계 종교의 교육적 독해

III. 예수의 사랑과 교육

『신약성서』에서 예수(Jesus)가 직접 언급한 '사랑(αγαπη)'이라는 말은 모두 59회나 등장한다. 「마태복음」에서 9회, 「마가복음」에서 2회, 「누가복음」에서 8회, 그리고 「요한복음」에서 37회가 나온다. 네 복음서 이외에 특이하게 「요한계시록」에도 3회가 나온다. 예수가 사랑을 말할 때의 상황을 생각해 보면, 예수가 베풀었던 삶의 자리와 교육의 문제를 진지하게 고민할 수 있다. 예수가 지니고 실천했던 사랑의 의미를 정확하게 알려주는 동시에 기독교 진리 안에서 쓰인 사랑의 의미를 되새길 수 있다. 그 가운데 주요한 부분을 발췌하여 간략하게 살펴본다.

1. 사랑의 교육적 단초

「마태복음」은 유대인들을 위한 복음서이다(김득중, 1985: 42). 그 가운데서도 5~7장을 '산상수훈'이라고 한다. 물론 예수 자신은 율법이나 선지자를 폐하러 온 것이 아니고 완전하게 하기 위해 왔다고 말한다. 이는 자신이 이야기하고 행동하는 모든 것이 유대교의 율법과 선지자들을 폐하려는 뜻이 아니라는 말이다. 그러면서 원수를 사랑하라고 말한다. 이 사랑이 다름 아닌 '아가페의 사랑'이다.

> 또 네 이웃을 사랑하고 네 원수를 미워하라 하였다는 것을 너희가 들었으나 나는
> 너희에게 이르노니 너희 원수를 사랑하며 너희를 핍박하는 자를 위하여 기도하라. 이
> 같이 한즉 하늘에 계신 너희 아버지의 아들이 되리니 이는 하나님이 그 해를 악인과
> 선인에게 비춰게 하시며 비를 의로운 자와 불의한 자에게 내리우심이니라. 너희가 너
> 희를 사랑하는 자를 사랑하면 무슨 상이 있으리요 세리도 이같이 아니하느냐(「마태
> 복음」5:43~46).

여기에서 눈여겨볼 대목이 '세리(稅吏)'이다. 세리라는 단어는 같은 유대인일지라도 로마인들에게 붙어서 먹고 사는 사람이다. 이런 점에서 세리는 이방인 정도로 볼 수 있다. 이 말의 뜻에는 이방인이나 또는 세리와 같은 천한 직업의 사람도 할 수 있는, 사랑하는 사람을 사랑하는 그 이상을 넘어 '원수를 사랑하라'고 말하는 것이다.

사실 랍비들의 문헌에서 이방인은 구덩이에 빠진 존재이다. 그들은 그 구덩이에 보다 더 밀어 넣어지도록 강요당하였다. 이런 점에서 예수의 사랑은 이전과 다르다. 사랑에 대한 교훈은 이전의 『구약성서』에 보이는 율법적 차원과 다른 독특성을 보인다(조경철, 2000: 134~135). 사랑은 단순한 차원의 사랑이 아니라 의로운 삶을 살아야 함을 가르쳐 준다. 도덕적·윤리적 삶을 강조하며 질적으로 승화한다.

이런 사랑의 모습을 「마태복음」(10:37)은 다음과 같이 말한다. "아비나 어미를 나보다 더 사랑하는 자는 내게 합당치 아니하고 아들이나 딸을 나보다 더 사랑하는 자도 내게 합당치 아니하고." 여기에서 말하는 사랑은

앞에서 언급한 '필레오'이다. 부모와 자식 간의 사랑은 스톨게(στολγή)라고 하였지만, 예수는 친구의 사랑을 포괄하는 동시에 보다 나아가 폭넓게 가족의 사랑을 나타내는 필레오(φιλεω)를 강조한다. 10장의 머리에 보면 예수는 자신의 열두 제자를 파송하면서 하나님의 나라를 위해 복음을 전파할 것을 요청한다. 이와 관련하여 위의 구절을 생각해 보면, 복음의 진리를 위한 아가페의 사랑은 필레오의 사랑 위에 있는 위대한 신(神)의 사랑임을 강조한다.

위대한 사랑을 위한 길은 '의(義)'에 존재한다. 하나님 나라의 의를 위해 인간적 사랑은 포기해야 한다. 즉 고난을 감수하고서라도 올바른 길을 가야하고, 의의 길을 위한 도정에서는 부모나 자식보다 위대한 사랑을 택해야 한다는 것이다(하워드 클락 키이/서중석 역, 1990: 202~205). 그러한 진리를 위한 사랑의 길이 예수가 걸었던 고난의 길이다. 그것은 하나님 나라나 하나님에게 헌신할 수 있는 사랑을 삶의 목적으로 전면에 내걸어야 한다. 그 사랑은 의를 위해 고난을 견뎌낼 수 있는 차원의 인내교육을 요청한다.

하나님 나라에 대한 사랑의 차원이 지상에서 구현되는 모습은 이웃 사랑에서 발견된다. 「마태복음」(19:19)은 그것을 다음과 같이 표현한다. "네 부모를 공경하라, 네 이웃을 네 몸과 같이 사랑하라 하신 것이니라." 19장의 처음에는 어떤 부자가 예수에게 다가와 영생을 얻기 위해 어떤 선한 일을 하면 되는지에 대해 묻는다. 이에 예수는 율법적인 것을 위한 계명들을 말한다. 그런데 이 사람은 율법적인 모든 계명을 지켰다고 말한다. 그때 예수는 이 부자에게 자신의 소유를 팔아서 가난한 이웃들에게 나누어줄 것을 말한다(William Barclay/황장욱 역, 1991: 310~311). 사실 유대인들은 율법적 행위를 온전히 함으로서 영생을 얻는다고 여겼다. 그러면서 그들은 부모를 공경하지 않는 행동을 보인다. 줄 것이 있어도 고르반이라고 하면서 하나님께 드렸다는 이유로 부모를 공경하지 않았다. 그들의 온전한 율법이 도리어 부모에 대한 공경의 진리를 거스르게 되었다(「마」(15:1~6); 「막」7:9~13). 부자는 예수의 말을 들은 후에 근심하면서 돌아갔다. 여기에 「마태복음(19:19) 구절의 핵심이 있다. "네 이웃을 네 몸과 같이 사랑하라"는 말은, 내 것을 나누어 주는 부의 분배 차원에서 화해의 삶이다.

또 다른 사랑의 의미와 방식이 드러난다. 유대인 율법학자들은 예수가 안식일에 사람들의 병을 고치는 행위에 대해, 항상 경계하면서 그를 제거하려고 하였다. 엄밀하게 말하면, 이러한 사건들이 발단이 되어 율법학자인 자신들을 공격하는 예수를 궁극적으로 십자가에 매달리게 하였던 것이다. 여기에서 목숨을 바치며 하나님에게 헌신하는 예수의 사랑을 엿볼 수 있다.

예수께서 가라사대 네 마음을 다하고 목숨을 다하고 뜻을 다하여 주 너의 하나님을 사랑하라 하셨으니 이것이 크고 첫째 되는 계명이요 둘째는 그와 같으니 네 이웃을 네 몸과 같이 사랑하라 하셨으니 이 두 계명이 온 율법과 선지자의 강령이니라(「마태복음」22:37~40).

예수가 십자가에 매달려 죽은 이유는, 안식일에 쉬어야 하는 율법을 어기고, 자신이 하나님의 아들이라고 행동했기 때문이었다. 그 가운데 유대교 율법학자들이 묻는 물음에 대해, 율법을 바로 지키고 살아야 하는 유대인들의 생각과는 다른 대답을 한다. 그것이 바로 "하나님과 이웃을 네 몸과 같이 사랑하라"는 말이다. 이 구절은 『구약성서』의 「신명기」(6:5)와 「레위기」(19:18)에 있는 말씀으로, 진리(眞理)인 하나님[神]과 그 진리를 따르는 인간들이 공동체 안에서 그 사랑을 베풀라는 말이다. 예수의 말은 당시 율법을 잘 지키면 영생을 얻는다는 뜻과 달랐기 때문에 율법학자들에게 계명에 대해 혼란을 가져다주었다. 그들에게 율법이란 신(神)과 같은 것이었다. 그러나 예수는 그 율법에 얽매이지 아니하고 사랑을 베풀 것을 이야기하였다. 이런 예수의 태도가 사랑의 교육을 여는 단초가 된다. 그것은 「마가복음」에서도 동일한 양상으로 강조된다.

> 예수께서 대답하시되 첫째는 이것이니 이스라엘아 들으라 주 곧 우리 하나님은 유일한 주시라. 네 마음을 다하고 목숨을 다하고 뜻을 다하고 힘을 다하여 주 너의 하나님을 사랑하라 하신 것이요, 둘째는 이것이니 네 이웃을 네 몸과 같이 사랑하라 하신 것이라. 이에서 더 큰 계명이 없느니라 「마가복음」(12:29~31).

여기서는 율법학자들인 서기관이 가장 큰 계명을 묻고, 예수의 대답에 대해 서기관의 입을 통해 최고의 계명임을 확증한다. 즉 하나님의 나라에 대한 새로운 해석을 하고 있다. 하나님을 사랑하는 일과 함께 이웃을 네 몸과 같이 사랑하라는 것이다. 마가가 상정한 공동체는 지금까지 유대인들이 상정해 놓은 공동체가 아닌 새로운 공동체의 기준이 있음을 말한다(하워드 클락 키이/서중석 역, 1991: 154~156). 그것이 율법을 지키는 일 이상인, "네 이웃을 진실로 사랑하는 것이다."

새로운 표준에 대해서는 다음 구절(41절)에서 과부가 헌금한 두 렙 돈에 대해 자신의 전부를 넣었다고 이야기하는 데서 드러난다. 이는 율법이 아니라 '마음의 진실'을 강조한다. 마음의 진실이 다름 아닌 사랑이다. 이런 점에서 예수가 의도하는 사랑의 교육은 마음의 진실함에서 출발한다.

2. 사랑의 교육적 구현

『신약성서』에서 예수가 강조한 '사랑'의 교육은 마음의 '진실함'에서 우러나오는 '이웃사랑'에 그 단초가 보였다. 이런 교육의 과정은 예수가 일생을 통해 베풀었던 삶의 과정과 일치한다. 그 내용과 양식은 다양하지만, 「누가복음」의 구절은 원수를 사랑하는 일에서 시작한다.

> 너희 듣는 자에게 내가 이르노니 너희 원수를 사랑하며 너희를 미워하는 자를 선대하며 너희가 만일 너희를 사랑하는 자를 사랑하면 칭찬 받을 것이 무엇이뇨. 죄인들도 사랑하는 자를 사랑하느니라(「누가복음」6:27/32).

「누가복음」의 이 구절은 종종 앞에서 간략하게 언급한 '산상수훈'과 비교된다. 〈산상수훈(山上垂訓)〉은 산에서 설교한 것이지만, 이는 산에서 내려와 평지에서 한 〈보훈(寶訓)〉이다. 이 구절의 바로 앞에는 사회적으로 어렵고 소외된 사람들에 대한 예수의 관심이 기술되어 있다(R. J. 카시디/한완상 역, 1983: 32~36). 그 관심과 더불어 사랑할 수 없는 자들을 사랑하라는 말이 나온다. 미워하는 마음이 아닌 '용서'와 사랑을 통한 의로운 삶을 살라는 예수의 교훈인 것이다. 용서를 통한 기독교적 삶의 지속은 아래 구절에서 다시 강조된다.

> 빚 주는 사람에게 빚진 자가 둘이 있어 하나는 오백 데나리온을 졌고 하나는 오십
> 데나리온을 졌는데 갚을 것이 없으므로 둘 다 탕감하여 주었으니 둘 중에 누가 저를
> 더 사랑하겠느냐. 이러므로 내가 네게 말하노니 저의 많은 죄가 사하여 졌도다. 이는
> 저의 사랑함이 많음이라. 사함을 받은 일이 적은 자는 적게 사랑하느니라(「누가복음」
> 7:41~42/47).

유대인들에게 율법이란 심판과 공의의 하나님에 대해 율법을 지키는
일이었다. 그러나 예수의 말은 그것과 달랐다. 오히려 사랑과 용서로 더
불어 살아야 함을 가르쳤다. 이는 기존의 유대교에서 행해졌던 구시대적
율법의 삶이 아니라 새로운 공동체에서 진정한 용서와 사랑을 표준으로
살아야 함을 강조하는 것이다(심승환, 2001: 52). 예수는 유명한 '탕자의
비유'를 통해 공동체에서 법칙이 사랑과 용서라는 것을 새롭게 교육하고
있다.

예수는 〈산상수훈〉에서 제시한 교육의 단초와 〈보훈〉을 통한 실천
을 통해 원수를 사랑하고 이웃을 용서하는 교육의 내용과 방법을 다른 차
원으로 제시하였다. 이는 하나님을 사랑하는 종교적 초월성과 이웃사랑
이라는 현실적 삶의 체계를 동시에 고려하며, 내세를 추구하는 교육의 양
식으로 나아간다. 그것을 대표하는 개념이 '구원'과 '영생'이다.

「요한복음」(3:16)은 "하나님이 세상을 이처럼 사랑하사 독생자를 주셨
으니 이는 저를 믿는 자마다 멸망치 않고 영생을 얻게 하려 하심이니라."
라고 하여 영생에 관한 화두를 제시한다. 앞에서 언급한 것처럼, 「요한복

음」에는 예수가 언급한 '사랑'이라는 단어가 여러 번 등장한다. 「요한복음」(3:16)은 특히 구원이나 영생과 관련하여 기독교를 대표하는 구절 가운데 하나이다. 얼핏 보면, 이는 영원한 생명을 뜻하는 말로 종말론적 해석으로 빠질 수도 있다. 하지만 현재적 의미에서 인간이 서로 사랑함으로써 신(神)의 사랑을 이 땅에서 경험하는 일이다(G. E. 래드/이창우 역, 1988: 357~364). 때문에 다음 구절에서 선악을 행하는 표준이 언급된다. 이는 현실 세계 이후의 소망으로 영생을 구하는 일보다 현재 신의 사랑을 통하여 그 사랑을 실천하라는 화해의 메시지가 담겨있다. 그것은 예수의 간절한 열망과 세상을 바라보는 새로운 시각에서 강화된다.

> 너희가 성경에서 영생을 얻는 줄 생각하고 성경을 상고하거니와 이 성경이 곧 내게 대하여 증거하는 것이로다. 그러나 너희가 영생을 얻기 위하여 내게 오기를 원하지 아니 하는도다. 나는 사람에게 영광을 취하지 아니하노라. 다만 하나님을 사랑하는 것이 너희 속에 없음을 알았노라(「요한복음」5:39~42).

예수 이전의 랍비들은 그들이 가르치는 '토라(Torah)'를 공부하면, 다음 세대에서 영생을 얻는 것으로 알고 있었다. 때문에 그들은 영생을 얻기 위해 철저히 율법을 지켰다. 그러나 예수는 달랐다. 율법보다는 새로운 사랑의 복음을 전하고 있었다(G. E. 래드/이창우 역, 1988: 361). 이는 하나님을 사랑하고 이웃을 사랑하는 마음이 그들의 마음에 없음을 폭로하는 것이다.

율법에 따르면, 안식일은 반드시 지켜져야 하고, 안식일에는 죽을 사람을 살려서도 안 되는 것처럼 여겨졌다. 왜냐하면 '율법을 지켜 행하라'는 조항에서, 특히 안식일을 범하는 일이 있어서는 안 되기 때문이었다. 그러나 예수의 복음은 그것과 달랐다. 율법을 넘어 진정한 진리인 하나님의 사랑을 전하고 있다.

이런 정신에 대해 예수는 과감하였다. 「요한복음」(10:17)은 다음과 같이 전하고 있다. "아버지께서 나를 사랑하시는 것은 내가 다시 목숨을 얻기 위하여 목숨을 버림이라." 이 구절은 선한 목자에 관한 이야기 가운데 등장한다. 목자인 예수는 자신의 양들을 위해 목숨을 버리는 사랑을 실천한다. 이런 예수의 사랑은 순종을 통하여 죽음으로 나아갔고, 이후에 부활을 통해 다시 살게 된다. 그것이 하나님이 예수를 사랑하는 원천이다 (주성준, 2008: 310). 모든 것을 내어주는 사랑은 삶에서 기적을 이룰 수 있는 원동력으로 작용할 수 있다. 모든 것을 내어주는 헌신은 죽음이라는 희생을 예고한다.

> 내가 진실로 진실로 너희에게 이르노니 한 알의 밀이 땅에 떨어져 죽지 아니하면 한 알 그대로 있고 죽으면 많은 열매를 맺느니라. 자기 생명을 사랑하는 자는 잃어버릴 것이요 이 세상에서 자기 생명을 미워하는 자는 영생하도록 보존하리라(「요한복음」12:24~25).

이 구절 앞에는 예수가 자신을 인자로 표현하면서 십자가에 못 박혀 죽을 것을 예고한다. 그러면서 간절하게 이 구절의 언표를 소망한다. 여기에서 자신을 위한 사랑은 '필레오'로 표현한다.

죽음과 영생에 관한 이 짧은 구절은 놀라운 역설을 담고 있다. 죽어야 많은 열매를 맺고 자기 생명을 버려야 영생할 수 있다니 논리적으로 쉽게 성립하지 않는다(William Barclay/황장욱 역, 1991: 234~237). '죽는다'는 의미는 자신을 버리면서 인류를 위해 희생하는 사랑의 행위이다. '필레오'를 통해 자신만을 사랑하는 것이 아니라, 자신을 예수가 십자가에 매달리는 일과 같은 사랑을 통하여, 주변의 헝클어진 관계를 회복할 수 있다. 그런 교육의 정신이 다름 아닌 사랑이요 희생이며 봉사이고 배려이다.

죽음을 통한 희생과 헌신은 새로운 삶의 기준을 제공한다. 예수는 제자들과의 작별을 위하여 만찬을 하고, 제자들의 발을 씻기며 이렇게 말하였다. "새 계명을 너희에게 주노니 서로 사랑하라. 내가 너희를 사랑한 것같이 너희도 서로 사랑하라. 너희가 서로 사랑하면 이로써 모든 사람이 너희가 내 제자인줄 알리라(「요한복음」13:34~35). 예수는 제자들을 향해 아가페의 사랑을 이야기 하였다. 이는 이전과 다른 양식의 사랑으로, 사랑의 확대이자 새로운 공동체의 표준이 되는 원리였다.

예수는 사실 자신을 배반할 유다를 알고 있었고, 십자가에 매달려 죽은 후 베드로의 배반도 알고 있었다. 그러나 배반이 거듭됨에도 불구하고 서로 사랑하라고 당부하였다. 그런 사랑만이 반드시 지켜져야 할 진리였기 때문이다. 예수의 죽음으로 인해, 이 사랑은 두려워하고 미워하는 마음 가운데 공동체를 회복하는 원천이 되었다(강준호, 2008: 48~49).

새로운 공동체를 위한 사랑의 법칙은 보다 구체적으로 드러났다. 그것을 향한 제자들의 첫 번째 계명은 예수가 전한 것을 지키라는 사랑의 교육이었다.

너희가 나를 사랑하면 나의 계명을 지키리라. 나의 계명을 가지고 지키는 자라야 나를 사랑하는 자니 나를 사랑하는 자는 내 아버지께 사랑을 받을 것이요 나도 그를

세계 종교의 교육적 독해

사랑하여 그에게 나를 나타내리라. 예수께서 대답하여 가라사대 사람이 나를 사랑하면 내 말을 지키리니 내 아버지께서 저를 사랑하실 것이요 우리가 저에게 와서 거처를 저와 함께 하리라 나를 사랑하지 아니하는 자는 내 말을 지키지 아니하나니 너희의 듣는 말은 내 말이 아니요 나를 보내신 아버지의 말씀이니라(「요한복음」14:15/21/23~24).

이것이 예수를 사랑하고, 예수를 보내신 이의 말을 듣는 것이 바로 나를 사랑한다는 뜻이다. 그 핵심은 '서로 사랑하라'는 말이다. 이러한 사랑은 공동체에서 제자들 상호간에 서로 사랑하는 것이다. 가까이 있는 사람들조차도 서로 간의 사랑이 없다면, 멀리 있는 사람들, 그리고 알지 못하는 사람들, 나아가 원수를 사랑한다는 말은 거짓이 되기 쉽다(박세일, 2009: 106~108). 때문에 먼저 자신이 속해 있는 공동체 사람들을 진실로 사랑하지 못한다면, 우리들의 사랑은 거짓이 될 뿐이다.

고난의 세상에서 상처를 치료할 수 있는 가장 강력한 치료제는 사랑이다. 사랑의 힘은 예수와 하나님과의 관계, 그리고 제자들과의 관계, 나아가서는 공동체에서 인간관계를 회복하는 위로와 확신으로 드러난다(주성준: 329~330). 그것이 바로 예수가 염원하는 사랑의 교육이 지닌 생명력이다.

아버지께서 나를 사랑하신 것 같이 나도 너희를 사랑하였으니 나의 사랑 안에 거하라. 내가 아버지의 계명을 지켜 그의 사랑 안에 거하는 것 같이 너희도 내 계명을 지키면 내 사랑 안에 거하리라. 내가 이것을 너희에게 이름은 내 기쁨이 너희 안에 있어 너희 기쁨을 충만하게 하려 함이니라. 내 계명은 곧 내가 너희를 사랑한 것 같이 너희도 서로 사랑하라는 이것이니라. 사람이 친구를 위하여 자기 목숨을 버리면 이보다 더 큰 사랑이 없나니 너희가 나의 명하는 대로 행하면 곧 나의 친구라. 이제부터는 너희를 종이라 하지 아니하리니 종은 주인의 하는 것을 알지 못함이라. 너희를 친구라 하였으니 내가 내 아버지께 들은 것을 다 너희에게 알게 하였음이니라. 너희가 나를 택한 것이 아니요 내가 너희를 택하여 세웠나니 이는 너희로 가서 과실을 맺게 하고 또 너희 과실이 항상 있게 하여 내 이름으로 아버지께 무엇을 구하든지 다 받게 하려 함이니라. 내가 이것을 너희에게 명함은 너희가 서로 사랑하게 하려 함이로다(「요한복음」 15:9~13/17).

이 구절의 앞에는 '포도나무의 비유'를 들어 예수가 하나님의 계명과 사랑 안에 거한 것처럼 제자인 너희도 그 계명을 지켜 사랑 안에 거할 것을 말해준다. 『신약성서』에서 「요한복음」은 「마태」·「마가」·「누가」복음보다 특수한 상황의 공동체로 알려져 있다. 그 공동체를 위해 「요한복음」은 사랑을 더욱 강조한다. 이는 유대교에 대한 극심한 박해 때문으로 볼 수도 있다. 중요한 것은 어려운 환경 속에서도 공동체 내에서 계명을 지키고 화합을 위해 서로 사랑할 것을 중시한다는 점이다(조동천, 2004). 이는 예수가 십자가에 매달리기 전에 하나님께 드렸던 간절한 기도에서 열정적으로 드러난다.

곧 내가 저희 안에, 아버지께서 내 안에 계셔 저희로 온전함을 이루어 하나가 되게 하려 함은 아버지께서 나를 보내신 것과 또 나를 사랑하심 같이 저희도 사랑하신 것을 세상으로 알게 하려 함이로소이다. 아버지여 내게 주신 자도 나 있는 곳에 나와 함께 있어 아버지께서 창세전부터 나를 사랑하시므로 내게 주신 나의 영광을 저희로 보게

세계 종교의 교육적 독해

하시기를 원하옵나이다. 의로우신 아버지여 세상이 아버지를 알지 못하여도 나는 아버지를 알았고 저희도 아버지께서 나를 보내신 줄 알았습니다. 내가 아버지의 이름을 저희에게 알게 하였고 또 알게 하리니 이는 나를 사랑하신 사랑이 저희 안에 있고 나도 저희 안에 있게 하려 함입니다(「요한복음」17:23~26).

브라운(R. E. Brown, 1983: 744~745)에 의하면, 예수의 마지막 기도는 예수가 십자가에 매달리기 전에 제자들에게 준 '고별설교'이다. 이는 『구약성서』「신명기」(27장)에 나오는 '모세의 기도' 내용과 동일한 양식으로 본다. 예수의 마지막 고별설교는 아주 단순하다. '아버지[하나님]께서 주신 사랑이 제자들 가운데 있어 그들이 하나 되게 해 달라'는 내용이다. '하나가 된다'는 것은 공동체에서 '화해'와 '사랑'이 실천됨을 상징한다. 보다 위대한 사랑은 '배반'을 용서하고 끌어안는 예수의 위대한 사랑으로 드러난다.

저희가 조반을 먹은 후에 예수께서 시몬 베드로에게 이르시되, 요한의 아들 시몬아 네가 이 사람들보다 나를 더 사랑하느냐 하시니, 가로되 주여 그러하외다. 내가 주를 사랑하는 줄 주께서 아시나이다. 가라사대 내 어린 양을 먹이라 하시고, 또 두 번째 가라사대 요한의 아들 시몬아 네가 나를 사랑하느냐 하시니, 가로되 주여 그러하외다. 내가 주를 사랑하는 줄 주께서 아시나이다. 가라사대 내 양을 치라 하시고, 세 번째 가라사대 요한의 아들 시몬아 네가 나를 사랑하느냐 하시니 주께서 세 번째 네가 나를 사랑하느냐 하시므로, 베드로가 근심하여 가로되 주여 모든 것을 아시오매 내가 주를 사랑하는 줄을 주께서 아시나이다. 예수께서 가라사대 내 양을 먹이라(「요한복음」 21:15~17).

시몬 베드로는 예수를 배반하고, 십자가에 매달려 죽은 예수를 보고 허탈한 심정으로 디베랴 바닷가에서 고기를 잡았다. 이때 부활한 예수와 만났다. 예수는 그에게 묻는다. 아가페의 사랑으로 나를 사랑느냐고. 그러나 베드로는 두 번이나 필레오의 사랑으로 예수를 사랑한다고 말하였고, 마지막으로 묻는 물음에서 아가페의 사랑으로 사랑한다고 이야기한다. 이는 배반한 베드로에 대해, 죽음도 두렵지 않는 사랑을 가지고 새로운 공동체와 그 구성원들인 양떼들을 먹어야 하는 예수의 특별한 사명에 관한 이야기이다(R. E. Brown, 1983: 1112). 그 사명은 예수처럼 하나님의 사랑을 위해 죽음도 불사할 수 있는 사랑이다.

새로운 공동체를 만들고, 용서하고 화해하는, 사회적 기능을 지닌 사랑이다. 예수가 의도한 사랑은 고난과 핍박 가운데 살아가는 제자들, 인류에게 위로와 빛을 준다. 예수와 제자들의 관계가 사랑으로 남아있을 때, 그 사랑의 힘은 공동체를 살아가는 인간관계의 회복이다. 이런 점에서 기독교의 사랑은 인간관계의 회복을 꾀하는 교육을 지향한다.

IV. 이웃 사랑의 민중 교육

기독교에서 사랑의 교육은 현실적으로 어디에서 구현될 수 있을까? 예수는 그 단초를 실증적으로 열었다. 앞에서도 간략하게 언급하였지만, 『마태복음』(5~7)과 『누가복음』(6:20~49)에 실려 있는 〈산상수훈(山上垂訓)〉은 좋은 사례이다(종교교재편찬위원회, 1988). 예수는 하나님의 사랑이 실현되는 현장을 민중의 삶속에서 찾았다. 그것은 다름 아닌 이웃에 대한 사랑이었다. 예수는 스스로 민중을 택하였고 민중과 더불어 살면서 민중에게 관심을 쏟았다. 따라서 그의 윤리적 교훈도 민중을 향해 외쳐졌다(신창호, 2016: 78~81).

〈산상수훈〉은 예수가 그를 따르던 무리들에게 들려주었던 윤리적 교훈들 가운데 진수(眞髓)만을 수집·정선해 놓은 그의 어록이다. 문맥은 간결하고 정언적 명령문으로 일관되어 있다. 그 속에는 "하나님께서 너희를 택해서 너희를 축복하심으로써 그의 사랑을 구현시키고 있다"라는 예수의 의지와 확신이 들어 있다.

니이버(H. R. Niebuhr, 1892~1971)는 이 산상수훈에서 드러낸 예수의 의지와 확신을 다음과 같이 피력하였다.

예수의 근본적인 확신은, 하나님의 통치와 그 통치의 의로움이 가까운 장래에나 먼

미래의 어느 날에 명백하게 될 것이라는 데 있는 것도 아니며, 동시에 그 통치가 예상될 수 있다는 의미에서 현재 실재하고 있다는 것도 아니다. 오히려 예수의 확신은 하나님께서 지금 통치하고 계시며 따라서 그의 통치와 그 의(義)의 실현은 너무나 분명하다는 데 있다. 예수는 미래가 분명하니 현재도 그럴 것이라는 논증보다는 현재가 분명하니 미래에도 그럴 것이라는 논증을 전개한다(종교교재편찬위원회, 1988: 499~501).

하나님의 사랑, 그 선택과 구체적 내용이 정당한 이유는 예수의 산상수훈 내용 자체가 증명한다. 그 첫머리에 두드러지게 나타나는 여덟 가지 축복이 그것이다. 예수의 가르침은 『구약성서』의 예언자들이 가르친 윤리적 교훈과 구별된다. 예수는 예언자들처럼, 부유한 자들과 강한 자들에게 가난하고 억눌려 있는 사람들을 공정하게 다루어 줄 것을 역설하지 않는다. 이 지점에서 예수의 사랑과 교육 정신의 특징을 확인할 수 있다.

예수는 직접 가난하고 억울하게 당하기만 하는 이들을 향하여 하나님의 복된 소식을 전한다. 산상수훈에는 아모스 같은 예언자에게서 읽을 수 있었던 것과 같은, '가난한 사람들을 억압하고 수탈하는데서 돌이키라'는 식의 명령은 찾아볼 수 없다. 예수가 관심을 둔 삶의 현장은 사람들에게 짐을 지워 십리를 나르도록 강요하는 지휘관의 상황이 아니라, 억압당하는 민중들의 정황이었다. 그것은 "집에 집을 더하고 땅에 땅을 더하는" 지배 계급들의 상황이 아니라 바로 다음날 끼니를 걱정하는 '민중', 바로 '이웃들'이었다.

민중[이웃]의 정황은 실제 생활에서 물질적으로 가난하다 못해 심령까지 가난하다. 매번 억울한 일을 당해서 애통하지만 끝내 온유(溫柔)하다.

자기 자신은 늘 '의(義)'에 주리고 목말라하면서도 타인에 대해서는 긍휼(矜恤)하다. 강자와 대결할 세력도 없지만 본디 화평(和平)을 좋아하여 결국은 스스로 핍박을 받는다. 그런 상황에 대한 예수의 반응은 다음과 같다. "하나님은 이웃들의 긴박한 외침을 들으셨다! 이에 먼저 그들의 현장에 관심을 두셨다! 그리고 이제 막 그들을 돌보기 시작하셨다!"

이것은 기독교적 사랑으로, 인간에 대한 배려와 교육의 하이라이트이다. 이웃들의 처절한 비명 앞에서 축복은 더욱 생동력 있게 반응한다.

심령이 가난한 자는 복이 있나니 하나님의 나라가 저희 것임이요, 애통하는 자는 복이 있나니 저희가 위로를 받을 것임이요, 온유한 자는 복이 있나니 저희가 땅을 기업으로 받을 것임이요, 의에 주리고 목마른 자는 복이 있나니 저희가 배부를 것임이요, 긍휼히 여기는 자는 복이 있나니 저희가 긍휼히 여김을 받을 것임이요, 마음이 청결한 자는 복이 있나니 저희가 하나님을 볼 것임이요, 화평케 하는 자는 복이 있나니 저희가 하나님의 아들이라 일컬음을 받을 것임이요, 의를 위하여 핍박을 받는 자는 복이 있나니 하나님의 나라가 저희 것임이라(마태복음5:3~10).

이웃에 대한 예수의 관심과 보살핌, 그 교육적 의미가 은혜와 축복으로 받아들여지는 이들은 바로 민중 자신들이다. 동시에 그것이 예수의 윤리적 교훈의 요청으로 들려지는 사람들이 바로 기독교에서는 하나님의 자녀일 것이다.

특히, 후자의 요청을 비유로 설명해 준 것이 "선한 사마리아인 이야기"이다(「누가복음」10:29~37). 여기에서 예수의 '특유한 이웃' 개념이 드러난다. 이는 「누가복음」을 기록한 사람의 독특한 편집 기법으로, "내 이웃이 누구입니까?"라는 질문에 초점이 맞춰진다. 이때 예수의 답변은 그 누구도 예측할 수 없는 방향으로 전향된다. "네 의견에는 이 세 사람 중에 누가 강도 만난 자의 이웃이 되겠느냐?"(「누가복음」10:36)라는 예수의 반문은 도움을 받아야할 강도 만난 자만이 이웃이라고 생각하였던 독자들의 관심을 뒤집어 놓는다. 자비를 베푼 자도 너의 이웃이 되며 그가 바로 너에게 늘 업신여김을 받던 사마리아인임을 깨달아야 하는 것이 예수의 이웃에 대한 교훈이다. 이것은 있는 사람이 없는 사람을 돕는 것이 아니라 업신여김을 받은 사람이 오히려 고난을 당하는 사람을 돕게 된다는 '동료 의식'에서 오는 이웃 개념이다. 기독교의 이웃 사랑은 어려운 상황에서 실천된다. 이런 점에서 기독교의 교육은 고통 속에 피는 꽃과도 같다. 그것이 예수의 삶이요 기독교 교육의 특징이다.

V. 결어

『구약성서』와 『신약성서』에는 '사랑'에 대한 어원과 예수의 사랑이야기가 가득하다. 그것은 필연적으로 기독교의 삶과 교육으로 이어진다. 인류의 시작에서 하나의 공동체를 이루며 사랑은 중심에 자리한다. 사랑을 규명하는 내용에는 차이가 있으나 그것은 인류에게 없어서는 안 될 필수 개념이다.

지금까지 간략하게 짚어본 것처럼 기독교에서 사랑은 인간의 관계성을 떠나서는 존재하지 않는다. 특히 예수가 강조한 사랑은 새로운 공동체를 이루고 유지하기 위해 반드시 필요한 최고의 덕목이었다. 예수가 하나님께 드리는 기도의 내용으로 볼 때, 사랑은 공동체가 하나 되기 위한 교육의 내용이자 방법이고, 새로운 공동체를 만들고 유지하기 위한 최고의 힘이다. 나아가 사랑은 기독교 공동체만을 위한 것이 아니라 한 사회를 구성하는 핵심 요소이다. 이런 점에서 기독교의 사랑은 한 사회를 지속해 나가기 위한 교육의 궁극 목적으로 자리매김할 수 있다.

어떠한 형태로 표출되건, 사랑은 인간의 사회적 관계를 떠나서 존재할 수 없다. 때문에 사랑은 공동체에서 상호간의 일그러지고 닫힌 관계를 올바르게 만들고 열어주는 역할을 한다. 의(義)를 상실한 사회를 자정(自淨)하는 기능을 담보할 수 있다.

특히, 기독교의 사랑은 단순하게 기독교라는 종교의 차원을 넘어 인간의 관계성 회복이라는 교육의 차원에서 접근할 수 있다. 그것은 인간이 하나의 공동체에서 나서 자라고 살면서 필요한 생명의 원동력을 주는 일이다. 요컨대 인류의 삶을 아름답게 만들 수 있는 힘이 될 수 있다.

참고문헌

『개역성경』

A.S.V.(American Standard Version)

C.E.V.(Contemporary English version)

Nestle-Aland(1979), *Greek New Testament.* 26th edition.

K.J.V.(King James Version)

Textus Receptus

R.S.V.(Revised Standard Version)

기독교대백과사전편찬위원회 편(1983). 『기독교대백과사전』(1~15). 서울: 기독교문
　사.

김득중(1985). 『신약성서개론』. 서울: 컨콜디아사.

김득중(1990). 『복음서의 비유들』. 서울: 컨콜디아사.

박세일(2009). 「요한복음에 나타난 사랑의 제자직연구」. 호서대학교 박사논문.

박태식(2009). 「첫째가는 계명: 마르12, 28-34풀이」. 『종교간의 대화』. 서울: 현암사.

손인수·이원호(1978). 『교육사신강』. 서울: 문음사.

신창호(2016). 배려. 서울: 고려대학교출판문화원.

심승환(2001). 「공자의 仁과 예수의 사랑의 교육적 의미 비교」 고려대학교 석사논문.

안인우(1996). 『칼빈의 교회관과 예수 사랑의 공동체』. 한세대학교

에릭 프롬/김현일 역(1990). 『사랑의 기술』 서울: 학원사.

유태엽(2008). 『마태의 신학』. 서울: 감리교신학대학출판부.

이성배(1989). 「유교의 인과 그리스도교의 사랑」. 대구가톨릭대학교. 『카톨릭사상연
　구』 3집.

조경철(2000). 「예수의 원수사랑 계명과 하나님 나라선포」 감리교신학대학교. 『신학
　과세계』 41.

조동천(2004). 「요한공동체와 서로 사랑의 사회적 기능」 연세대학교 박사논문.

종교교재편찬위원회(1988). 『성서와 기독교』. 서울: 연세대학교출판부.

주성준(2008). 『요한복음』. 서울: 도서출판 혜안.

하워드 클락키이/서중석 역(1990). 『신약성서이해』. 서울: 한국신학연구소.

G. E. 래드/이창우 역(1988). 『신약신학』. 서울: 성광문화사.

하워드 클락 키이/서중석 역(1991). 『새 시대의 공동체』. 서울: 대한기독교출판사.

R. J. 카시디/한완상 역(1983). 『예수·정치·사회』. 서울: 대한기독교출판사.

William Barclay/황장욱 역(1991). 『요한복음(하)』·『마태복음(하)』(성서주석시리즈). 서울: 기독교문사.

R. E. Brown(1983). *The Gospek According to John*. New York: Doubleday & Company, Inc.

제6장

이슬람교: 복종(服從)과 평화(平和)의 공동체

Ⅰ. 서언

한국사람들에게 이슬람은 다른 문명권에 비해 상대적으로 낯선 영역이다. 이슬람 세계에 대한 인상은 긍정적이기보다는 부정적 측면이 많다. 얼핏 떠오르는 단어만 보아도, 알카에다와 아이에스(IS)가 저지르는 테러, 반미(反美), 폭력, 여성 억압, 금기와 규제가 많은 사회, 타 종교에 대한 박해 등, 혐오감을 조성할 만한 내용이 주류를 이룬다. 그러나 지구촌의 1/4에 육박하는 이슬람 인구는 17억 5000만 명이고, 이슬람을 국교로 하는 나라는 57개국으로 모두 유엔에 가입하고 있다. 단일 종교로는 세계에서 가장 많은 인구를 차지하고, 세계 최대의 단일문화권을 이루고 있다.

중세 천 년 동안 유럽이 마녀사냥과 암흑의 질곡에 빠져 있을 때, 인류의 길을 밝혀 준 것은 이슬람 문화였다. 지금도 이슬람은 가장 역동적인 모습으로 성장하면서 인류 발전에 기여하고 있다. 유럽의 이슬람 인구는 약 5천만 명으로 이슬람교는 유럽에서 두 번째 종교가 되었다. 미국에도 약 700만 명의 이슬람 인구가 2,106개의 모스크를 중심으로 국가 사회에 기여하고 있다(이희수, 2015). 이슬람 인구는 2030년이 되면 22억 명으로 전 세계 인구의 27%를 차지할 것으로 예상한다. 인구 증가가 문명의 발전 자체를 결정하는 것은 아니지만, 이는 이슬람 문명의 성장·확대에 큰 영향을 미칠 것이 분명하다.

그 동안 이슬람 세계에 대한 세계인들의 행보는 이들을 악마로 규정하는 데 가까웠다. 일찍이 서구인들은 '한 손에 칼, 한 손에 『꾸란(코란)』!'이라는 표현을 사용하여 이슬람의 호전성과 강압적인 종교 전파를 설명하였다. 하지만 실제 무력에 의한 이슬람 문명의 전파는 『꾸란』에서 그 어떤 흔적도 발견할 수 없다. 『꾸란』에는 오히려 '종교에는 어떠한 강요도 있을 수 없다!'라는 원칙이 선언되어 있을 뿐이다. 이슬람 문화에 대한 편견 가득한 시선은 이슬람교를 근간으로 하는 이슬람 문화가 그 동안 서구 유럽의 눈을 통해, 근래에는 유대교나 기독교 중심의 언론이나 학문 자료에 의해 알려져 온 데 주요 원인이 있다. 서구 중심에서 벗어나 이슬람의 눈으로 이슬람교와 이슬람 문화를 이해할 때, 이슬람 사회의 진정한 모습을 볼 수 있다.

그러나 이슬람을 있는 그대로 이해하는 작업은 단지 다양한 문화의 공존이라는 측면에서만 고려할 사항은 아니다. 이슬람교를 바라보는 공정한 시각과 그에 관한 윤리적 문제이기도 하다. 불교나 유대교, 기독교, 힌두교 등 세계적인 종교는 상당한 정도의 보편성을 띠고 있다. 이슬람교도 마찬가지이다. 선을 추구하고 평화를 요청하며, 악으로 떨어진 인간의 삶을 회복하려고 노력한다.

여기에서는 이슬람을 있는 그대로 이해하기 위해, 특히 이슬람이 추구하는 교육을 살펴보기 위해, 이슬람교라는 종교의 기본 이념과 그것이 이슬람 사회 속에서 어떤 방식으로 이해되고 실천되는지를 살펴본다. 종교로서 이슬람교의 세계관과 인간관 등의 기본 이념을 이슬람교 태동 당시의 사회 상황과 더불어 소개한다. 또한 정교일치(政敎一致) 사회에서 전개되는 이슬람교의 양상으로 볼 때, 이슬람교의 목적이 바로 이슬람 교육으로 연결된다는데 주목한다. 그리하여 이슬람 고유의 소통구조를 통해 이들이 세상을 보는 틀인 '샤리아(Shariah, 이슬람 법)'를 성찰함으로써 이슬람교가 추구하는 교육 내용과 방법을 찾아본다.

Ⅱ. 기본 이념

1. 이슬람교의 탄생 배경

가. 메카의 성장

이슬람교는 메카라는 조그마한 오아시스에서 생겨났다. 유대교에 이어 기독교와 뿌리를 같이 하지만, 서기 610년에 다른 교리를 통해 만들어졌다. 불과 100년 정도의 기간에 중동 전역은 물론, 중앙아시아, 인도, 북아프리카를 장악하였다. 711년에는 스페인, 732년에는 프랑스 파리 교외까지 진출하는 거대한 세력으로 성장한다. 위로는 우즈베키스탄, 동쪽으로는 인도와 파키스탄에까지 세력이 미쳤다.

이슬람교가 생겨나기 전까지 300여 년 동안은 두 개의 거대한 세력이 각축을 벌였다. 오리엔트를 지배하던 사산조 페르시아와 유럽을 지배하던 비잔틴 제국이 비옥한 땅을 놓고 오랜 전쟁을 벌였다. 전쟁은 인간이 소통하는 길을 막았다. 중국에서 출발하여 카스피 해 남부를 지나 콘스탄티노플로 들어가는 비단길이 마비되었던 것이다. 이는 근동지방이나 중앙아시아로 이어지는 장거리 무역의 중단을 의미한다. 상인들은 우회로를 찾기 위해 사막을 횡단해야만 했고, 목숨을 걸고 오아시스를 찾아 사막을 누비며 아라비아의 메카에 도달하였다. 이때 메카와 다마스쿠스 사이에는 홍해 변을 따라 이동하는 루트가 형성되어 있었다. 이 길은 고대 때부터 개척되어 있었고, 다마스쿠스와 콘스탄티노플, 로마까지 이어졌다. 새로 만든 우회로가 메카와 만나면서 메카는 자연스레 중심 도시로 성장하게 된다.

이런 상황에서 발달한 메카는 그야말로 국제적 무역 도시였다. 신전이 있었으므로 많은 상인들과 순례자들이 동시에 모이는 곳이었다. 6세기로 접어들면서 수많은 사람들이 유목민 생활을 접고 무역상으로 활동하게 되어, 북으로는 팔레스타인, 남으로는 예멘 지역으로 이동하였다. 메카에는 인도의 향료, 중앙아시아의 루비와 청금석, 이집트의 상아 등의 수입품이 모이고, 아라비아의 진주와 페르시아의 비단을 수출하는 상인들이 총집결하였다. 이러한 상업 집중 현상은 보다 많은 사람들을 메카로 불러들였고, 전통적인 부족이나 가문 중심의 지도체제에도 변화를 가져왔다.

나·부족의 분열

무함마드가 등장하기 전, 아라비아인들에게는 어떠한 정치적 형태도 없었다. 기껏해야 몇몇 가족이 모여 가문을 이루고, 다시 몇몇 가문이 모여 부족을 이루었다. 이 부족의 대표들에 의해 부족장이 선출되고, 이 부족장은 다시 고문 모임을 형성하여 부족을 다스렸다. 때문에 부족들 사이에 이루어진 연대는 부족을 유지하는 힘의 원천이었고, 부족 사이의 연대는 그들의 정체성이며 보호막이었다. 그만큼 이들에게 가족이나 가문, 부족의 명예는 가치 있는 덕목이었다. 따라서 이들 아랍인의 삶의 가치는 자연스럽게 '부족을 중심으로 하는 인간주의'를 형성하였다.

이슬람교가 성립되기 전, 아랍인들의 사고에는 사후 세계가 없었다. 그만큼 현재적 삶이 중요하였다. 정의와 같은 덕목은, 상대에게 침해를 당했을 때, 상대 부족에 대한 복수를 통해 실현된다고 믿었다. 이들이 지닌 또 하나의 특징은 '자흘(jahl)'이다. 자흘은 '무식'을 뜻한다. 그 심층적 의미는 '야만성'으로, 다른 사람에게 잔인한 폭력을 가하여 공포를 조성하는 행위이다. 자흘이 일종의 믿음처럼 여겨지던, 이슬람교 성립 이전의 아라비아는 폭력이 난무하는 사회였다. 그러므로 나중에 이슬람 사람들은 이슬람 이전의 사회를 진정한 종교를 모르는 '자할리아', 즉 '야만의 시대'라고 불렀다.

이런 시대를 살아온 아랍인들은 자식을 키우고 가족의 규모와 힘을 기르는 데 주력하였다. 가족의 일원이 외부인에게 해를 입거나 죽임을 당하면, 해를 끼친 개인이 속한 가족에게 반드시 복수하는 것이 그들 삶의 일부였다. 이와 같은 반목은 오랫동안 지속되었다. 아라비아의 원시종교도 부족 중심의 사회제도를 반영하고 있다. 신들과 여신들은 개개 부족의 보호신이며, 이들은 나무, 돌, 우물, 샘물에 내재한 신으로 해석되었다. 이슬람 이전의 아랍은 다신교(多神敎) 사회였다. 메카에서만 다신교의 신들의 동상이 360개나 발견될 정도였다.

그러나 메카·메디나와 같은 여러 도시가 유목생활에서 벗어나 정착생활을 하는 공간으로 바뀌고, 상업 도시로 변모하면서, 메카에는 새로운 귀족이 생겼다. 신흥 상인 부자들과 가난한 사람들 사이의 빈부 격차가 점점 벌어져 전통적인 부족의 가치도 붕괴하고 있었다. 인구가 늘어나고 도시화가 진행되면서 힘없고 가난한 사람들은 점점 소외되었다. 이전의 부족 중심 체계에서도 이혼한 여자나 과부, 고아나 노인과 같은 사회적 약자들에 대한 보호가 미미했는데, 도시 생활을 중심으로 하는 급격한 변화는 전통적 사회 구조를 무너뜨리기 시작하였다. 무역상들은 점점 부를 축적해 나갔고, 종교적 양심이나 윤리도덕은 생각할 겨를도 없이 무너져 갔다. 정치적 의견의 일치나 통합도 없었고, 사람들은 저마다 개인적 부를 추종하고 축적하기에 바빴다. 베두인을 비롯한 몇몇 부족의 경우, 전통적 삶의 방식이 남아 있었기 때문에, 부족 사회는 여러 측면에서 심각한 분열 양상을 보였다.

다. 무함마드의 행적

신흥 상업도시가 성행하고 부족의 분열이 가속되던 시기에 이슬람의 창시자인 무함마드(Muhammad, Mahomet)가 서기 570년 메카의 히자즈에서 태어났다. 무함마드는 자라나면서 급격한 사회변동에 충격을 받았다. 이에 메카로부터 얼마 떨어지지 않은 히라(Hira) 산의 한 동굴에서 인생과 사회에 대해 수시로 명상을 하였다. 그러던 중 40세 되던 해, 무함마드에게 가브리엘이라는 천사가 나타나 '암송하라!'는 명령을 세 번 내렸다. 그리고 '암송하라!'는 계시가 그에게 왔다. 그는 610년에서 632년까지 22년간 계시를 받았다. 그 계시의 내용이 이슬람교의 성경인『꾸란(Quran)』이다. 『꾸란』은 '암송'을 의미하므로, 그는 <암송>이란 책에 계시의 내용을 기록하였던 것이다.

신의 대언자 역할을 한 10여 년 동안, 무함마드는 메카 사람들의 저항과 탄압으로 힘든 세월을 보냈다. 메카 사회의 부당함을 알리는 그의 선포는 메카의 기득권 세력에 대한 도전처럼 보였다. 즉 부유한 귀족들이 믿는 전통 다신교 신앙에 대한 도전일 뿐만 아니라, 그들의 사회적·정치적·경제적 이익을 저해하는 행위로 규정되었다. 무함마드는 당시 횡행하던 거짓계약서, 위증, 고아와 과부들에 대한 부당한 대우를 비난하였다. 그는 가난하고 약한 사람들의 권익을 주장하였다. 반면, 부자는 이들 가난한 사람들을 배려하고 그들에 대한 의무로 종교세를 내야 한다고 주장하였다.

무함마드의 다신교에 대한 공격은 360여개의 신을 모신 카바의 수호자, 메카 사람들에 대한 정면 도전이었다. 당시 메카는 아랍 부족 종교의 최대 순례지였다. 무함마드의 선교로 인해 순례지 방문에 따른 수입이 격감하였고, 이는 메카의 부족 중심 정치 세력에 대한 전쟁 선포나 다름없었다.

무함마드가 메카에서 선교하는 10여년 동안 몇몇 추종자가 생겨나기도 하였다. 그러나 619년 아내 하디자와 자신의 삼촌이자 보호자였던 아부 탈립이 죽자, 무함마드의 삶은 점점 힘들어졌다. 메카 사람들은 무함마드를 죽이려고 하였다. 그러던 중 620년에 메디나에서 무함마드를 부족 사이의 중재인으로 초청해왔다. 이에 무함마드는 622년 7월에 추종자 200여명과 함께 메디나로 이주하였다. 이슬람인들은 이 622년을 이슬람교의 원년으로 삼는다. 이때의 이주, 즉 '히즈라(hijra)'가 앞으로 전개될 이슬람 종교 운동의 새 장을 열었기 때문이다. 그곳에서 무함마드는 이슬람의 공동체인 '움마(Ummah)'를 형성한다.

메디나에 온 무함마드는 종교·정치 공동체의 우두머리가 되었다. 그는 메디나를 중심으로 자신의 세력을 구축하고, 외교력과 군사력을 통해 아라비아 전체를 지배하게 된다. 무함마드는 메디나에서 이슬람 공동체인 움마와 유대교를 비롯한 다른 공동체와의 관계를 법제화하였다. 이는 자신들이 불이익을 당하지 않도록 하기 위한 장치였다. 이슬람인들은 이제 개별 부족 신앙이 아닌 공동체 신앙으로 자신들의 정체성과 유대 관계를 구축하였다.

메디나에서 하나의 종교 국가 형태가 갖추어지자 무함마드는 메카로 관심을 돌려 메카의 부족 중심 사회에 정면으로 도전하고 나섰다. 먼저 메카의 상인을 공격하여 쿠라이쉬 부족의 정치적·경제적 권위에 도전하였다. 624년에는 수적인 열세에도 불구하고 메카 군대를 격파하였다. 그러나 다음해 625년에는 우후드 전투에서 메카의 군대에게 대패하였다. 627년 포위 공격을 감행한 메카 군대를 다시 한 번 대파하면서, 무함마드는 마침내 히자즈 지역의 최고지도자로 자리를 굳히게 되었다.

더 이상 메카를 군사적으로 정복하려 하지 않았던 무함마드는 628년 후다이비야에서 이슬람인들이 메카를 순례하도록 하는 정전협정을 체결하였다. 629년 그는 히자즈에서 무슬림 통치를 시작하고 메카로 가는 순례를 감행하였다. 630년 쿠라이쉬가 정전협정을 어기자 무함마드는 1만 명의 군사를 이끌고 메카로 들어갔다. 그러나 정복한 메카 인들을 처벌하지 않고 사면하면서 이슬람 공동체인 움마에 합세하도록 유도하였다.

이후, 무함마드는 631년에서 632년까지 아라비아 전체를 정복하였다. 그때까지 사막에서 반항하던 베두인들을 굴복시키고, 그 이외에 다른 부족들에게 자기들의 대표를 보내 쿠라이쉬의 후계자인 무함마드에게 충성할 것을 다짐하게 하였다. 무함마드는 그들이 이슬람으로 개종하도록 하기 위해 『꾸란』과 이슬람 의식, 그리고 이슬람의 의무에 대해 가르쳤다. 632년 62세가 된 무함마드는 메카로 순례여행을 하면서 다음과 같은 고별 연설을 하였다.

세계 종교의 교육적 독해

너희 모든 무슬림들은 다른 무슬림들의 형제이며 우애를 가졌다는 것을 알아라!

너희 가운데 어느 누구도 자기 형제가 기꺼이 주지 않는 한 자기 형제에게 속한 것을 착복해서는 안 된다!

이 구절은 이슬람 공동체와 무함마드의 업적을 한 구절로 요약한 언명이다. 이런 노력 끝에 632년 6월 무함마드가 죽었을 때, 모든 아라비아는 이슬람인의 통치 하에 있었다. 그는 이슬람 운동의 시조일 뿐 아니라 아랍인들의 생활규범이었다. 그의 말과 행적에 관한 기록인 『하디스』에서 무함마드는 이상적인 종교지도자이자 정치지도자이며, 모범적인 남편과 아버지로 묘사된다. 그러므로 이슬람인들은 하루에 다섯 번씩 기도를 할 때, 무함마드가 기도한 대로, 무함마드가 예배한 그대로 따른다. 이슬람인들은 무함마드가 일상생활의 건강, 의상, 음식, 결혼, 가정생활, 외교, 전쟁에서도 이상적인 모범을 보여주었다고 믿는다.

이러한 무함마드의 행적은 다신교나 우상을 섬기는 일을 알라와의 합일을 방해하는 불신으로 여기도록 함으로써 아라비아인들의 삶의 방식을 정화하려는 시도였다. 또한 부족 중심의 역사였던 히즈라 이전과 달리, 사회가 가족 공동체나 부족 공동체로부터 벗어나도록 하였다. 즉 히즈라 이후의 역사를 통해 알라와 그 대언자인 무함마드 아래, 이슬람 공동체 '움마'를 이루어야 한다는 것이었다. 그러므로 이슬람교를 믿는 것은 이제 부족들 간의 반목에서 벗어나 알라의 도를 위하여 신의 법인 '바른 길 (sharia)'로 가는 것을 의미한다. 새로운 공동체의 일원으로서 이슬람인은 신의 의지를 실천하여 정의로운 사회를 구현하는 것을 목적으로 한다.

라. 신앙공동체

아랍의 역사에서 하나의 종교와 신앙에 참여하여 살아가는, 종교적 연대의식을 가진 신앙 공동체가 출현하였다는 사실은 일종의 혁명이었다(이즈쓰 도시히코/조영렬 옮김, 2007). 옛날부터 아라비아는 부족이 인간 존재의 기반이었다. 공통된 선조의 자손이라는 자각과 공식적으로 특정 부족의 일원이 되었다는 인식을 통해 사람은 비로소 자기 몫을 하는 인간이 된다. 때문에 모든 인간적 가치는 부족이 결정한다. 부족에게는 조상 대대로 내려오는 가치 체계, 즉 '순나(sunnah)'가 있다. 그것을 지탱하는 것은 진한 피의 연대감이다. 자신이 속한 부족이 옛날부터 좋다고 여겨 온 것은 선이고 나쁘다고 여겨 온 것은 악이다. 그 이외에 선악의 기준은 없다. 그것이 사막에 살았던 아랍인의 유일한 도덕 판단의 기준이고, 최고의 행동 원리이다.

사막에서의 유목생활을 그만두고 메카나 메디나와 같은 도시에 정착하게 된 아랍에서 이슬람이 일어났을 무렵에도, 사회의 구성 원리는 여전히 혈연적 연대였다. 피의 연대감이라는 것은 아랍인에게 엄청나게 강렬한 존재 감각이었다. 이슬람이 종교적 공동체 이념을 내걸고 정면으로 부딪친 것은 바로 이러한 정신이었다. 그런데 이제 이슬람은 혈연 의식에 바탕을 둔 부족적 연대성이라는 사회 구성 원리를 완전히 폐기해 버렸다. 혈연에 의지한 연대성이 무효임을 선언하며, 유일신에 대한 공통된 신앙을 새로운 사회 구성 원리로 제시하였다. 피를 나눈 형제와 육친조차도 본질적으로는 어떤 의미도 갖지 않는다는 완전히 새로운 사회를 구상한 것이다.

믿는 사람들아, 네 부모 형제라도 만일 신앙보다 무신앙을 좋아한다면 결코 동지라고 생각해서는 안 된다. 너희 가운데 그러한 사람을 동지로 여기는 자가 있다면 그런 자야말로 의롭지 못한 무리이다(『꾸란』9:23)

이러한 생각에 기초하여 무함마드는 마침내 다음과 같은 내용을 선언한다. '참으로 신이 보시기에 너희 가운데 가장 고귀한 자는 가장 깊이 신을 두려워하는 사람이다!' 무함마드의 선언은 예전처럼 혈통이 인간의 고귀함을 결정하는 것이 아니라 신앙의 깊이가 인간의 고귀함을 결정한다는 의미이다.

서기 630년 1월, 메카의 시민은 항쟁을 포기하고 무함마드에게 항복하였다. 승자로 입성한 무함마드는 카바 신전에서 제사하던 수백 개의 우상을 부수고 어지럽게 흩어진 잔해의 한가운데 서서 새로운 시대가 왔음을 알린다. 이제 무도(無道)한 시대는 완전히 끝났다. 무도한 시대의 모든 피의 부채, 예를 들면, 누군가가 다른 부족에게 살해당한 경우, 가해자의 부족이 피해자 부족에게 지는 책임과 같은 것이나 모든 대차(貸借) 관계, 기타 제반 권리와 의무도 완전히 청산된 것이다. 동시에 예전의 계급적 특권도 모두 소멸되었다. 지위와 혈통을 자랑하는 일은 누구라도 용납하지 않는다. 모두가 아담의 후예로서 평등하다. 만일 사람 사이에 우열의 차이가 있다면 그것은 신을 두려워하는 깊이로만 결정된다.

무함마드는 과거 부족의 혈연적 연대성이 무효임을 선언하고 하나의 공동체 신앙을 간직한 사람들이 서로 형제가 된다는 계약을 맺었다. 이는 완전히 새로운 연대감을 성립시킨 이슬람 공동체의 새로운 사회이념이자 새로운 공동체 정신의 탄생이었다. 이슬람의 이념은 혈연적 핏줄이 아니라 신앙을 통한 연대의식과 이로 인한 인간 사회를 염원하였다. 그렇다고 이슬람 공동체의 출현으로 아랍의 부족제가 폐지되었다는 말은 아니다. 현실에서 부족제는 이슬람 시대에도 존속해왔다. 다만 이슬람의 새로운 사회이념, 공동체의 통일 원리에 의해 아라비아 사막에서 옛날부터 내려온 부족제도의 정신이 효력이 없는 무의미한 것으로 선언되었다는 뜻이다.

'움마'라는 공동체의 종교로 확립된 이슬람이 예전 아랍 사회의 이념과 두드러지게 다른 특징은 보편성의 확보에 있다. 혈연관계를 사회 구성의 최고 원리로 삼는 것을 그만두고 공통의 신앙으로 대체함으로써 이슬람은 보편성과 세계성을 획득하게 되었다. 아랍의 종교였던 이슬람이 인류 전체에 호소하는 세계적 종교가 된 것이다. 다음과 같은 무함마드의 언급이 이를 잘 표현해 준다. '베를 짜는 이의 빗살처럼 모든 사람은 서로 평등하다! 백인이 흑인보다 우월할 수 없다! 아랍이 비아랍보다 우선하는 일은 없다!'

이슬람 공동체의 큰 특징은 거기에 들어가면 모든 사람이 서로 완전히 평등해진다는 사실이다. '믿는 자는 모두 형제!'라는 『꾸란』의 한 구절이 이를 잘 보여준다. 여기서 형제라는 말의 의미는 신의 의지에 따라, 신의 면전에서 맺은 상호 계약에 따라 완전히 평등하다는 뜻이다. 계약에서 생겨난 완전히 동등한 권리와 의무로 서로 맺어진 상태가 형제를 의미한다. 한편으로 이는 계약상의 평등이지 인간 본성에 따라 나오는 평등은 아니다. 인간인 한, 본성상 평등한 것이 아니라 공동체의 사회 계약 구조 속에서 이 계약 관계에 들어간 사람은 누구라도 평등하다는 말이다.

이 지점에서 이슬람 사회의 문제점이 보일 수도 있다. 인간의 존엄성이

세계 종교의 교육적 독해

본성으로 규정되지 않는 한, 그들의 특수한 사회계약 속에 들어가지 않은 이에 대해서는 평등 관계가 성립하지 않는다. 내부 구성원들 사이의 관계 또한 지도층에 의해 언제든지 자의적으로 규정될 수 있기 때문이다.

이슬람 사회의 구조는 순수하게 이슬람교도만으로 구성된 체계는 아니다. 이슬람인들은 '성전의 백성'이라는 생각을 바탕에 두고 있기 때문에, 예언자라는 특수한 사람을 통해 특별한 신의 계시를 받은 집단인 유대교나 기독교를 믿는 이들도 성전의 백성들로서 이슬람 공동체에 포함하여 생각한다. 이 성전의 백성이라는 개념은 이슬람교도가 아니더라도 성전의 백성으로 인정받기만 하면 이슬람 공동체의 구성원이 될 수 있다는 뜻이다. 이들은 『꾸란』에 반항하지 않는 한 이슬람 공동체 내부 구성원으로서 일정한 위치를 부여받는다. 하지만 그 위치는 이슬람교도보다 낮고, 피보호자로서 종속적인 것이다. 이들에게는 특별한 세금도 부과되었는데, 이는 꽤나 굴욕적인 사안이었을 수 있다. 대신 생명과 재산을 보호받고 평화가 보장된다. 이렇게 이슬람 공동체는 이슬람교도가 가장 위에 서고, 그 아래에 여타 종교 공동체를 포함하면서 하나의 통일체로서 기능하는 다층 공동체이다.

그러나 이 공동체의 바깥, 즉 신의 계시를 모르는 사람들의 세계는 이교(異敎)이고, 이들에 대해서는 개종을 요구하거나 성전(聖戰)이 있을 뿐이다. 성전은 종교적 노력이자 이교도와의 성전으로 '지하드(jihad)'라고 한다. 유럽 사람들은 이슬람에 대해 '한 손에는 『꾸란』, 한 손에는 칼!'이라는 통속적 표현을 많이 사용한다. 이는 완전한 이교도에 대한 이슬람의 취급 방식에서 나온 상징적 언표이다. 물론 『꾸란』(2:257)에는 '종교를 무리하게 강요하는 것은 절대 금물'이라 했다. 이슬람은 원칙적으로 강제

개종을 혐오한다. 설득을 통해 개종을 유도하는 것이 원칙이다.

이슬람은 신앙이 없는 이에게 경고하고, 아무리 경고해도 듣지 않으려 하거나 폭력으로 반항하면서 이슬람을 저해하려는 사람에 대해서는, 종교의 이름으로 죽인다는 사고방식을 택하고 있다. 어떤 의미에서는 신의 계시와 무관하다 생각되는 사교(邪敎)의 무리에게는 이슬람으로 개종하는 것만이 생명을 유지하기 위한 유일한 길이었던 상황도 실제로 존재했다. 어쨌건, 이슬람교가 탄생할 당시, 혈연이라는 피의 연대를 통하지 않고 보편성에 기초한 종교의 탄생은 이념적 혁명이었다. 그들은 집권층의 지배이데올로기로 변한 기존 이념을 일소하고, 보편적 형제애에 기반하여 창시되었다는 우월감을 신자들에게 심어주었다(이원삼, 2008: 83~105).

2. 세계관

가. 교육의 시작과 끝: 『꾸란』과 『하디스』

『꾸란』은 가브리엘 천사를 통하여 무함마드에게 계시하신 하나님의 말씀을 기록한 성경이다. 기독교의 『성경』과 같은 지위를 갖는 이슬람교의 경전이다. 불경(佛經)이나 성경이 부처와 모세, 예수와 같은 성인이나 종교 창시자들이 직접 기록했거나 다른 사람들이 그 기록에 관해 서술한 내용을 집대성한 것인데 반해, 『꾸란』은 하나님에게서 계시 받은 그대로를 기록했을 뿐, 무함마드 자신이나 어떤 제 삼자의 기록도 수록하지 않은 것이 특징이다.

세계 종교의 교육적 독해

610년에 처음 계시된 이후, 무함마드가 죽을 때까지 20여 년간 계시는 계속되었다. 초기에는 암송에 의해 전송되다가 무함마드 사후에 문자로 기록되었다. 『꾸란』은 모두 114장 6,200여절로 구성되어 있다. 연대순으로 되어 있지 않고, 첫 장을 제외하고, 각 장이 길이에 따라 배열되어 있다. 긴 구절에서 짧은 구절 순으로 정돈되어 있다.

『꾸란』은 라마단 달에 하나님으로부터 계시된 성스러운 기록으로 지혜가 가득 차 있는 책이다. 따라서 이슬람에 귀의하여 올바르게 낭송할 때, 그들이야말로 올바른 믿음을 지닌 신앙인이라고 본다. 이처럼 『꾸란』은 올바른 믿음을 가진 참된 신앙인을 양성하는 밑바탕이 된다. 진정한 무슬림이 되기 위해 『꾸란』의 강독과 낭송은 필수이다. 『꾸란』 곳곳에서 올바른 믿음을 위한 교육과 지식이 강조되고 있다. 『꾸란』의 첫 계시는 '읽어라'라는 말로 시작된다.

> 만물을 창조하신 주님의 이름으로 읽으라. 그분은 한 방울의 정액으로 인간을 창조하셨노라. 읽으라. 주님은 가장 은혜로운 분으로 연필로 쓰는 것을 가르쳐 주셨으며 인간이 알지 못하는 것도 가르쳐 주셨노라'(『꾸란』96:1~5)

이슬람교는 평화(平和)의 종교라고 하지만, 신앙을 지키기 위해 불가피한 경우에는 전쟁(지하드)을 허용한다. 그나마 먼저 공격을 받을 때만 도전할 것을 용인하고 있다. 이런 하나님을 위한 전쟁은 의무이다. 따라서 장님이나 불구자, 환자가 아니면 모두 전쟁에 참여해야 한다.

교파에 따라서는 지하드를 이슬람의 기본 교리인 다섯 기둥[신앙고백, 기도, 구빈세 납부, 금식, 성지순례]에 더해 여섯 번째 기둥으로 인식하기도 한다. 그런데 전쟁 참여에 대한 다른 의견이 신앙 및 학업과 결부되어 등장한다.

신앙인 모두가 전투에 나가서는 아니 되나니 그들 가운데 일부만 출전하고 일부는 남아 신앙과 학업에 열중케 하여 그들이 돌아올 때 그들 백성에게 충고하며 그들 스스로 경각토록 하라 하였느니라(『꾸란』9:122).

이는 신앙과 학업, 이른 바 사회의 지속을 위해 전쟁 참여의 의무가 부과되지 않는 장님, 불구자, 환자 외 일부 신앙인은 전투에 나가지 않아도 된다고 배려하고 있다. 그만큼 사회유지에 기여하는 신앙인과 학자들을 존중한다.

그렇다면 이슬람교에서 신앙인이나 학자들을 존중하고, 그들이 주로 담당하는 교육을 중요시하는 이유는 무엇일까?『꾸란』에서는 아는 사람과 모르는 사람은 분명히 차이가 있고, 실제로 이해하는 자들은 교훈을 받아들일 자세가 되어 있다고 본다. 또한 배워서 지식을 가진 사람은 하나님을 두려워 할 줄 알게 되기 때문에, 그만큼 교육의 역할을 충분히 고려하였다. 하나님을 두려워 한다는 것은 생각과 행동거지가 교리에 위배되지 않기 위해 노력한다는 말이고, 신앙 이외에 일상적 사회생활에서도 『꾸란』에서 규정한 규칙을 준수하려고 노력한다는 뜻이다. 이는 궁극적으로 참된 신앙인의 양성으로 귀착된다. 이렇게 무슬림들이 행하는 모든 것을 지켜보고 계시는 하나님은 믿음을 가진 자와 지식을 가진 자에게 보다 높은 곳을 주어 보상하기까지 한다.

『꾸란』이 하나님의 말씀을 계시에 의해 기록한 이슬람교의 경전이라

세계 종교의 교육적 독해

면, 『하디스』(Hadith)는 무함마드의 행동 및 발언들을 수록, 편찬한 언행록이다. 무함마드가 생존하고 있을 때, 그의 교우들은 선지자의 말과 행동 및 사례들을 세밀하게 기록하였다. 선지자 사후, 이슬람 초창기의 헌신적이고 독실한 신학자들은 여러 세대에 걸쳐 심혈을 기울인 연구 조사를 하였고, 마침내 그 기록을 집대성하였다. 그것이 『하디스』이다. 『꾸란』은 하나님 말씀의 원전이지만, 『하디스』는 『꾸란』에 대한 해설서로 볼 수 있다. 따라서 『꾸란』의 뜻과 교훈을 완전히 이해하는데 『하디스』의 연구는 필수 불가결한 자료이다. 『하디스』의 도움 없이는 『꾸란』을 완전히 이해하지 못한다고 해도 과언이 아니다.

　『하디스』는 두 부류로 나뉜다. 하나는 예언자를 통해 계시를 보완하여 설명하는 『하디스』이고, 다른 하나는 예언자 자신의 행위나 말씀에 해당되는 『하디스』이다. 앞의 것은 신성한 『하디스』로 '꾸드리(hadith qudri)'라 하고, 뒤의 것은 고귀한 『하디스』로 '샤리프(hadith sharif)'라고 한다. 이슬람교에서 『하디스』가 중요한 이유는 그것이 무함마드의 언행록이기 때문이다. 『꾸란』에서 무함마드는 '그분의 말씀을 낭송하고 너희들에게 성결하게 하며 율법과 지혜를 가르치니 너희들이 모르는 것을 일깨워 주는 사람'(『꾸란』2:151)으로 묘사되고 있다. 무함마드는 '완전무결'한 사람으로 그의 언행은 정도(正道)에 가깝기 때문에 믿고 따라야 한다. 그래서 『꾸란』에 준하는 '준 경전'의 가치를 부여하고 샤리아[이슬람법]에서는 『꾸란』에 버금가는 법원(法源)으로 공인한다. 이처럼 『꾸란』과 더불어, 무함마드의 권위에 힘입어 신앙생활의 지침서 역할을 했던 『하디스』는 무슬림들이 실제 생활에서 이슬람의 교리에 맞게 살아가도록 하는 행동강령의 역할을 하였다.

교육에서 기준이 되는 지침서는 학습자에게 자기학습을 가능케 하는 필수 요소이다. 교육현장에서는 교과서나 전공서적이 그러한 역할을 한다. 이슬람교에서 『꾸란』은 가장 적합하고 훌륭한 교과서이다. 기독교처럼 교수자의 역할을 하는 목사나 신부의 존재가 없기에, 이슬람교에서 『꾸란』의 위상은 그 무엇보다 중요하다. 진리를 추구하는 과정에서 『꾸란』과 그것을 보좌하는 『하디스』는 교육의 나침반인 동시에 유일한 안내원이다.

나. 기본 교리: 5주 6신

이슬람교에서는 신자인 무슬림이 지켜야할 다섯 가지 기둥으로서 실천 사항인 오주(五柱, 5주)와 여섯 가지 믿고 따라야 하는 사안인 육신(六信, 6신)이 있다. 이를 '5주 6신'이라고 한다.

5주의 첫 번째는 '하나님(알라) 이외에는 신이 없다. 무함마드는 하나님의 사도이다'라는 신앙 고백이다. 이를 '샤하다'라고 한다. 이슬람교에서 무슬림이 되는 방법은 간단하다. 이 신앙 고백을 공개적으로 하면 된다. 그러나 배교(背敎)를 할 경우 매우 엄중하다. 배교는 하나님에 대한 배신이므로 그 죄는 사형이다. 따라서 일반적으로 무슬림이 다른 종교를 받아들이는 것은 대단히 어렵다.

두 번째 기둥은 하루 5회, 그리고 금요일에 예배당[모스크, Mosque]에서 집단으로 드리는 예배이다. 이를 '살라트(Salat)'라고 한다. 이 예배는 몸을 깨끗이 씻고 메카 방향을 향해 절한다. 하루의 예배는 새벽에서 해뜨기 사이의 새벽 기도[파즈르, Fajr], 정오에서 오후 중반 사이의 정도 예배[주흐르, Dhuhr], 오후 중반에서 해지기 사이의 오후 예배[아스르,

세계 종교의 교육적 독해

Asr], 해진 직후의 저녁 예배[마그리브, Maghrib], 밤에서 새벽 사이의 밤 예배[이샤, Isha]이다. 보통 5~10분 정도 소요된다.

세 번째 기둥은 무슬림들의 연간 소득의 2.5%를 의무적으로 내는 희사금이다. 이는 '자카트(Zakat)'라고 한다. 가축이나 농작물, 광물의 가치에는 별개의 다른 비율이 적용된다. 희사금은 오직 가난한자, 궁핍한자, 장애자, 억압받는 자, 채무자와 『꾸란』에 의해 정의되는 목적을 위해서만 쓰일 수 있다.

네 번째 기둥은 이슬람 달력으로 아홉 번째 달(라마단 달)에 해가 떠 있는 동안에는 금식과 금욕을 하는 단식이다. 이를 '사움(sawm)'이라 한다. 이때는 먹고 마시는 일과 부부 생활을 금한다. 라마단 달은 무함마드가 최초로 계시를 받았기 때문에 신성시된다.

다섯 번째 기둥은 이슬람 달력으로 열두 번째 달(둘힛자 달)에 행하는 메카에 대한 순례이다. 이는 '핫즈(hajj)'라고 한다. 이 순례는 일종의 연간 행사로 능력 있는 무슬림들에게 의무적이며, 적어도 일생에 한번은 해야 한다. 순례 때는 하나님 앞에서 평등함을 나타내기 위해 모두 흰 천으로 된 옷만 입는다. 이 밖에도 무슬림은 '하나님의 길에서' 이교도와 싸우는 '고투(분투, 지하드)'에 참여할 의무가 있다.

다음은 6신이다. 무슬림이 믿어야 하는 여섯 가지 가운데 첫 번째는 '신의 유일성'이다. 이슬람교의 유일신 알라는 우리말로는 '하나님'인데, 기독교의 하나님이나 유대교의 야훼와 같은 분이다. 이 점에서 무슬림들은 알라'신'이라는 명칭을 싫어한다. 이것은 유일신 알라를 많은 우상신의 하나로 간주하는 표현이라고 생각하기 때문이다.

두 번째 믿음은 무함마드에게 하나님의 말씀을 계시한 '가브리엘을 비롯한 천사'이다.

세 번째 믿음은 '하나님의 말씀'인 『모세오경』, 다윗의 「시편」, 『신약』의 4복음서, 『꾸란』을 비롯하여 이전의 선지자들에게 주어진 '전체 경전'이다. 그러나 무슬림들은 이전의 경전들이 인간의 손으로 수정되어 왔다고 믿는다. 기독교 『성경』의 경우에도 오직 『꾸란』에 의해 확증되는 부분만 옳다고 받아들인다. 『꾸란』의 구절과 확연히 상반되는 내용들은 인간이 쓴 것이라 믿는다. 그리고 『꾸란』만이 하늘에 있는 원본 성격의 마지막 복사본이라고 본다.

네 번째 믿음은 아담에서 예수에 이르기까지 '선지자'를 믿으며, 특히 마지막 선지자인 무함마드를 포함한다. 이슬람교에서는 예수를 선지자의 하나로 간주한다. 따라서 그의 신성은 물론 독생자성을 비롯한 삼위일체를 부인한다. 이는 『꾸란』의 구절(112:1/3)인 "하나님[알라]은 한 분이시며, 낳지도 낳아지지도 않았다"는 데서 그 근거를 찾고 있다. 대신에 이슬람교에서는 무함마드를 마지막 선지자로 보며, 다른 선지자보다 우위에 두고 있다. 무함마드는 마지막 선지자로서, 그 앞에 온 여러 선지자의 계시 가운데 틀린 부분을 고치고 마무리하였다.

다섯 번째 믿음은 '최후의 심판'이다. 이는 기독교와 같은 사상이다.

여섯 번째 믿음은 '정명'이다. 이는 이슬람교의 다수파인 수니파에서는 '운명'이나 '숙명'을 말하며, 소수파인 시아파에서는 인간의 '자유의지'를 뜻한다.

어떤 사회건 따라야 할 규범과 지켜야 할 법률이 존재한다. 사회가 추구하는 규범은 지나치게 추상적이고 단순하다. 그에 반해 법률은 너무 지엽적이고 다양하여 인생의 기준으로 적용하기가 쉽지 않다. 하지만 무슬림의 5주 6신은 매우 단순하고 명료하다. 때로는 간단한 것이 가장 최선일 수도 있다. 무슬림은 5주 6신을 평생 새기며 자기절제와 통제를 학습하고 있다. 교육에서 자기통제는 무엇보다 중요한 덕목이다. 또한 습관의 중요성은 많은 교육학자들이 강조한 요소이다. 5주 6신은 무슬림으로서의 삶을 습관화하고 결국에는 자기통제에 이르도록 한다.

3. 인간관

『꾸란』에 따르면 인간은 하나님의 피조물이다. 인간은 지상에 태어나 살다가 죽은 다음, 심판의 날 무덤으로부터 부활하여 심판을 받도록 예정되어 있다. 심판의 결과에 따라 '천국' 또는 '지옥'에서 그 삶은 이어진다. 인간을 창조하기 전, 조물주가 염두에 둔 그의 역할은 지상에서 당신의 칼리프(Caliph), 즉 하나님의 대리인이 되는 것이었다. 하나님이 이 뜻을 밝혔을 때, 천사들은 우려를 표하였다. 그들이 지상에서 분란을 일으키고 피를 흘릴지도 모른다는 게 그 이유였다. 하나님은 "나는 너희들이 모르는 것을 알고 있느니라"는 말로 일축하고 인간을 창조하였다.

하나님은 이어 천사들을 불러 최초의 인간 아담에게 절을 올리라고 명하였다. 천사들이 모두 하나님의 말에 순종했으나 이블리스만은 복종하지 않았다. 아담은 흙에서 창조된 반면, 자신은 불에서 창조되었으므로 자신이 그보다 우월하다는 이유 때문이었다. 이로 말미암아 이블리스는 천상에서 쫓겨났다. 천상에서 추방되기에 앞서 이블리스는 하나님에게 심판의 날까지 인간을 시험할 수 있게 해 달라고 요청하여 허락을 받았다. 이렇게 하여 이블리스로 대표되는, '사탄의 유혹에 넘어가느냐,' 아니면 '사탄을 물리치느냐'의 문제가 인간의 숙명이 되었다. 이블리스가 인간을 유혹하여 곧은 길을 벗어나게 하는 데는 그리 오랜 시간이 걸리지 않았다. 아담과 그의 부인이 어느 날 사탄의 유혹에 넘어가 하나님의 금기를 깼기 때문이다. 두 사람은 그에 대한 벌로 천국에서 쫓겨나게 되었다.

이슬람의 인간 창조신화는 등장인물이나 내용에서 유대교나 기독교와 다르지 않다. 다만, 기독교의 원죄설은 수용하지 않았다. 『꾸란』에는 천국에서 추방되기 전, 아담과 하와가 자신들의 행위를 뉘우쳤고, 하나님으로부터 용서를 받은 것으로 기술되어 있다.

이슬람의 가르침에 따르면, 인간 세상에서 끊임없이 재현되는 죄, 후회, 그리고 용서의 시나리오는 인류의 조상이 범한 원죄(原罪)가 아니다. 원초적으로 인간의 존재론적 약점에 기인한다. 전지전능한 신이 각별한 목적으로 창조했지만, 인간은 본성적으로 약한 존재이다.

첫 번째 인간인 아담이 그랬던 것처럼, 인간에게는 결단력이 부족하다. 또한 인간은 처음 창조되었을 때부터 신중하지 않았고, 진지하지도 현명하지도 않았다. 인간은 침착하지 못하고, 악한 세력과 맞닥치면 겁부터 집어먹는 소심한 존재이다. 참을성도 부족하다. 착실하게 노력한 다음 진지하게 그 결과를 기다리기보다는 잔머리를 굴리거나 요행을 바란다. 인간은 흔히 자신에게 주어진 은혜나 축복에 감사하지 않는다. 자신을 무에서 창조해 준 하나님에게 감사하기는커녕 그 존재까지 부정하며 논쟁하기를 좋아한다. 인간은 신에 대해서 뿐만 아니라 매사 말싸움을 즐긴다. 온갖 예를 들어가며 복음을 전하고 경고를 해도 대부분의 사람은 믿지 않는다. 한마디로 인간은 약점이 많고 죄에 물들기 쉬운 존재이다.

세계 종교의 교육적 독해

이러한 인간의 존재론적 약점이 바로 원죄를 의미하는 것은 아니다. 인간에게는 이러한 약점 못지않게 훌륭한 미덕이 보석처럼 내재되어 있다. 무엇보다도 다른 존재에게는 없는 '이성(理性)'과 '자유의지(自由意志)'가 부여되어 있다. 그러므로 인간은 자신의 선택과 노력을 통해 그런 약점을 극복할 수 있는 탁월한 존재이다. 설사 죄를 범한 경우에도 그 죄에 대해서만 책임지면 된다.

인간은 하나님의 피조물이다. 하나님이 인간에게 준 소명은 지상에서 당신의 대리인이 되는 것이다. 그를 위해 인간은 하나님으로부터 다른 존재에게는 없는 특별한 자질, 곧 이성과 자유의지를 부여받았다. 인류의 조상은 하나님의 시험에서 탈락하여 낙원에서 쫓겨났다. 지상에서 인간은 사탄의 유혹을 물리치고, 자신의 약점을 극복하며, 하나님의 시험을 통과해야 한다. 그래야 지상에서의 복락은 물론 사후에도 구원받을 수 있다. 이제 인간에게 남은 과제는 그를 위해 진리를 찾고 올바른 길을 가는 것이다.

그러나 이슬람의 가르침에 따르면, 인간이 홀로 진리를 찾아내고, 그에 따라 올바른 길을 가는 것은 거의 불가능하다. 그를 위해 인간은 전적으로 하나님의 계시와 인도에 의존해야 한다. 하나님의 인도가 없으면 바른 길을 찾을 수 없다! 이 숙명적인 인간 존재의 한계는 신의 초월성과 맞물려 있는 논리적 귀결이기도 하다.

인간 존재의 한계를 익히 아는 하나님이 그들을 위해 마련한 장치가 당신의 예언자 또는 사자(使者)를 보내는 일이었다. 하나님은 지상으로 쫓겨난 인류에게 자신의 사자를 보내 그들을 바른 길로 인도한다. 그리고 하나님의 사자를 믿고 도운 사람들에게는 축복을 내린다. 이슬람에서 인간에게 부여된 최상의 덕목은 '하나님의 사자에게 복종하고 그분의 뜻을 따르는 일'이라 주장하는 이유가 여기에 있다. 무슬림은 무함마드를 하나님이 가장 최근에 보낸 사자라고 믿는다. 이슬람에서 이상적인 인간은 한편으로는 하나님을 공경하고, 다른 한편으로는 널리 사랑을 실천하는 사람이다. 그런 사람은 하나님이 사랑하기 마련이고, 그런 사람 또한 하나님을 사랑하기 마련이라는 것이 이슬람의 가르침이다.

앞에서 언급한 것처럼, 인간은 홀로 진리에 다다를 수 없다. 스스로 진리에 도달하는 일은 불가능하다. 인간은 미약한 존재이기에, 원초적 상태의 인간은 자연 상태에서 생존을 유지하는 것조차도 쉽지 않다. 인간은 나약하고 소심하고 참을성도 없으며 은혜나 축복에 감사하지도 않는다. 하지만 인간은 짐승이나 다른 존재에게 없는 '이성'과 '자유의지'를 지니고 있다. 생득적으로 이성과 자유의지를 지닌 인간에게 교육이라는 작용이 더해지면, 인간은 변화하고 발전할 수 있다. 그만큼 이슬람교에서는 인간의 발전 가능성과 교육의 필요성을 강조한다.

III. 교육의 과정과 목적

1. 교육의 과정: '탈림-타르비야-타디브'의 체계

엄밀하게 말하면, 이슬람에는 '교육'이라는 단어가 없다. 이슬람 학자들은 '교육'에 해당하는 용어로 '탈림(Ta'lim)', '타르비야(Tarbiyah)', '타디브(Ta'dib)' 등 세 개념을 사용한다. 이 용어들은 교육이 이루어지는 과정의 세 가지 원칙을 나타낸다. 이 가운데 가장 널리 사용되는 용어는 '탈림'이다.

탈림은 '알다', '인식하다', '지각하다', '배우다'와 같은 뜻을 지닌 '알리마(alima)'에서 나온 말로, 교수를 통해 얻을 수 있는 지식을 나타내기 위해 사용된다. '타르비야'는 '증대', '성장', '양육'을 뜻하는 '라바(raba)'에서 파생되었는데, 신의 의지에 부합하는 영적·윤리적 성장의 상태를 의미한다. '타디브'는 '교양있는', '세련된', '예절바른'이라는 의미의 '아두바(aduba)'에 어원을 두고, 개인의 건전한 사회적 행동의 계발을 가리킨다.

이런 점에서 이슬람 교육의 과정은 '탈림-타르비야-타디브'의 세 단계를 통해 진행된다. '탈림'은 '지식의 습득과 전달'이고, '타르비야'는 '개인의 발달'이며, '타디브'는 '사회·도덕적 교육'이다.

이슬람에서는 아무리 많은 지식을 습득하더라도 '지식 그 자체'로는 가치가 없기 때문에 지식 자체만을 추구하지 않는다. 지식은 다른 사람들이 하나님에 대해 알도록 도와주고 아는 바를 실천할 때만 의미가 있다. 이 것이 지식의 습득과 전달 기능으로서 '탈림'이 갖는 의미이다.

'타르비야'는 개인의 마음이나 신체, 정신이나 영혼을 강조하는 교육의 유형으로 이해할 수 있다. 그러므로 '타르비야'의 주요 목적은 한 인간을 이슬람의 전통에 부합하는 무슬림으로 성장시켜, 궁극적으로 현세와 내 세에서 가치 있는 삶을 살 수 있는 '선한 인간'을 만들어 내는 것이다.

'타디브'의 사회·도덕적 차원, 즉 사회 윤리교육은 『꾸란』을 통해 보다 구체적으로 제시된다.

하나님을 경배하되 다른 것에 견주지 말라. 또한 부모에게 효도하고 친척과 고아와 불쌍한 사람들과 이웃 친척과 친척이 아닌 이웃과 주변의 동료와 방랑자와 너희의 오른손이 소유하고 있는 자들에게 자선을 베풀어야 하느니라. 하나님께서는 오만하고 거만한 자들을 사랑하지 아니 하시니라(『꾸란』5:36).

하나님께서는 무슬림 남녀와 믿음이 있는 남녀와 순종하는 남녀와 진실한 남녀와 인내하는 남녀와 두려워하는 남녀와 그리고 하나님을 염원하는 남녀를 위해 크나큰 보상을 준비하여 두셨느니라(『꾸란』33:35).

믿는 자들이여 예언자의 가정을 들어가되 이때는 식사를 위해 너희에게 허용되었을 때이며 식사가 완료되기를 기다려서는 아니 되니라. 그러나 너희가 초대 되었을 때는 들어가라. 그리고 식사를 마치면 자리에서 일어설 것이며 서로가 이야기를 들으려 하지 말라. 실로 이것은 예언자를 괴롭히는 일이라(『꾸란』33:53).

사회 윤리 차원의 도덕교육은 아주 세부적으로 치밀하게 지시된다. 예

세계 종교의 교육적 독해

를 들면, 친구의 집에 식사 초대를 받았을 경우, 다음과 같은 여섯 가지 차례와 단계 사항으로 나열된다. ①친구의 집일지라도 허락을 받은 후 들어가라. ②식사에 초대 받았을 때 너무 일찍 가는 것을 피하라. ③초대를 받았을 때 약속된 시간에 도착하라. ③식사 후에는 주인과 너무 많은 환담을 피하라. ④너무 오랜 시간을 체류하지 말라. ⑤주인이 어떠한 입장에 있는지를 이해하라. 또한 이슬람의 미덕에 해당하는 사안으로는 아홉 가지 정도로 요약할 수 있다. ①하나님에 대한 믿음과 그 분에게 의탁하고 소망함, ②실생활에서의 헌신과 봉사, ③사랑과 실천, ④인내, ⑤겸손, ⑥자선, ⑦자기극복 및 자제, ⑧순결한 성생활, ⑨하나님의 말씀에 항상 열중하여 하나님 곁으로 가까이 다가가는 일 등이다. 이러한 이슬람의 교육과정은 종교교육을 통해 전인교육을 유도한다. 신에 대한 경배와 더불어 무슬림으로서의 인격적 완성이 종교 자체에 내포되어 있어, 이슬람교육은 그 자체가 전인교육의 성격을 지닌다.

이슬람은 하나님과 우리 인간 사이를 영적으로 연결해주는 어떠한 중간 매체도 두지 않는다. 인간과 신의 직선적 관계를 강조한다. 때문에 무슬림들은 예배나 선교, 교육 등 종교생활의 운영방식에서 다른 종교인들과 다른 면모를 보인다. 그들에게는 성직자 제도, 사제 집단이 없다. 종교교육자나 선교사를 따로 두지 않는다. 무슬림은 누구나 자기 스스로가 선교사이고, 스스로가 누구보다도 훌륭한 하나님 길 위에서의 교육자임을 자처한다. 그분의 도움을 간절히 간구하는 자에게는 반드시 답이 있다고 믿는다. 신도들의 선교 활동이 고난 속에 어려움을 겪더라도 예언자의 사명이 끝내 성공을 거두었듯이, 결국에는 그들도 성공하게 될 것으로 믿는다. 무슬림들은 언제 어느 곳에 있든지 일과를 마치면 예배에 헌신하고 진리의 말씀을 전파하는 데 매진한다. 그것이 모든 무슬림들에게 주어져 있는 의무이다.

이러한 종교적 의무는 자연스럽게 자기학습을 강조한다. '알라'라는 진리에 다가서기 위해, 조력자가 있다면 보다 쉽고 빨리 원하는 목적에 도달할 수 있겠지만, 이슬람은 자발적으로 알라에게 다가갈 수 있게 스스로 진리를 깨닫도록 요구한다. 이는 별도의 교육제도나 교사와 같은, 외부에서 제공되는 교육 작용보다 학습자 스스로가 원하는 목표나 목적에 다다를 수 있는 내적 자생력을 고양할 수 있도록 배려한다.

이러한 교육과정에 터하여, 오늘날 이슬람의 교육은 종교교육과 세속교육의 두 축으로 운영된다. 전통적 종교 관련 교과목에는 『꾸란』독송, 『꾸란』타프시르, 이슬람법학, 이슬람신학, 『하디스』, 이슬람교육, 이슬람역사, 아랍문법, 아랍문학, 아랍언어학 등이 있고, 세속 관련 교과목으로는 영어, 세계사, 지리, 철학, 수학, 물리, 화학, 컴퓨터 등이 있다. 물론, 이슬람국가마다 교과목이 조금씩 다르기도 하다.

2. 이슬람형 인간: 호모이슬라미쿠스

이슬람의 교육목적은 『꾸란』이 지시하고 있는 것처럼, '호모이슬라미쿠스(Homoislamicus)'를 길러 창조주 알라를 경배하도록 만드는 데 있다. '호모이슬라미쿠스'는 샤리아를 바탕으로 한 이슬람 패러다임 내에서, 정치·경제·사회·문화 등 삶의 총체적 활동을 지향하는 이슬람형 인간을 지칭한다(김종도·안정국, 2012: 146).

주님께서 천사들에게 지상에 대리인을 두리라 하시니 천사들이 가로되 이 세상을 해치고 살상할 자들을 두시려고 하십니까. 저희들은 당신을 성스러운 분으로 찬미하고 당신을 경배하나이다. 이에 하나님께서 말씀하시길 실로 나는 너희들이 알고 있는 모든 것을 알고 있느니라. (『꾸란』2:30)

다시 말해, 이슬람은 인간 자신이 행하는 모든 행위에서 그 향방이 샤리아의 길을 가도록 인도한다. 이를 통해 진정한 무슬림을 길러내려는 것이다. 무슬림에게 이슬람교는 종교 그 이상의 의미를 갖는다. 이슬람 사회에서 교육받은 인간이란 어떻게 하나님을 경배하고, 어떻게 이슬람법에 따라 살아가야 하는지를 알고 믿는 사람이다. 그런 점에서 이슬람 교육은 이슬람법에 따라 하나님을 경배하는 인간을 양성하는 작업이다. 그것은 『꾸란』(3:51)의 "실로 하나님께서는 나의 주님이시자 너희들의 주님이시라. 그러므로 그분만을 경배하라. 그것이 올바른 길이라."라는 명시에서도 잘 드러난다.

하나님 경배를 기초로 하는, 이슬람법에 의한 삶은 '이타적 삶'을 요청한다. 이슬람에서는 개인들이 종교 규범에 따라 이타적인 삶을 살라고 가르친다.

재산을 축적하고서도 다른 사람의 재산을 탐욕하고 하나님께서 주신 양식을 숨기는 자가 있노라. 하나님께서는 저들과 불신자들을 위해 수치스러운 징벌을 준비하여 두셨느니라(『꾸란』4:37).

그들 이전에 온 이주민들을 사랑하였고 이주민들에게 베풀어진 것에 대하여 시기하지 아니하였으며 가난하면서도 자신들보다 더 이주민들을 사랑하였느니라. 탐욕하지 않고 마음이 인색하지 아니했던 이들이 바로 번창할 자들이니라(『꾸란』59:9).

개인의 이기적 탐욕이 지배하는 현실에서 이슬람은 인간에게 이타적이고 도덕적인 삶을 요구한다. 경쟁보다는 상생을 도모한다. 이는 알라의 절대성 앞에 만인은 모두가 평등한 존재라는 기본 정신의 구현에 다름 아니다. 호모이슬라미쿠스의 달성은 단순한 개인의 욕구를 추구하거나 조절하면서 개인의 인격을 완성하는 차원이 아니다. 무슬림으로서의 삶의 완성이다. 그 시작은 신의 경배이지만, 구성원 모두가 이타적 삶을 완성하여 공동체의 규범에 어긋나지 않는 모범적인 무슬림으로 성장하는 일이다.

3. 이슬람 공동체: 움마의 완성

이슬람교는 개인적 차원에서 뿐만 아니라 공동체적 차원에서도 뚜렷한 목적을 지니고 있다. 그것이 바로 이슬람 공동체인 '움마'의 완성이다. 이슬람 이전의 아라비아 반도에는 국가 형태를 갖춘 조직체가 형성되기 어려웠다. 앞에서 언급한 것처럼, 아랍인들은 대체로 가까운 혈족 단위의 씨족이나 부족들이 집단을 이룬 소수 공동체 생활을 하였다. 그것은 '사막(砂漠)'이라는 척박한 환경과 연관된다. 사막은 아무리 집단이 커지더라도 부족 사회 이상의 정치조직을 갖추어 생활할 수 있는 환경을 제공하기 어렵다. 사막인들의 경우, 보다 크고 단합된 조직체를 이루기 위해서는 지리적 환경을 다스리고 서로 다른 관습과 전통 속에서 살아온 부족들을 하나로 결집시킬 수 있는 강력한 정치권력이 요청되었다. 알라(Allah)의 계시가 그 결집력을 제공해 주었다.

무함마드는 신이 내려 준 진리의 계시로 사막인들을 신앙인으로 묶었다. 그리하여 흩어져 살던 아랍인들을 하나로 뭉치게 할 수 있었다. '믿는 자는 형제이다!'라는 동족 의식이 싹트게 하여, 부족 공동체와 같은 공동체를 만들었다. 이는 종래의 혈연이나 지연에 따른 형식이 아니었다. 이슬람 신앙을 바탕으로 이루어진 새로운 종교 공동체였다. 이 공동체가 바로 '움마(Ummah)'이다.

이슬람은 국가와 종교가 분리되는 정치체제를 구축하지 않았다. 무함마드에 의해 세워진 이슬람 공동체 '움마'는 종교 신앙의 결사체에 근거하면서 처음부터 국가로 불려야만 하는 그런 특성을 지녔다. 움마는 민족·영토·통치권 등 구성요소를 분명하게 갖춘 국가였다. 『꾸란』에서도 움마의 절대성과 영향력을 구체적으로 적시하고 있다.

> 너희가 가장 훌륭한 공동체의 백성이니라. 그러므로 선을 권장하고 악을 멀리할 것
> 이며 하나님만을 믿으라. 만일 성서의 백성들이 이 믿음을 가졌더라면 그들에게 축복
> 이 더했으리라. 그들 중에는 진실한 믿음을 가진 자도 있었지만 그들 대부분이 죄를
> 범했느니라(『꾸란』3: 110).

이슬람교는 무슬림의 공동체적 삶 속에서 종교적 실천을 강조한다. 이슬람교에 근거한 실천적 성격은 정치적인 힘으로 연결되어, 무슬림 통치자들에게 절대적 권위를 부여한다.

믿는 자들이여 하나님께 복종하고 사도와 지도자들에게 순종하라. 그리고 너희가 어떤 일에 분쟁이 있을 경우 하나님과 사도에게 위탁하라. 너희가 하나님과 내세를 믿는다면 그것이 최선이요 보다 적절한 방법이니라(『꾸란』4: 59).

이는 삶의 규범을 제시하고 도덕법칙을 세우는 종교로서의 기능은 물론, 무슬림의 삶 전체를 통제한다는 의미를 지닌다. 따라서 이슬람교를 체득하기 위해서는 '움마'에 대한 이해가 필수적이다. 움마는 무함마드에 의해 주창되었고, 『코란』에서 보증을 받고 있을 뿐만 아니라, 현대 이슬람 사상의 저변에도 지하수처럼 흐르고 있다.

내가 창조해 놓은 공동체 가운데 사람들을 진리로 이동하며 그와 함께 정의를 실현하는 백성들이 있노라(『꾸란』5:182).

하나님께서는 너희를 위해 중용의 한 공동체를 선택하여 주셨으니 너희는 그 공동체의 증인이 될 것이며 사도도 너희들을 위한 한 증인이 될 것이니라. 또한 하나님께서는 너희가 그 전에 행했던 예배의 방향을 지정하지 아니하셨나니 이는 사도를 따르는 자와 따르지 않는 자를 구별하고자 함이니라. 그것은 하나님의 인도를 받지 못한 자들에게는 커다란 시험이나 하나님께서 너희의 믿음을 좌절시키지 아니했으니 하나님은 실로 온 인류에게 사랑과 자비를 베푸는 분이시니라(『꾸란』2:143).

'움마'는 이 세상의 국가가 바로 알라의 국가임을 말한다. 움마의 지도자인 무함마드는 종교지도자인 동시에 정치지도자이며, 하나님의 예언자이고 국가 수장이며, 군사령관이자 재판관을 의미한다. 이러한 무함마드의 권위는 전적으로 『꾸란』에 의존한다. 움마의 강조는 이슬람교가 개인

세계 종교의 교육적 독해

적 신앙보다 집단적 예배를 우선하는 종교라는 뜻이다. 개인보다는 '움마' 전체를 중시한다.

너희는 하나의 공동체가 되어 선을 촉구하고 계율을 지키며 악을 멀리하라. 그리하면 번창할 것이니라. 계시가 명백한 증거가 있었음에도 분열하여 분쟁을 일삼는 자들이 있느니라. 그들에게는 무서운 재앙이 있을 것이니라(『꾸란』2:104).

움마 공동체를 강조하다보니, 이슬람에는 기독교처럼 체계적 구조를 갖춘 교회 조직이 없다. 예배 처소로서의 '모스크'가 있을 뿐이다. 정치조직이 있기는 하지만, 이는 무함마드 시절의 전통에 따라 신자들의 신앙적 발전을 위해 유익한 환경을 지켜나가는 일이 가장 큰 기능 가운데 하나이다.

이슬람은 모든 인간에게 계급이나 신분, 국적에 관계없이 '하나 되기'를 요구한다. 신 앞에서 유일한 차별성의 근거는 행위와 성품으로 드러나는 신을 향한 신앙뿐이다. 이에 따라 인간은 신과 계약한 사람인 신자(信者)와 그렇지 못한 불신자(不信者)로 나뉜다.

내가 복음과 광명이 담겨져 있는 토라를 보내매 이슬람을 믿는 예언자들은 그것으로 유대인들을 판결하였으며 법학자들과 유대학자들도 그렇게 하였느니라. 그들은 하나님의 성서를 보존할 의무가 있었고 그들은 그것에 대한 증언자들이었노라. 사람들을 두려워하지 말고 나만을 두려워하라. 그리고 하찮은 대가로 나의 말씀을 매도하지 말라. 하나님께서 계시한 것으로 심판하지 아니한 자들은 곧 불신자들이니라(『꾸란』5:44).

신자는 '움마' 안에서 일체감과 형제애, 평등성을 보장받는다. 이들에게는 신앙의 평화가 허락된다. 아울러 신자들은 특정인의 이익만을 보장하는 외부 세계의 악법이나 그러한 사회의 미움으로부터 자유로워진다. 따라서 이슬람 공동체 '움마'에서 국적의 문제는 지리적 분리나 정치적 신조, 언어의 차이, 인종적 기원 등 모든 장애로부터 자유롭다. 모든 차이와 차별성은 '움마' 안에서 화해된다.

> 누구든 하나님과 사도에게 복종하는 자는 하나님으로부터 축복받은 예언자들과 성인들과 순교자들과 정직한 사람들의 대열에 설 것이니라. 그리하여 그들은 훌륭한 그들의 동반자가 될 것이니라(『꾸란』5:69)

알라 앞에서는 모두가 평등하며, 이슬람 공동체인 움마 내에서는 국적, 민족, 언어는 차별의 이유가 되지 않는다. 이런 차원에서 이슬람교는 평화의 종교라는 근거를 확보하고, 이슬람공동체 '움마'의 완성을 교육의 구체적 목표로 설정한다.

세계 종교의 교육적 독해

IV. 교육의 내용과 방법

1. 경전 공부

이슬람교는 유대교와 기독교에 뿌리를 두고 있어, 그들과 상당히 가까운 종교이다. 그러면서도 이슬람교는 인간의 죄에 대한 의식과 구원관 등 기본 이념에서 기독교와 대비되는 측면들을 지니고 있다. 기독교는 인간을 원죄를 지닌 존재로 보고 있어, 인간이 구원받을 수 있는 길은 오직 예수 그리스도를 통해 하나님과 근원적으로 화해하는 길 밖에 없다고 인식한다. 반면, 이슬람교에서는 죄를 지었더라도 회개를 통해 알라에게 직접 용서를 구하면 용서 받는다고 가르친다. 무슬림들에게 원죄란 없다. 이들은 하루에 다섯 번의 기도를 통해 죄 사함을 받고자 부단히 노력한다. 이슬람교에서 말하는 구원이란 "믿음을 갖고 선을 행하는 자들은 축복과 아름다운 최후의 거처가 그들의 것이라"(『꾸란』13:29)라는 말에 나타나 있듯이, 알라를 믿고 선행을 실천하는 일이다.

이때, 무엇이 선한 행위인지는 오로지 알라만이 아는 것으로 되어 있다. 그만큼 이슬람교는 알라의 방법론을 따르는 믿음의 체계이다. 인간을 창조하고 옳은 길로 이끌어 주며, 삶의 길에 관한 믿음과 행동의 양식을 보여주는 알라의 방법론이 바로 이슬람교라는 것이다. '이슬람(Islam)'이라는 말의 언어학 어원은 '평화(平和)'이고, 신학적 의미는 '복종(服從)'이라는 것도 이 점을 명확히 해 준다. 이 명칭에 이미 이슬람교는 알라의 뜻에 복종하여 내면의 평화를 얻는 종교라는 점이 뚜렷이 드러나고 있다.

이슬람에서는 믿음과 법이 따로 존재하지 않는다. 믿음이 곧 법으로서 규범으로 되어 있다. 믿음에서 제일 중요한 경전인 『꾸란』과 『하디스』(hadith, 무함마드 언행록) 공부를 생활화 하고, 그것이 그대로 법규범으로 된다. 법규범은 예절규범까지 포함하는 넓은 의미에서의 규범이다. 이런 점에서 이슬람교는 일상 삶 속에 완전히 녹아들어 생활의 구체적 지침으로 발전한 종교이다. 그러므로 무슬림들은 법률 공부를 따로 하는 것이 아니라 자연스런 신앙생활을 통해 그들의 규범을 익힌다. 따라서 『꾸란』과 『하디스』 공부는 법률학자뿐만이 아니라 일반인에게도 필수 교육 내용이 되는데, 법률의 문제이기에 앞서 믿음의 문제이다. 이 이슬람의 법을 샤리아(sharia)라고 한다. 샤리아는 무슬림들의 모든 언행을 규범화하고 있어 이슬람 사회에 강한 영향을 미친다(이원삼, 2007). 종교적 체계를 넘어 인간의 일상을 지배하는 문화적 체계로 이어진다.

샤리아는 이슬람 학자들이 이슬람 초기부터 예언자 무함마드의 언행과 유산을 모아 정리하고 해석하여 체계화한 '이슬람법'이다. 종교와 세속적 사항들이 섞여 있는 정교일치의 이슬람 사회에서 이슬람의 역할은 단순한 신앙체계인 종교만이 아니다. 정치, 경제, 사회, 문화 등 인간생활 전반을 포함하는 생활양식이며 고도의 복합적 문화로서 종교와 세속 쌍방을 포괄하는 신앙과 실천의 세계이다.

2. 샤리아: 계명과 지침

이슬람교도인 무슬림들에게는 신을 믿는 일과 더불어 신의 뜻이 무엇인지를 알려주는 '샤리아(sharia)'를 아는 일이 무엇보다 중요한 문제로 등장한다. 신의 뜻에 맞는 선한 행동을 쌓아야만 구원을 받을 수 있기 때문이다. 샤리아는 종교생활에서 가족·사회·경제·정치·국제 관계에 이르기까지, 무슬림 세계의 모든 것을 규정하는 포괄적 체계로 존재한다. 아랍어로 '샤리아'는 무슬림이면 누구나 복종하고 따라야 하는 신을 향한 길이다. 그 궁극적 목표는 신의 의지에 대한 귀의와 복종이라는 의미에서 '성스러운 계명과 지침'을 뜻한다. 또 다른 의미는 '샘에 이르는 길'이다. 사막의 뜨거움과 방황 속에서 샘으로 향하는 길은 바로 생명의 길, 알라의 길이 된다.

『꾸란』과 『하디스』에서 가르치는 길을 정확하고 충실히 따라가는 것이 무슬림들에게는 가장 올바른 삶의 길이다. 샤리아는 알라가 제정한 우주 질서를 유지하는 기본법이다. 알라에 대한 인간의 자세는 절대적이고 무조건적이다. 이슬람은 신에 대한 인간의 절대 복종을 의미한다. 따라서 샤리아란 인간이 신에게 완전히 복종하는, 즉 '이슬람'을 보증하는 신앙의 외적 표출인 것이다.

샤리아는 서구 사회의 법률보다 포괄적 개념으로 국가와 사회에 우선한다. 종교와 세속의 차이를 두지 않으며, 시공을 초월하여 '신의 뜻에 따른 올바른 삶의 방식'을 가리킨다. 인간에 의해 만들어진 인위적 법이 아니라 신의 계시에 의한 절대적이고 변하지 않는 법이다. 이러한 샤리아를 이해하고 실제적 인간 행위에 적용하기 위하여 법원(法源)을 채택하고 논의하며 분류하여 체계적 적용 기준을 마련하는 등, 법률 이론으로 발전된 형태를 '피크흐(Fiqh)'라 한다. 피크흐는 '법적 판단' 또는 '법해석'을 말한다.

이런 샤리아에는 법률적 근원인 '법원(法源)'으로 네 가지가 있다(이원삼, 2007). 그 가운데 가장 우선적 법원은 '『꾸란(Quran)』'이다. 무슬림들이 매일 다섯 번의 예배 때마다 암송하며 알라의 가르침을 되새기는 것이 『꾸란』이다. 『꾸란』은 무함마드가 알라로부터 받은 계시 내용을 담은 이슬람교의 최고 경전이다. 무슬림들에게 『꾸란』은 태어나면서 죽을 때까지 삶의 지침서이자 영혼의 양식이다. 왜냐하면 신의 말씀을 기록한 것이자 이전의 계시를 총망라하는 가장 중요한 메시지이기 때문이다. 그러므로 이들에게 『꾸란』을 암송하고 듣는 일은 영혼을 성장시키고 보상받을 수 있는 유일한 방법이다.

어떤 차원에서 보면, 무슬림의 일생은 아주 단순하다. 인간으로서 태어나기 전부터 엄마 뱃속에서 『꾸란』을 듣고, 어린 아이들은 『꾸란』을 자장가처럼 들으며 잠든다. 아동 청소년들은 예배를 위해 『꾸란』을 읽고 쓰도록 교육받는다. 모든 무슬림은 예언자 무함마드처럼 살기 위해 『꾸란』을 배우고 공부한다. 마지막 장례 예배에서도 『꾸란』 낭송은 기본적 의례이다. 이처럼 『꾸란』은 한 무슬림의 탄생에서부터 죽음에 이르기까지 정신적 지침서인 동시에 총체적 삶의 양식이자 평생학습의 근거이다.

『꾸란』에는 이슬람교도가 개인이자 공동체의 구성원으로서 준수해야할 행위 규범이 구체적으로 기록되어 있다. 이슬람을 흔히 '계율의 종교'라고 하는 이유가 여기에 있다. 『꾸란』에 기술되어 있는 종말론적 역사관에 의하면, 인간은 우주의 창조로부터 종말을 향해 일직선으로 뻗친 선상

위에, 제각기 정해져 있는 시점에 존재하고 있다. 우주의 종말은 예측불가하고 현세의 존재 시간은 종말 후의 내세에 비해 순간에 불과하다. 때문에 순간에 불과한 인간의 삶은 무엇보다도 내세를 지향해야 한다. 『꾸란』은 인간이 살아가야할 방법이나 방향을 명확히 제시한다. 인간은 신의 명령과 의지에 따라 생활함으로써 종교적 구원에 도달할 수 있다. 이런 점에서 『꾸란』이 지시하는 규범은 내세의 지향을 통해 종교성과 밀접하게 연결되는 종교 윤리이다.

한편, 『꾸란』은 일상적·사회적 인간관계에 관한 구체적 판단까지도 상세하게 지시하고 규정한다. 그것은 『꾸란』이 종교적 특성은 물론 사회 윤리성, 교육과 학습의 근거를 포괄하고 있음을 보여준다. 이슬람 사회는 신앙생활과 일상생활의 구별이 존재하지 않는다. 종교적 가치와 윤리적 가치 기준이 상호 밀접하게 관련되어 있다. 인간이 사회에서 신의 지시에 따라 보통 생활을 영위하는 것이 바로 그대로의 신앙생활이다. 사회의 윤리 규범을 제시하고 있는 『꾸란』의 구절에는 종교 의례와 가족 관계 및 유산 문제 등에 관해 자세하게 설명하고 있으므로 그대로 따르면 진리가 된다.

반면, 이 외의 주제들은 일반 법칙과 기본 원리만을 기술하고 세부 설명은 제시하지 않고 있다. 주위 환경이 바뀜에 따라 내용이 변하기 때문이다. 『꾸란』은 각 시대 상황에 맞는 유연성을 부여하기 위하여 일반 법칙과 기본 원리만을 제시한다. 그 시대의 복리에 맞는 규범은 상황에 맞게 제정할 수 있도록 배려한다. 그렇더라도 그 시대의 복리에 맞는 규범을 제정할 수 있는 유연성은 인간의 창의적 해석을 필요로 한다. 아무리 창의적인 해석일지라도 그것은 가변적이고 역사적이어서 유한성을 지닐 수밖에 없다. 그 결론은 필연적으로 역사적·문화적 제약 하에 있다. 또한 해석의 과정에서 오류를 범할 수도 있다. 그러나 의도가 옳으면 용인된 다.

이런 점에서 샤리아의 현 실태를 절대화하여 고정시키는 것은 잘못이다. 인간은 신의 권위 아래 샤리아의 현 실태를 개변할 수 있다. 이는 신의 명령을 임의적으로 바꾸는 것이 아니다. 신의 명령을 대하는 인간의 낡은 해석이나 현실에 적합하지 않은 해석을 바꾸는 작업이다. 이러한 경우에도 입법자는 인간이 아니라 하나님[알라]이다.

샤리아의 두 번째 법원으로 '『하디스(Hadith)』'를 들 수 있다. 『하디스』는 오류를 범하지 않는 예언자 무함마드의 언행록이다. 무함마드의 언행은 '순나(Sunnah)'라 하는데, 〈순나〉 가운데 신빙성 있는 것을 선별하여 책으로 편찬한 것을 『하디스』라 한다.

『하디스』는 『꾸란』을 바르게 이해하기 위해 예언자의 언행을 알 필요가 있다는 데서 생겨났다. 특히, 신학과 법학의 필요성에서 〈순나〉의 전승은 출발한다. 그러나 초기 『하디스』의 대부분은 신학자나 법학자가 자기의 견해를 『하디스』에 가탁(假托)한 것이었다고 한다. 8세기 중엽 이후는 학자들 사이에 『하디스』 비판이 일어나 참 『하디스』와 가짜 『하디스』를 구별하기 시작하였다. 이것이 바로 '『하디스』학'이며, 그 이후의 『하디스』는 전승자를 명기하도록 하였다. 9세기 중엽 이후 『하디스』는 체계적으로 수집되어 '육서(六書)' 또는 '6전승집'이라 일컫는 권위 있는 『하디스』집으로 완성되었다. 이것이 바로 『사히흐집』(2권)과 『수난의 서』(45권)이다.

초기의 대표적인 『하디스』집으로는 마리크 분 아나스의 『무와타』와 이븐 함발의 『무스나드』가 있다. 전자는 혼인, 계약 등의 항목마다 『하디스』를 분류하여 이슬람법의 개요를 언급하는 동시에 재판 실무에도 도움이 되도록 편집하였다. 이런 형식을 '무산나프'라고 한다. 후자는 알파벳 순으로 배열한 전승자마다 『하디스』를 기록한 것으로, '무스나드'라는 것은 이런 형식 그 자체의 이름인데 법원론이 확립된 이후, 수많은 『하디스』집이 편집되었다. 그 가운데 법학자에 의해 특별히 존중된 것이 브할리와 무슬림의 『사히흐집』과 압 다우드·틸미지·이븐 마쟈·나사이의 『수난의 서』로, 모두 '무산나프' 형식이다.

『하디스』는 예언자의 언행을 기록한 '본문(matn)'과 구전 전승자들의 이름을 기록한 '전승 경로(isnad)'로 이루어진다. 『꾸란』은 경전으로 확정되어 있는 반면, 『하디스』는 권위 있는 텍스트로서 『하디스』집이 존재할 뿐이다. 수록된 개개의 『하디스』가 모두 사실이라고 인정되지는 않아 경전으로 확정되어 있지는 않다. 오늘날에도 개개 『하디스』의 신빙성에 대해서는 지속적으로 연구되고 있다.

'연설'이나 '보도', 그리고 '설명'을 뜻하는 『하디스』는 두 부류로 나뉜다. 하나는 예언자의 '행위'이고 다른 하나는 말씀과 관련하여 그의 교우들에 의해 자세하게 기술된 '전승'이다. 앞에서 언급한 것처럼, 알라가 예언자를 통해 계시를 보완하여 말하는 『하디스』 쿠드시[신성한 『하디스』]와 예언자 자신의 행위나 말씀에 해당하는 『하디스』 샤리프[고귀한 『하디스』]가 있다. 『하디스』는 교리를 공표하거나 교리에 대한 논평을 제공하는 동시에, 『꾸란』의 내용과 사회적·종교적 삶과 일상적 행위들[예를 들어 신발 끈을 매는 일]까지도 다루고 있다.

샤리아의 세 번째 법원은 '이즈마(Ijma)'이다. 이즈마는 '합의'를 말한다. 무함마드 사후, 『꾸란』과 〈순나〉로 해결할 수 없는 법률 해석을 위한 울라마[이슬람교 신학자]들의 합의를 의미한다. 이슬람 사회가 어떤 사건에 직면하여 당시의 모든 법률학자들이 그 사건에 대한 판결에 동의했을 때, 그것을 '이즈마'에 이르렀다고 한다. 이들의 합의는 실제 샤리아 판결의 근거, 즉 법원으로 취급된다. 이와 같은 과정에서 '이즈마'는 『꾸란』과 『하디스』 해석의 확실성을 담보한다.

이즈마는 무엇보다도 종교적 권위를 지닌 신학자들, 즉 울라마가 이룬 합의이다. 대중적 합의도 이즈마로 인도될 수는 있다. 그러나 종교적 관점이 다양하고 종교 분파들이 인정하는 권위가 없기 때문에 이를 이루어 내기에는 한계가 있다. 이즈마는 서로 맞서는 관점이 전혀 없는 것이 아니라, 크건 작건 다수의 합의가 이루어져 있음을 뜻한다.

『꾸란』이나 〈순나〉에 아무런 언급도 없는 분야에 이즈마가 세운 주목할 만한 두 가지 교리가 있다. 하나는 '성인들에 대한 존경'이고, 다른 하나는 시아파에서 시작된 개념인 '예언자의 무오성(無誤性)'이다. 결과적으로 이즈마는 이슬람 공동체인 옴마의 견해 합치가, 교리해석 상에서나 법률 상 구속력을 갖는다는 원칙을 확립하였다.

샤리아의 네 번째 법원은 '끼야스(Qiyas)'이다. 끼야스는 '유추'를 말한다. 이미 만들어져 있던 확실한 법률적 결정 가운데 유사한 상황을 찾아내어 적용하는 방법이다. 아랍어로 끼야스의 뜻은 '측정, 저울, 견본'이며, 유사한 의미로 사물을 평가하는 것을 말한다. 새로운 입법이 필요할 때 『꾸란』과 〈순나〉에서 판단의 근거를 찾지 못한 채 합법적 판단을 내려야 하는 특별한 상황이 발생할 수 있다. 이때 끼야스가 활용된다.

끼야스는 예언자 무함마드가 판관과 나눈 대화를 기록한 『하디스』에서 유래하였다. 대화에서 판관은 『꾸란』과 〈순나〉에서 답을 찾지 못할 경우 어떻게 하겠느냐는 무함마드의 질문에 "제 자신의 견해에 따라 결정하겠다."고 답하고, 이에 무함마드가 매우 만족하였다고 기록되어 있다. 끼야스에는 무엇보다도 자신의 판단을 '합법화'하고 '정당화'해야 하는 법률학자의 이성적 능력과 기초적 사유의 합리성이 중시된다.

예를 들어, 『꾸란』에서는 음주와 관련하여 '알 카므르(al-Khamr)'라는 술을 마시지 못하도록 금지하고 있다. 대신, 다른 술 이름은 언급하지 않고 있다. '알 카므르' 술을 금지한 이유는 간단하다. 그것을 마실 경우 '취하여 이성을 잃게' 되기 때문이다. 여기에서 유추해 볼 때, 어떤 술이건 술은 이와 동일한 효과를 유발하여 '이성을 잃게' 할 수 있으므로 다른 술도 금해야 한다. 여기에서 끼야스가 적용된다. 이러한 이성적 견해의 사용과 훈련을 '이즈티하드(ijtihad)'라 한다. 이는 독자적인 법적 판단에 이르게 하는 개별적 법률 해석 행위를 의미한다.

이상에서 살펴본 네 개의 법원을 근거로 행위 규범을 집대성한 것이 이슬람법 샤리아이다. 샤리아는 이슬람 공동체인 움마(Ummah)의 이념에 관한 것이기도 하고, 개인의 윤리 규범과 대인 관계에 대한 법적 규범이 혼재되어 있기도 하다. 그러므로 샤리아에서 법과 윤리를 구분하는 것은 어렵다. 이슬람의 법과 윤리는 모두 신의 말씀인 『꾸란』에 그 근거를 두고 있기 때문이다. 입법자는 신이며 신은 인간이 가야 할 옳은 길을 인도하기 위해 법과 윤리를 부여하였다.

이슬람에서는 『꾸란』의 종교적 지시와 현세의 행위에 관한 샤리아의 법적 규범이 연결된다. 이러한 연결성으로 볼 때 샤리아는 법인 동시에 윤리이기도 하다. 즉 샤리아는 신자들에게 실정법인 동시에 종교적인 신의 법이며 도덕률이다(이원삼, 2008). 이와 같이 이슬람의 법은 인간의 언행에 대해 규범을 적용시킨다. 이슬람의 법은 종교, 생명, 이성, 명예, 재산 보존에 관한 인간의 복리를 증진시키는 것으로 이해된다. 그러므로 이에 복종함으로써 무슬림들은 안전과 평화, 그리고 만족을 느끼는 것이다.

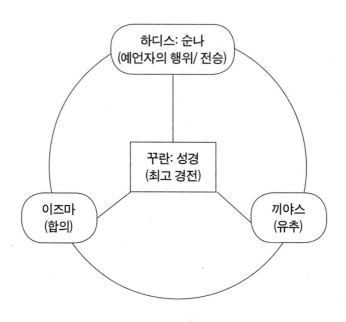

[그림6-1] 이슬람 교육의 핵심 (샤리아: 법원)

이외에도 이슬람 교육은 『꾸란』 연구를 위해 다른 학문으로부터 파생되어 나온 것이 많다. 『꾸란』을 해석하는 수단으로서 문법학, 언어학, 수사학, 시론, 음운학 등의 아랍어학이 중시되었다. 배우는 사람을 높이 평가하고 지식 습득을 중요하게 여기도록 했던 『꾸란』에서 지식 또는 학문

세계 종교의 교육적 독해

의 범위는 광범위하다. 인간 생활에 이용할 수 있는 인문학, 수학, 물리학, 화학, 수사학 등 모든 유용한 학문이 이에 해당된다.

　그러나 이슬람에서 가장 중요한 교육내용은 『꾸란』을 비롯한 샤리아의 법을 익히는 일이다. 『꾸란』은 문해 교육을 위한 가장 중요한 교재이자 교육내용이다. 그러므로 이슬람 사회에서는 『꾸란』을 '암송'하는 것이 필수적인 교육 방법이었다. 『꾸란』의 암송은 사회적 성공을 위한 수단이나 지식의 탐구 대상이기보다 신앙생활과 직접 연계되어 있다. 때문에 무슬림들이 『꾸란』을 외워서 낭송하는 것은 생활의 일부가 되었고 『꾸란』 학습에서 암송은 중요한 교육방법이라고 할 수 있다. 계시를 받은 무함마드는 『꾸란』을 배우려는 그의 주변 사람들에게 『꾸란』을 낭송하여 주었고, 그들은 연이어 다른 사람들에게도 『꾸란』을 낭송하여 주었다. 이렇게 시작된 암송의 전통은 『꾸란』이 아랍어로 기록된 이후에도 지속되었고, 『꾸란』 학습의 대표적인 방법으로 자리 잡게 되었다.

　『꾸란』을 암송하는 데는 몇 가지 규칙이 있다. 『꾸란』을 허공에 대고 암송할 때, 느린 멜로디 형태로 읊조리든가 노래로 부른다. 이를 제대로 행하는 기술은 무슬림 신학교의 정규 교과과정에 들어 있다. 『꾸란』을 낭송할 때 기준이 되는 것은 '타즈위드(tajwid)'학이다. 타즈위드는 장식, 미화 또는 최상을 향해 분발한다는 의미이다. 그만큼 문맥상 각 글자와 음절이 갖고 있는 완벽하고 부드러우며 균형 잡힌 발음이 어떤 것인지를 결정해준다. 하나의 절에는 한 개 이상의 문장들이 포함되어 있기 때문에, 구두점을 넣어 어디에서 멈추고 어디에서 쉰 후 낭송해야 하는지를 『꾸란』에 표시하고 있다.

　이와 같이 무슬림들의 이슬람교는 알라를 믿는 종교이고, 이들 생애의 영원한 법이기도 하다. 예언자와 사도들을 보내어 알라에 대한 신앙심으로 인간을 인도하고, 그 가르침인 샤리아에 기쁨과 만족으로 복종한다. 무슬림은 무엇보다도 샤리아를 충실히 따름으로써 구원 받는다. 원죄가 없기 때문에 자신의 행위에 대해서만 심판 받는다. 그것은 행위를 올바르게 유도하고, 행위 규범인 샤리아를 충실히 이행하려는 의도를 지닌다. 이는 이슬람교가 단순한 신앙체계만이 아니라 인간생활 전반을 포괄하는 생활양식이며 고도의 복합적인 문화로 종교와 세속 쌍방을 포괄하는 신앙과 실천의 세계임을 의미한다. 믿음은 이슬람법을 포함하고 있으며 이슬람법은 믿음에 기초한다. 따라서 이슬람법은 무슬림들에게 법인 동시에 믿음이며 사상이다.

요컨대, 샤리아는 무슬림의 모든 언행을 규범화 하고, 이슬람권 사회를 지배하고 있다. 이 이슬람법학은 자연스럽게 이슬람교 최고의 학문으로 자리 잡았고, 이슬람교 초기부터 정리·발전되어 이슬람의 규범을 도출하는 데 응용되었다. 오늘날에도 샤리아를 전문으로 연구하는 학자들뿐만 아니라 일반 이슬람 문화 연구 종사자들도 필수적으로 탐구하는 학문이다. 따라서 샤리아의 현상은 법학 뿐 아니라 철학, 사회학, 정치학, 인류학, 역사학, 심리학, 교육학 등 여러 학문의 대상이 되고 있다. 그만큼 전 세계에서 벌어지는 무슬림의 행동양식은 그들의 가장 중요한 교육내용으로서 샤리아와 분리해서 생각할 수 없다.

V. 결어

다문화·국제화 시대를 살아가는 현대인에게 이슬람교는 저 멀리 떨어져 있는 종교가 아니다. 서언에서 언급한 것처럼, 이슬람은 단순하게 테러나 폭력을 일삼는 집단이 결코 아니다. 그들에게는 역사적으로 형성해온 이슬람 특유의 숭고한 종교가 존재하고, 그것은 일상의 생활 지침으로 교육되어 오고 있다. 주변에서도 무슬림에 동조하거나 그들의 생활에 대한 구체적 인식을 통해, 그들을 옹호하는 사람들이 적지 않다. 따라서 이슬람교에 대한 이해 없이, 지구촌 사회를 배려한다는 것은 편협한 사고를 낳을 뿐이다.

이슬람교를 창시한 무함마드는 교육을 매우 중시하였다. 이슬람 교육은 이슬람교가 추구하는 인간형을 양성하는 것이 주요 목적이다. 이슬람은 교육을 통해 무슬림으로서의 '감각-마음-신앙' 등 세 가지를 다양한 교육 방법을 통해 유도하고, 이들 사이의 균형을 이루는 것을 삶의 목표이자 교육의 임무로 삼았다. 그 궁극에 '호모 이슬라미쿠스(Homo Islamicus)'를 양육하여 창조주인 알라를 경배하도록 하였다. 그 과정에서 다음과 같은 시사점을 발견할 수 있다.

첫째, 이슬람교 경전인 『꾸란』의 존재 가치이다. 이슬람교는 『꾸란』을 통해 삶과 교육의 지침을 제시한다. 교육에서 지침서는 일종의 교재이다.

교재는 학습자에게 자기학습을 가능케 하는 필수 요소이다. 교육현장에서는 교과서나 전공서적이 그러한 역할을 한다. 이슬람의 『꾸란』은 무슬림에게는 가장 훌륭한 교과서이다. 기독교의 목사나 가톨릭의 신부처럼 특별한 목회자 없이 스스로 예배를 하면서 성장을 꾀하기 때문에 이슬람교에서 『꾸란』의 위상은 그 무엇보다 중요하다. 진리를 추구하는 과정에서 『꾸란』은 유일한 교육헌장이자 지침이다.

둘째, 5주 6신의 내면화·습관화와 자기통제 및 절제이다. 이슬람교는 5주 6신의 내면화와 습관화, 그리고 자기통제와 자기절제가 생활로 무젖어 드는 교육적 특성을 지닌다. 이 5주 6신은 매우 단순하고 명료하다. 무슬림은 5주 6신을 평생 지키며 자기절제와 통제를 학습하고 있다. 교육에서 자기통제는 무엇보다 중요한 덕목이다. 습관의 중요성은 많은 교육학자들이 강조한 요소이다. 5주 6신은 무슬림으로서의 삶을 습관화하고 종국에는 자기통제에 이르도록 한다.

셋째, 인간의 이성과 자유의지에 대한 관점이다. 이슬람에서 인간은 나약하고 소심하고 참을성도 없으며 은혜나 축복에 감사하지도 않는 존재이다. 하지만 인간에게는 다른 동물이 지니지 못한 이성과 자유의지가 있다. 이성과 자유의지는 인간에게 교육을 가능하게 만드는 준거이다. 교육을 통해 인간이 추구하는 진리를 모색할 수 있다. 이는 이슬람교가 교육의 필요성과 인간의 발전 가능성을 강조하고 있다는 구체적 근거이다.

넷째, 자기 학습의 강조이다. 이슬람교에는 목사나 신부, 스님이나 스승과 같은 교사가 없다. 『꾸란』에 의거하여 자기 스스로 학습할 것을 강조한다. '알라'라는 진리에 다가서기 위해 자발적으로 스스로 이슬람의 진리를 깨달아야 한다. 그것은 학습자가 주체적이고 능동적으로 자기의 성장

세계 종교의 교육적 독해

을 이끌어나가는 방식이다.

다섯째, 평등과 평화의 추구이다. 이슬람에서 인간은 알라 앞에서는 모두가 평등하다. 이슬람 공동체인 '움마'에서는 국적, 민족, 언어가 달라도 차별하지 않는다. 이런 점에서 이슬람 교육은 이슬람의 요구에 맞는 인간의 성장 이외에 다른 목적이 없다. 그 속에서 모든 인간은 평등하고 그만큼의 평화를 누릴 수 있다.

지금까지 살펴본 것처럼 이슬람에 대한 새로운 시각이 요청된다. 그것이 이 시대에 세계를 이해하는 시대 정신이다. 그만큼 이슬람 세계의 삶과 교육에 대한 고찰도 중요성을 더해 갈 것이다. 이제, 더불어 살기 위한 국제 이해 교육의 차원에서, 이슬람에 대해 열린 사고와 폭넓은 시각이 생성될 수 있도록 다양한 모색이 필요하다.

참고문헌

공일주(2006). 『이슬람 문명의 이해』. 서울: 예영커뮤니케이션.

공일주(2008). 『코란의 이해』. 서울: 한국외국어대학교 출판부.

권병기(2017). 『꾸란은 무엇을 말하는가?』. 서울: 북랩.

권상우(2017). 「유학과 이슬람의 융합」. 『동아인문학』 38.

김관영(2000). 「이슬람 신비주의 사상에 관한 연구: 수피즘(Sufism)의 본질을 중심으로」. 『동서철학연구』 20-1.

김관영(2000). 「이슬람 신비주의 사상(sufism)의 실천적 측면에 관한 연구: 지크르(dhikr)를 중심으로」. 『大同哲學』 11.

김영경(2005). 「이슬람의 인간관」. 『본질과 현상』 2.

김용선 역(2002). 『코란(꾸란)』. 서울: 명문당.

김용선 편저(2003). 『무함마드』. 서울: 명문당.

김종도(2010). 「기독교와 이슬람교의 죄에 대한 인식」. 『한국중동학회논총』 31.

김종도(2014). 「이슬람 교육관과 쿠탑에 관한 연구」. 『한국중동학회논총』 35.

김종도·안정국(2012). 「이슬람 경제정의와 호모이슬라미쿠스에 관한 연구」. 『중동연구』 31.

나종근(2003). 『꾸란』. 서울: 시공사.

톰 홀랜드/이순호 역(2015). 『이슬람 제국의 탄생』. 서울: 책과함께.

미로슬라브 볼프/백지윤 역(2016). 『알라(Allah)』. 서울: IVP.

박현도(2010). 「대화와 소통의 관점에서 본 이슬람교」. 『종교교육학연구』 33.

버나드 루이스/김호동 옮김(2010). 『이슬람 1400년』. 서울: 까치.

배철현(2011). 「이슬람 다시 읽기: 그리스도교~이슬람교는 같은 뿌리였다」. 『역사비평』 57.

버나드 루이스/이희수 역(1998). 『중동의 역사. 서울:

서범종(2013). 「이슬람 교육의 이해를 위한 기초 연구」 『한국교육학연구』 19.

서정민(2013). 「이슬람에서 나타나는 삼강오륜」. 『한국이슬람학회논총』 23-2.

손주영(2009). 『『꾸란』선』. 서울: 한국외국어대학교출판부.

우덕찬(2000). 「중앙아시아 이슬람의 특징과 이슬람 교육」. 『아시아지역연구』 3.

세계 종교의 교육적 독해

이규철(2003). 「이슬람교의 기본 개념과 이에서 본 죽음과 영생의 문제」. 『비교문화연구』 15.

이원삼(2003). 「이슬람교의 구원관」. 『종교연구』 32.

이원삼(2005). 「이슬람교의 신관」. 『본질과 현상』 1.

이원삼(2007). 「이슬람 윤리관」. 『한국이슬람학회』 17.

이원삼(2008). 「이슬람과의 대화를 위한 이슬람 사회 연구」. 『현상과 인식』 5.

이정석(2008). 「정치와 신학이 단일화된 이슬람 공동체」. 『진리와 학문의 세계』 19.

이주화(2018). 『이슬람과 꾸란』. 서울: 이담북스.

이희수(2001). 「아랍국가의 교육제도의 원칙과 현실」. 한국교과서연구재단. 『교과서연구』 36.

이희수(2015). 『이슬람학교 1』. 파주: 청아출판사.

장준희(2010). 「중앙아시아의 이슬람 문화의 성격」. 『한국이슬람학회논총』 20.

장훈태(2011). 「기독교와 이슬람의 갈등」. 『선교와 신학』 2.

정은배(2018). 「이슬람 공동체 '움마'와 기독교 공동체 '교회'의 정체성 연구」. 『복음과 선교』 41.

조정호(2014). 「라마단의 인격교육적 해석」. 『인격교육』 8.

최영길(2004). 『꾸란과 이슬람』. 서울: 알림.

최영길(2009). 『꾸란과 성서의 예언자들』. 서울: 살림.

최영길(2010). 『꾸란 주해』. 서울: 세창출판사.

하룬시디퀴/김수안 역(208). 『처음 만나는 이슬람』. 서울: 행성B.

한스 큉/손성현 역(2012). 『한스 큉의 이슬람』. 서울: 시와진실.

국제무슬림학생연합회. 『이슬람이란 무엇인가?』(PDF자료, http://islamkorea.com).

이슬람하우스·후세인 크데르미리 역. 『이슬람의 세계관』(PDF자료, http://islamkorea.com).

세계 종교의 교육적 독해

초 판 1쇄 인쇄 2019년 7월 31일
지은이 신창호 **편 집** 강완구 **펴낸이** 강완구 **펴낸곳** 써네스트 **브랜드** 우물이 있는 집 **디자인** 임나탈리야
출판등록 | 2005년 7월 13일 제 2017-000293호 **주 소** | 서울시 마포구 망원로 94, 2층
전 화 | 02-332-9384 **팩 스** | 0303-0006-9384 **이메일** | sunestbooks@yahoo.co.kr
ISBN | 979-11-86430-89- 7 (93370)   값 18,000원

우물이 있는 집은 써네스트의 인문브랜드입니다.
ⓒ신창호 2019

이 도서의 국립중앙도서관 출판예정도서목록(CIP)은 서지정보유통지원시스템 홈
페이지(http://seoji.nl.go.kr)와 국가자료종합목록 구축시스템(http://kolis-net.nl.go.
kr)에서 이용하실 수 있습니다.
(CIP제어번호 : CIP2019028391)